# REGIME CONSTITUCIONAL DAS MÍDIAS DIGITAIS

www.lumenjuris.com.br

**Editor**

João Luiz da Silva Almeida

**Conselho Editorial Brasil**

Abel Fernandes Gomes
Adriano Pilatti
Alexandre Bernardino Costa
Ana Alice De Carli
Anderson Soares Madeira
André Abreu Costa
Beatriz Souza Costa
Bleine Queiroz Caúla
Bruno Soeiro Vieira
Daniela Copetti Cravo
Daniele Maghelly Menezes Moreira
Diego Araujo Campos
Enzo Bello
Firly Nascimento Filho
Flávio Ahmed
Frederico Antonio Lima de Oliveira
Frederico Price Grechi
Geraldo L. M. Prado
Gina Vidal Marcilio Pompeu
Gisele Cittadino
Gustavo Noronha de Ávila
Gustavo Sénéchal de Goffredo
Jean Carlos Dias
Jean Carlos Fernandes
Jeferson Antônio Fernandes Bacelar
Jerson Carneiro Gonçalves Junior
João Marcelo de Lima Assafim
João Theotonio Mendes de Almeida Jr.
José Ricardo Ferreira Cunha
José Rubens Morato Leite
Josiane Rose Petry Veronese
Leonardo El-Amme Souza e Silva da Cunha
Lúcio Antônio Chamon Junior
Luigi Bonizzato
Luis Carlos Alcoforado
Luiz Henrique Sormani Barbugiani
Manoel Messias Peixinho
Marcelo Pinto Chaves
Marcelo Ribeiro Uchôa
Márcio Ricardo Staffen
Marco Aurélio Bezerra de Melo
Marcus Mauricius Holanda
Maria Celeste Simões Marques
Milton Delgado Soares
Murilo Siqueira Comério
Océlio de Jesus Carneiro de Morais
Ricardo Lodi Ribeiro
Salah Hassan Khaled Jr.
Sérgio André Rocha
Simone Alvarez Lima
Valter Moura do Carmos
Vicente Paulo Barreto
Victor Sales Pinheiro
Vinícius Borges Fortes

**Conselho Editorial Internacional**

António José Avelãs Nunes (Portugal)
Boaventura de Sousa Santos (Portugal)
Diogo Leite de Campos (Portugal)

**Conselheiros Beneméritos**

Denis Borges Barbosa (*in memoriam*) | Marcos Juruena Villela Souto (*in memoriam*)

**Filiais**

**Sede: Rio de Janeiro**
Rua Octávio de Faria, n° 81 – Sala 301
CEP: 22795-415
Recreio dos Bandeirantes
Rio de Janeiro – RJ
Tel. (21) 3933-4004 / (21) 3249-2898

**Maceió**
(Divulgação)
Cristiano Alfama Mabilia
cristiano@lumenjuris.com.br
Maceió – AL
Tel. (82) 9-9661-0421

**São Paulo**
(Distribuidor)
Rua Sousa Lima, 75
CEP: 01153-020
Barra Funda – São Paulo – SP
Telefax (11) 5908-0240

Roberto Ricomini Piccelli

# REGIME CONSTITUCIONAL DAS MÍDIAS DIGITAIS

Editora Lumen Juris
Rio de Janeiro
2022

*Copyright © 2022 by* Roberto Ricomini Piccelli

Categoria: Direito Constitucional

Produção Editorial
Livraria e Editora Lumen Juris Ltda.

Diagramação: Rômulo Lentini

A LIVRARIA E EDITORA LUMEN JURIS LTDA.
não se responsabiliza pelas opiniões
emitidas nesta obra por seu Autor.

É proibida a reprodução total ou parcial, por qualquer
meio ou processo, inclusive quanto às características
gráficas e/ou editoriais. A violação de direitos autorais
constitui crime (Código Penal, art. 184 e §§, e Lei nº 6.895,
de 17/12/1980), sujeitando-se a busca e apreensão e
indenizações diversas (Lei nº 9.610/98).

Todos os direitos desta edição reservados à
Livraria e Editora Lumen Juris Ltda.

Impresso no Brasil
*Printed in Brazil*

---

CIP-BRASIL. CATALOGAÇÃO-NA-FONTE

P587r

Piccelli, Roberto Ricomini
  Regime constitucional das mídias digitais / Roberto Ricomini Piccelli. – Rio de Janeiro : Lumen Juris, 2022.
  288 p. ; 23 cm.

  Bibliografia: p. 241-278.

  ISBN 978-85-519-1888-3

  1. Direito constitucional - Brasil. 2. Direito à informação. 3. Comunicação de massa. 4. Mídia social. 5. Redes sociais on-line. I. Título.

CDD 342.810853

Ficha catalográfica elaborada por Roge Cavalcante da Silva CRB-8/010483

*"Power is more than communication, and communication is more than power. But power relies on the control of communications, as counterpower depends on breaking through such control. And mass communication, the communication that potentially reaches society at large, is shaped and managed by power relationships, rooted in the business of media and the politics of the state. Communication power is at the heart of the structure and dynamics of society."*
(CASTELLS, 2009)

# Sumário

**Introdução** .................................................................................. 1

**Capítulo I. Comunicação Social e Democracia** ........................... 7

    I.1. Elementos distintivos da comunicação social ..................... 12

    I.2. Comunicação social como fonte de poder político na sociedade ........ 18

        I.2.1. Comunicação social e gênero da mensagem ..................... 19

        I.2.2. Poder social decorrente da comunicação em massa ............ 21

        I.2.3. Comunicação social e cultura democrática ....................... 24

**Capítulo II. Disciplina Jurídico-Constitucional Tradicional da Comunicação Social** ........................................... 31

    II.1. Raízes históricas da disciplina jurídica da comunicação social no Brasil ............................................. 35

    II.2. Liberdade de manifestação do pensamento, de expressão e de informação e seus limites ........................... 45

        II.2.1. A inter-relação entre os direitos enunciados nos incisos IV e IX do artigo 5º e seus limites textuais ................. 46

        II.2.2. Direito à informação .......................................................... 51

        II.2.3. Direitos mencionados no artigo 220, caput. .................... 57

        II.2.4. Direito de resposta ............................................................ 58

    II.3. Regime institucional da comunicação social ....................... 62

        II.3.1. Reserva de Constituição e seu significado ....................... 62

        II.3.2. Princípios aplicáveis ao conteúdo da radiodifusão de sons e imagens ................................................ 66

II.3.3. Jornalismo profissional, direito de informação jornalística e sigilo da fonte .................................................. 74

II.3.4. Restrições constitucionais subjetivas à propriedade e à direção das empresas de comunicação social ......................... 79

II.3.5. Proibição do oligopólio e do monopólio ........................................ 82

II.3.6. Imunidade tributária dos periódicos ............................................. 84

II.4. Monopólio da União na exploração dos serviços de radiodifusão .... 86

**Capítulo III. Novos Agentes de Comunicação** ............................................. 93

III.1. Mídias sociais ................................................................................. 96

III.1.1. Elementos distintivos e definições ............................................... 97

III.1.2. Curadoria automatizada de conteúdo nas mídias sociais ...... 105

III.1.2.2. O YouTube e a sequência de vídeos recomendados .......... 106

III.1.2.1. O Facebook e o "feed de notícias" ......................................... 108

III.1.2.3. O Twitter, os "tweets em destaque" e os "trending topics" ..... 116

III.1.2.4. O Instagram, seu feed e stories ............................................. 121

III.1.2.5. O TikTok e o "For You" ........................................................ 122

III.1.2.6. Outras mídias sociais moduladas e suas características ..... 125

III.1.2.7. Visão geral dos algoritmos de modulação ........................... 126

III.1.3. Mídias sociais sem curadoria algorítmica .................................. 132

III.1.3.1. A Wikipédia e as mídias wiki ................................................. 133

III.1.3.2. Blogs e fóruns ........................................................................ 136

III.1.4. Mídias sociais como comunicação social .................................. 137

III.2. Mídias de notícias e entretenimento ............................................... 140

III.2.1. Serviços de streaming ................................................................. 142

    III.2.2. Portais eletrônicos de notícias
        e seções de comentários ............................................................. 146

    III.3. Motores de busca ............................................................................ 148

    III.4. Tendência à concentração ............................................................... 152

**Capítulo IV. Enquadramento Comparado da Questão** ......................... 157

    IV.1. Estados Unidos ............................................................................... 158

        IV.1.1. Citizens United e a questão da autonomia da
        cláusula constitucional da imprensa ............................................ 160

        IV.1.2. Liberdade de expressão e anonimato ................................ 165

        IV.1.3. Responsabilidade das plataformas ..................................... 168

        IV.1.4. Titularidade das mídias ....................................................... 171

    IV.2. Europa ............................................................................................. 174

        IV.2.1. Diretiva 2000/31 e a responsabilidade das plataformas ......... 177

        IV.2.2. A responsabilidade editorial ............................................... 181

        IV.2.3. Anonimato ........................................................................... 187

**Capítulo V. Enfrentamento Jurídico dos Novos Meios** ........................ 193

    V.1. Novas mídias, sua tipologia e enquadramento
    como veículos de comunicação social ................................................... 194

        V.1.1. Tipologia jurídica das novas mídias ..................................... 195

        V.1.2. Obrigações comuns das empresas de comunicação social ....... 198

            V.1.2.1. Dimensão subjetiva: titularidade e responsabilidade ......... 202

            V.1.2.2. Dimensão objetiva: o conteúdo e a sua propagação .......... 205

        V.1.3. Direitos e garantias das plataformas .................................... 212

    V.2. Direitos e obrigações dos usuários geradores de conteúdo ............... 215

V.3. Jornalismo e sua nova conformação jurídica ................................. 219

V.4. Estado e novos meios ................................................................ 221

V.5. Limites territoriais e soberania nacional .....................................224

V.6. Legislação infraconstitucional em matéria de internet
à luz do enquadramento das novas mídias
como instâncias de comunicação social ........................................229

**Conclusão** ............................................................................................ 237

**Bibliografia** .......................................................................................... 241

# Introdução

Entre todas as transformações pelas quais a sociedade tem passado nos últimos anos, as mudanças notáveis na comunicação social foram as que inspiraram o presente trabalho. A emergência de novas ferramentas ligadas em rede, capazes de manter seus usuários em conexão constante e intensa, motivou um esforço para compreender de que maneira as normas mais elementares da ordem jurídica incidem sobre as novas instâncias dispersoras de informação. Esta tese tem, então, o objetivo primário de discernir as linhas gerais do regime jurídico das comunicações, linhas que não se podem restringir aos meios próprios de uma época, mas têm de ser compreensivas das várias formas de se comunicar, especialmente de se comunicar em massa.

Ao longo do desenvolvimento da pesquisa, assim como na elaboração do texto, procurou-se manter uma postura de não deslumbramento com o que se apresenta como novidade. Em parte, porque pretensas inovações podem não passar de novas manifestações de fenômenos já enquadrados juridicamente. Assim é que uma chamada telefônica tradicional pode ser muito distinta, quanto à técnica empregada, de uma ligação por meio do mecanismo de "Voz sobre IP" (VoIP)[1]. Evidentemente, a estrutura subjacente à realização de cada um dos tipos de chamada estará subordinada a diferentes regras de direito administrativo, relacionadas à regulação da telefonia ou da transmissão de dados.[2] Ainda assim, não necessariamente ocorre o mesmo no direito constitucional, de conteúdo mais abstrato. Uma *chamada* por VoIP, sendo essencialmente uma comunicação privada entre dois indivíduos, não parece ser diferente, quanto ao enquadramento constitucional do seu conteúdo, de uma chamada telefônica. A mesma lógica é extensível, como se verá, a outros meios contemporâneos de transmissão de informações em massa. Por mais que sejam considerados mecanismos disruptivos, e muitas vezes contemplados com

---

1   Do inglês *Voice over Internet Protocol*. No Brasil, as chamadas via Whatsapp e Skype estão entre os exemplos mais conhecidos de VoIP.

2   "Em que pese a tendência de convergência de tecnologias (...), do ponto de vista jurídico permanece a diferenciação entre serviços de telecomunicações, serviços de radiodifusão e serviços de internet. Ou seja, as tecnologias convergem, mas os regimes jurídicos divergem." (SCORSIM, 2014, p. 499)

uma abordagem mais indulgente, há muitas similitudes com os meios de comunicação tradicionais que não podem ser desconsideradas simplesmente em razão de uma *suposta novidade*. A premissa que norteou a elaboração deste trabalho foi a de que os aspectos similares entre os novos meios de comunicação e os tradicionais hão de ser juridicamente tratados de forma semelhante; apenas os aspectos materialmente discrepantes autorizam um tratamento jurídico desigual. Essa é a proposta básica que permeia toda a pesquisa.

A comunicação tem sido reconhecida entre as mais importantes fontes de poder social, em uma linha progressiva de relevância que remonta ao menos ao advento das primeiras bases normativas da coexistência harmoniosa. [3] O soberano, ao dar a conhecer regras básicas de convívio social, empreendia uma das primeiras formas conhecidas de comunicação à sociedade. Ainda que houvesse embutido um *cometimento* na norma escrita, não deixava de estar presente também, e de forma ainda mais direta, o *relato*, que não caracterizava senão uma mensagem, em forma de notificação (FERRAZ JUNIOR, 2006, p. 31-32). A transmissão escrita das regras de convívio, jurídicas, sob a forma de leis, ou morais, sob a forma de escrituras sagradas, estruturou a maioria das sociedades humanas organizadas de maneira estatal.[4] Foi com o advento da imprensa, porém, que a comunicação se tornou realmente massificada, eis que a difusão das mensagens passou a não depender tanto do esforço humano individual. A partir da imprensa, a replicação de ideias tornou-se ágil a ponto de desempenhar um papel fundamental na evolução da técnica nos séculos seguintes, inclusive da técnica científica e de organização política, em um ciclo catalisador de si próprio.

---

3   "Ao longo da história, a comunicação e a informação têm sido fontes fundamentais de poder e contrapoder. É assim porque enquanto a coerção é uma forma essencial de exercício de poder, a persuasão é uma prática ainda mais decisiva para influenciar o comportamento das pessoas. Em última análise, o modo que o povo pensa determina, no limite, o destino das instituições, normas e valores sobre os quais a sociedade é construída. Poucos sistemas institucionais podem durar muito se eles são baseados apenas na violência ou na ameaça de violência. Torturar os corpos é menos efetivo do que moldar as mentes. E mentes são moldadas no processo social de construção do sentido. A fonte-chave para a produção social do sentido é a comunicação socializada. Eu defino a comunicação como o processo de compartilhamento de sentido com base na transferência de informação, e a comunicação socializada como aquela que existe na esfera pública, ou seja, que tem o potencial de atingir a sociedade como um todo." (CASTELLS, 2010, p. 83, tradução nossa)

4   A exceção notável é o Império Inca, que não contava com uma língua escrita.

O fato é que as formas e as possibilidades de comunicação se multiplicaram. Assim é que à reprodução escrita das ideias, pouco a pouco, somaram-se a gravação de sons e a captura de imagens ainda no século XIX. Tornou-se possível, depois, transmitir informações por meio de ondas de rádio, primeiro, e de sinais eletromagnéticos os mais diversos em seguida.

Desde a década de 1990, operou-se uma nova transformação, aparentemente ainda mais crítica nas maneiras predominantes de disseminar informação ao público. Se os meios de comunicação em massa antes dominantes seguem ativos, cada vez mais convivem com outros meios, como as chamadas "mídias sociais", cujas características em parte se confundem com as dos mais antigos e em parte delas se distinguem. Se é verdade que se mostram cada vez mais como fatores sociais poderosos, esses novos meios, que se poderiam chamar genericamente de digitais, não chegam a divergir dos clássicos pelo conteúdo, que constitui o objeto da comunicação. São ainda textos, imagens e sons a serem transmitidos. Nem a técnica empregada para difundir a informação é necessariamente o elemento distintivo; fios, sinais eletromagnéticos aéreos ou ondas sonoras oferecem, ao fim e ao cabo, as mesmas percepções finais ao usuário.

Uma das principais diferenças está na capilaridade e na agilidade dos novos meios na disseminação de informações, ou seja, está em um novo dinamismo que impacta os próprios veículos tradicionais, alimentados em tempo integral pelas novidades oriundas da rede, a que estão também conectados. Notícias de acontecimentos de qualquer localidade do globo passaram a ser conhecidas segundos após haverem ocorrido. A comunicação tornou-se total. Boa parte dos indivíduos hoje é comunicada de tudo, por tudo e a todo momento (CASTELLS, 2010, p. 84;88).

Não são apenas as informações, entendidas como notícias factuais, que circulam nas redes de comunicação. Ideias, opiniões e até mesmo desinformação são intensamente transmitidas. Se discursos e panfletos reputados subversivos causavam receio de conflagração social há algumas décadas, a internet potencializou enormemente as possibilidades de influenciar o comportamento das massas. Os primeiros episódios de aparelhamento de multidões para fins sub-reptícios podem ter se manifestado na última década. Embora ainda não esteja claro até que ponto movimentos como a Primavera Árabe e as Jornadas de Junho podem ter sido esporeadas por agentes externos, não se põe em dúvida o papel decisivo da nova realidade da comunicação para que tenham ocorrido. Séculos antes, a Revolução Francesa e a Revolução Americana já haviam mostrado ao Ocidente os efeitos possíveis da disseminação de ideias desafiadoras do *status quo*.

O quadro é resumido por Lili Levi:

> A Internet e as mídias sociais estão transformando as notícias como nós as conhecíamos. Jornalistas agora contam com o Twitter, o crowd-sourcing está disponível nas mídias sociais, fatos e histórias são pesquisados no Google, jornais impressos tradicionais têm sites e blogs de reportagem, redações abertas convidam a comunidade à participação no processo editorial, vídeos de cidadãos-jornalistas são usados comumente na trama das mídias mainstream, blogueiros consideram-se jornalistas, e a consolidação das mídias converge para entidades como AOL e o Huffington Post. (...) Assim, mudanças nas práticas de acesso às notícias têm influenciado crescentemente a extensão, a amplitude e os assuntos das reportagens, sejam online, sejam impressas. As consequências precisas dessas mudanças não estão ainda claras. (2012, p. 1533-1534, tradução nossa)

Há evidências de que veículos de mídia digital têm buscado ativamente a promoção de ideias polêmicas para prender a atenção dos usuários e assegurar a audiência, o que gera consequências bastante dramáticas na opinião pública. O caso brasileiro, a esse propósito, já foi apontado como exemplo dessa dinâmica (FISHER ; TAUB, 2019). Não se pode renunciar, se esse é o caso, à averiguação da responsabilidade política do promotor de um determinado conteúdo.

Manter atualizada a disciplina da comunicação, especialmente da comunicação em massa, então, é tarefa da maior importância para a estabilidade da organização constitucional. Ainda que, por evidente, possam existir pontos aparentemente lacunosos, há que se identificá-los como tais para avaliar as razões que justificam a ausência de normas relacionadas àquele determinado campo. A dispersão de informações, sendo capaz de influenciar decisivamente nos rumos da democracia, não passa ao largo da ordem jurídico-constitucional, de modo que uma suposta omissão nessa esfera há de ser devidamente escrutinada quanto a suas razões e seu significado.

As normas jurídicas são instituídas, quase sempre, para disciplinar situações vindouras. Ainda que, no momento da deliberação, sejam levadas em consideração as mais diversas prognoses, o desenvolvimento pospositivo dos fatos e das relações sociais aos quais as normas serão aplicadas é inevitavelmente dinâmico e imprevisível. Por consequência, uma das principais tarefas do intérprete consistirá justamente em procurar extrair dos textos das normas jurídicas um sentido imanente que lhe permita aplicá-las aos novos desdobramentos da realidade. Essa tarefa é especialmente relevante no campo do direito constitucional, por causa da rigidez peculiar das suas normas e da consequente necessidade de extensão de seus provisionamentos às novas circunstâncias.[5] O objetivo desta publicação é exatamente o de identificar a forma pela qual a Constituição brasileira interage com as mudanças mais recentes no paradigma das comunicações, notadamente no que concerne aos aspectos políticos dessa troca de informações. Afinal, como salientou o Ministro Luiz Fux no julgamento da ADI n. 4.923:

> (...) no momento da promulgação da Carta de 1988, o cenário nacional da comunicação de massa era bem distinto do atual. A TV por assinatura não tinha qualquer presença nos lares brasileiros. Somente em dezembro de 1989, por intermédio da Portaria nº 250 do Ministério das Comunicações, é que a TV paga foi oficialmente introduzida no país sob o rótulo de "Distribuição de Sinais de TV por Meios Físicos" (DISTV). Diante daquela realidade, não se poderia esperar que o constituinte, em outubro de 1988, fizesse referência literal no art.220 da Lei Maior a outras mídias que não o rádio e a televisão. Eram esses os únicos veículos de comunicação de massa existentes e, portanto, os únicos a merecerem preocupação estratégica do constituinte. Os tempos, porém, mudaram. (SUPREMO TRIBUNAL FEDERAL, 2017, p. 88)

Ainda que se trate essencialmente de uma análise do direito brasileiro, este livro busca inspiração também na teoria estrangeira sobre a utilização dos institutos jurídicos tradicionais para o enfrentamento dos problemas advindos das novidades técnicas na comunicação. Não se deixou de considerar a fase das discussões sobre o tema em outras ordens jurídicas relevantes, notadamente nos Estados Unidos, país de origem de boa parte das empresas de

---

5   No direito norte-americano, há um debate polarizado entre os defensores da tese de que o sentido das normas constitucionais deve ser aquele idealizado pelos constituintes – chamados de "originalistas" (SCALIA, 1989) – e os que arguem a evolução dessas normas ao longo de mais de dois séculos de vigência da Constituição americana - os chamados *living constitutionalists*, ou adeptos da "constituição viva", como Bruce Ackerman (ACKERMAN, 2007). No Brasil, esse debate não é tão presente, talvez por ser a Constituição de 1988 muito mais recente. Fato é, porém, que, nesses 30 anos de vigência da Constituição, houve uma escalada de mudanças sociais bastante sensível.

comunicação digital operantes no mercado global, e na Europa, pioneira na regulamentação do assunto.

Finalmente, à luz desses fundamentos teóricos e casuísticos, o livro procura esmiuçar os contornos da responsabilidade política dos meios de comunicação pelo conteúdo que promovem, bem como o limite da responsabilidade individual dos que, de fato, produzem o material divulgado. Ao final, encaminha-se uma conclusão crítica com as principais propostas teóricas construídas ao longo do trabalho.

# Capítulo I. Comunicação Social e Democracia

Sendo o homem uma criatura gregária, o ato de comunicar-se constitui um dos seus traços mais característicos.[6] A maioria das sociedades humanas é caracterizada por um padrão de comunicação mais ou menos homogêneo, e não é raro que as fronteiras políticas entre diferentes grupos, consolidadas ou propostas, coincidam, grosso modo, com os limites físicos da incidência de um determinado código linguístico. A capacidade de comunicar-se com os demais pode definir, em outras palavras, até mesmo identidades étnicas e nacionais.

A comunicação humana no seu sentido mais básico é, enfim, ubíqua; independe do regime político que se verifique em determinado território. Ainda assim, a política interfere direta e indiretamente na comunicação, favorecendo determinados meios em detrimento de outros, estabelecendo padrões mandatórios, incentivando ou restringindo a liberdade de comunicar e de ser comunicado. Regimes autoritários, como regra, procuram estabelecer limites à comunicação e impor mecanismos mais centralizados de distribuição de informações, porque "a coerção sozinha não pode estabilizar a dominação" (CASTELLS, 2009, p. 3).

Nos regimes reputados democráticos, a liberdade de comunicação, com seus vários desdobramentos, constitui uma garantia (VALENTE, 2013, p. 226).[7] Sua presença é, aliás, considerada um pressuposto para que se possa identificar,

---

6 Renato Francisquini, citando Venício Lima, assinala que "[d]esde a sua inauguração, a palavra "comunicação" recebeu uma enorme rede de significados. Ora *conotava 'um objeto tornado comum', noutra foi usada para designar os meios físicos de transporte, e, mais recentemente, nos remete aos meios tecnológicos de difusão de informações. De modo geral, a comunicação pode ser compreendida como 'processo social básico e elemento constitutivo da própria natureza humana realizada por meio da simbolização, cujo melhor exemplo é a linguagem, embora ela, naturalmente, esteja presente em todos os outros processos'.*" (2014, p. 38)

7 Nas palavras do Ministro Alexandre de Moraes, "[a] Democracia não existirá e a livre participação política não florescerá onde a liberdade de expressão for ceifada, pois esta constitui condição essencial ao pluralismo de ideias, que por sua vez é um valor estruturante para o salutar funcionamento do sistema democrático." (SUPREMO TRIBUNAL FEDERAL, 2018a, p. 19)

de fato, uma democracia no sentido contemporâneo.[8] Assim, a liberdade de imprensa, a livre manifestação de pensamento, o sigilo da fonte, o direito de crença e o sigilo da correspondência são todos corolários da liberdade de comunicação que marcam os regimes democráticos. Trata-se de uma relação, no mais, bilateral: tanto as democracias garantem a liberdade de comunicar quanto a livre comunicação é também um fator de fomento democrático.[9]

Particularmente sensível, nessa relação, é o regime da comunicação social. Se, afinal, a democracia contemporânea é o regime em que, em tese, as massas decidem, ainda que por meio de representantes, os rumos da política, a disciplina da informação que é dispensada a essas massas é um ponto crítico para a manutenção da higidez do sistema. Se o povo, chamado a exercer a democracia, está sob efeito de informações insuficientes, de pontos de vista tendenciosos, de campanhas apelativas a emoções ou até mesmo, como não chega a ser incomum, da mais pura e simples desinformação, é de se esperar que o faça de maneira distorcida. O poder de influenciar as massas em uma democracia confunde-se com o próprio poder de ditar a agenda política dessa sociedade.[10] [11]

---

8   O item D do ranqueamento de 2021 da Freedom House, por exemplo, trata da liberdade de expressão. A pergunta D1 é "Há ali mídias livres e independentes?", com uma série de subquesitos. (FREEDOM HOUSE, 2021, p. 9 e ss.)

9   Ainda assim, uma imprensa mais crítica nem sempre se desenvolve facilmente mesmo nos regimes considerados mais democráticos, como salienta provocativamente Silvio Waisbord, tratando especificamente do jornalismo investigativo: "O desenho institucional das democracias introduz condições mais hospitaleiras para a reportagem crítica. Em princípio, há uma simbiose natural entre democracia e jornalismo investigativo. As democracias são melhor equipadas para proteger e facilitar a reportagem investigativa (e o jornalismo em geral). Regimes autoritários, por contraste, descartam constituições, tratam o jornalismo crítico como um problema incômodo e obstinadamente esmagam quaisquer sinais de dissenso midiático. A existência de liberdades constitucionais, porém, não automaticamente desencadeia o jornalismo investigativo. Poderíamos sugerir uma relação direta e imediata entre a democracia liberal e a reportagem investigativa, considerando que o escândalo Watergate, o caso proeminente do jornalismo investigativo, foi uma anomalia em um país em que a democracia já dura mais de dois séculos e no qual a imprensa solidamente se celebra como o monitor de alerta das ações do governo? A correlação entre o primado constitucional e o jornalismo investigativo não é auto evidente ou imediata." (WAISBORD, 2000, p. 59-60)

10  A propósito, mesmo em regimes autocráticos, esse poder de influenciar as massas é importante, eis que a disposição do povo para se sujeitar a uma autoridade política depende fundamentalmente das informações que estão à sua disposição para avaliar essa autoridade ou mesmo para articular algum tipo de movimento de oposição. Por isso mesmo, os regimes autoritários preocupam-se em exercer um controle estrito da comunicação social.

11  "Ao se colocar como o palco privilegiado da enunciação da política na sua forma espetáculo, a mídia, em geral, contribui decisivamente para a manutenção do status quo do regime político vigente nas

Essa é uma tendência que precede a massificação do uso da internet e já se registrava especialmente por via da televisão. A interferência dos meios de comunicação de massa contemporâneos nas deliberações chega a suplantar, para Collin Crouch, o poder dos próprios ocupantes do poder político, a tal ponto que tais meios se tornam um dos fatores do arranjo social que ele identifica como "pós-democracia". Por esse arranjo, o eleitor teria seus desígnios manipulados à maneira do que já as empresas fazem com seus "consumidores".[12]

A manutenção de uma condição estável em uma sociedade complexa está condicionada, ainda, a um sentimento generalizado de conformidade com a ordem estabelecida. Conforme a conveniência e as possibilidades, os meios de comunicação em massa podem agir, deliberadamente ou não, para reforçar ou para minar esse sentimento em qualquer regime. No caso das democracias, em que se demanda um elo mínimo de confiança entre cidadão e governo e, principalmente, entre eleitor e eleito, a comunicação social é importante também por conta do papel que pode desempenhar no incentivo ou no desincentivo a que os cidadãos se engajem em práticas democráticas, como o sufrágio, em suas diversas manifestações, ou até mesmo os protestos.[13]

É dizer, conquanto importante para a manutenção da normalidade democrática, a mídia pode ser um dos vetores de desvirtuamento das instituições e do próprio tecido social. Não por acaso, embora a liberdade de imprensa seja um dos elementos mais característicos dos regimes democráticos, fato é que, mesmo nos regimes mais libertários, a comunicação social costuma estar sujeita a

---

democracias liberais do ocidente. Isto não significa dizer que o exercício da política se realize tãosomente a partir da intermediação midiática. Mas sim que mesmo aqueles movimentos que se passam ao largo dos sistemas partidários tradicionais terminam por assumir que as suas visibilidades efetivas somente poderão se realizar com referendo da mídia." (FERREIRA, 2002, p. 61)

12 "A pós-democracia pode ser entendida desse modo. Em um nível, as mudanças associadas com ela dão-nos um movimento da democracia para uma forma de reatividade política mais flexível do que as confrontações que produziram o pesado compromisso de meados do século. Em certa medida, fomos além da ideia de regência das pessoas (*rule of people*) para desafiar a própria ideia de uma regência (*rule at all*). Isso refletiu na mudança do balanço no âmago da cidadania a que nos referimos acima; o colapso da deferência ao governo e, em particular, no tratamento da política pela mídia de massa; a insistência na total abertura do governo; e a redução dos políticos a algo mais parecido com lojistas do que com governantes, tentando descobrir o que seus 'consumidores' querem para permanecer no negócio." (CROUCH, 2004, p. 20-21, tradução nossa)

13 "O exercício democrático de poder é, no fim das contas, dependente da capacidade institucional de transferir sentido gerado pela ação comunicativa para a coordenação funcional de ação organizada no Estado sob os princípios do consenso constitucional." (CASTELLS, 2009, p. 13, tradução nossa).

limites importantes, eis que o abuso da comunicação social constitui sempre um fator de desestabilização ou, no mínimo, de deturpação da vontade popular.

A democracia, sendo o regime mais afeto à concorrência pública de ideias e correntes de pensamento (FERNANDES, 2009, p. 97-102), demanda uma permanente preocupação com a existência de múltiplas fontes de informação para que a sociedade tenha contato com visões de mundo as mais diversas, de forma que seus diferentes estratos possam chegar às próprias conclusões a partir de teses e antíteses expostas em diferentes veículos de comunicação social. A uma democracia substancial, então, não basta que se garanta a liberdade de manifestação de pensamento e a liberdade de imprensa propriamente dita; é necessário que haja uma pluralidade mínima de perspectivas submetidas ao escrutínio crítico do público.

Essa pluralidade pode ser perseguida por diferentes métodos de controle, que vão desde os meramente subjetivos, como os limites à concentração midiática em si mesma, isto é, as regras proibitivas a que certas pessoas ou certos grupos de pessoas detenham a titularidade de uma parcela excessiva dos canais de comunicação social, até filtros mais objetivos, pelos quais a ordem jurídica procura estabelecer um nível mínimo de apresentação paritária de pontos de vista sobre assuntos de relevância social.[14] Direta ou indiretamente, os regimes democráticos devem prover para que ideias opostas – ou mesmo ligeiramente diferentes umas das outras – sejam efetivamente apresentadas e discutidas à vista do público com a garantia do mínimo de paridade.[15] Desse duelo de visões distintas é que deve emergir a consciência política que torna razoável o exercício de poder pelo povo. Se o povo, afinal, é que detém, em última análise, o poder último de escolher seus representantes, ou mesmo, em alguns casos específicos, de decidir diretamente certas questões, é de se esperar que ao menos o façam de maneira devidamente fundamentada em elementos informativos plurais e, na medida do possível, fidedignos e imparciais.

---

14  Ericson Scorsim, analogamente, tratando especificamente da televisão e da necessária complementaridade entre o setor privado, o setor público e o setor estatal nesse domínio da comunicação social, fala em pluralismo quantitativo ("pluralidade de estruturas comunicativas") e qualitativo ("pluralidade de conteúdo audiovisual diverso"). (2014, p. 504)

15  Para um balanço das discussões sobre pluralismo da mídia e a defesa de uma abordagem que leve em consideração o âmbito discursivo ou ideológico dos conflitos retratados na mídia, ver. Danielle Raeijmaekers e Pieter Maeseele. (2015)

Para além disso, algum nível de controle do próprio poder do Estado pode ser exercido pelos veículos de comunicação social. Uma mídia independente e descomprometida, capaz de apresentar à população uma visão crítica dos acontecimentos e das ações estatais, constitui certamente um dos maiores limites que se pode antepor a investidas autoritárias ou, de uma forma geral, a empreitadas ofensivas às liberdades públicas por parte do poder político. Uma população bem-informada certamente terá melhores condições para conscientizar-se de potenciais desvios de poder e de tomar medidas de questionamento tempestivas para atenuar os abalos provocados pelos eventuais abusos. Ao mesmo tempo, as próprias autoridades de um regime substancialmente democrático são submetidas ao constrangimento potencial de ver expostas e submetidas à crítica pública suas decisões, por mais comezinhas que sejam. Por menor que seja o alcance do ato exposto publicamente ou a polêmica que o envolva, a só consciência da possibilidade de divulgação opera como um limite implícito contra iniciativas menos inspiradas no interesse da própria sociedade.

A exigência de pluralismo, porém, não é apenas uma demanda que se possa impor pela ingerência do poder político nos veículos de comunicação social. Seu sentido é muito mais profundo. Em primeiro lugar, sua observância depende de existir no ambiente da comunicação social algum grau de independência do poder econômico. Essa independência, por sua vez, só é possível se estão presentes duas pré-condições. A primeira é que os veículos de comunicação social não sejam mantidos em regime de monopólio ou mesmo de oligopólio. Esse ponto será retomado mais à frente,[16] mas por ora importa perceber que não confrontar a concentração excessiva do controle sobre os veículos de comunicação pode ocasionar indiretamente a forja da opinião pública segundo interesses exclusivamente privados. Em alguns meios, porém, assegurar que não haja concentração é, por si só, um desafio, eis que os mercados tendem naturalmente a afunilar-se progressivamente. Até por isso, a segunda pré-condição é que o Estado assuma ao menos algum grau de intervenção nesse domínio. Ainda que não seja pela regulação, muitas vezes tratada como uma espécie de ingerência autoritária em uma área sensível para a normalidade democrática,[17] ao menos pelo oferecimento de alternativas de

---

16 V. infra, p. II.3.5.
17 O debate sobre a regulação da mídia no Brasil, travado por iniciativa do governo federal a partir de meados da década de 2000, envolveu muitas polêmicas a respeito da interferência estatal nesse

informação de nível satisfatório, ou ainda, como é comum, pelo subsídio a veículos capazes de oferecer um contraponto aos que dominam o mercado. A intervenção do Estado é essencial, nesse sentido, para que subsistam veículos em condições de oferecer à sociedade uma leitura da realidade menos condicionada a interesses de grandes anunciantes.

A necessidade de regulação, especificamente, importa ao presente trabalho.

## I.1. Elementos distintivos da comunicação social

De uma perspectiva estritamente jurídica, "comunicação social" é um conceito relevante; no caso brasileiro, de estatura constitucional. A Constituição de 1988, de fato, reserva-lhe todo um capítulo, que compreende cinco artigos razoavelmente analíticos. Mais à frente neste trabalho, se delimitará os contornos jurídico-positivos desse conceito, para que, uma vez estabelecidos, possa-se efetivamente promover um exame sobre a adequação do emprego da sua disciplina às novas mídias. Preliminarmente, porém, buscar-se-á determinar, desde uma perspectiva até mais ampla do que a estritamente jurídica, o que se entende, afinal, por comunicação social, ou seja, o que distingue um ato de comunicação em sentido amplo de um ato de comunicação *social*. A rigor, essa conceituação tem o objetivo de lançar as bases para um ulterior cotejo com as características das novas mídias, especialmente no que concerne à sua disciplina jurídica.

À primeira vista, a expressão "comunicação social" poderia parecer tautológica ou, no mínimo, excessivamente vaga. Se o adjetivo *social* estivesse empregado no sentido coloquial de "relativo às pessoas", poder-se-ia dizer *social* praticamente toda comunicação. Ainda que possível uma interpretação da co-

---

mercado. Uma primitiva formulação teórica, ainda que bastante precária, da resistência às medidas que vinham sendo ensaiadas pode ser vista em fala de Denis Rosenfield ao Senado Federal:

"Uma regulamentação dos meios de comunicação no Brasil poderia, por sua vez, ser vista como uma ingerência do governo, qualquer que seja, sobre a opinião pública visando a controlá-la, pois a nossa tradição é a de uma preponderância do Estado sobre a sociedade civil e sobre as empresas." (2004, p. 24). O debate envolveu também autoridades, como o então presidente do STF, para quem a mídia deveria se autorregular.

(MILICIO, 2008). Para Miguel Reale Junior, o caminho também era o da autorregulação (2010). A discussão suscitou editoriais inflamados, como o do Estadão em que se acusava o Ministro Franklin Martins de adotar um tom de "sequestrador de embaixador" ao defender o enfrentamento do tema. (O ESTADO DE S. PAULO, 2010)

municação que compreenda a transmissão de dados de um circuito para outro, independentemente da ocorrência de uma pessoa no papel de emissor e outra no papel de destinatário,[18] a expressão *comunicação social* refere-se a um conceito preciso, porque o adjetivo *social* constitui aqui uma referência à *sociedade*. Comunicação social é a comunicação que concerne, portanto, à coletividade das pessoas. É a comunicação que, de certa forma, se dispersa dentro do conjunto social, atingindo uma pluralidade de destinatários. É social toda comunicação que é desenvolvida para se pulverizar desde um ponto central.

Jorge Pedro Sousa assim a define:

> A comunicação social ou comunicação de massas (mass communication) é a comunicação efectuada a grande escala, de forma impessoal, para uso e benefício de um grande, anónimo e heterogéneo número de receptores em simultâneo, que fisicamente podem estar bastante separados, sendo, habitualmente, diminutas as possibilidades de interacção e feedback do receptor com o emissor. Cada receptor, de alguma forma, percebe que as outras pessoas (outros receptores) também são expostas à comunicação social. Mas a audiência não é personalizada. É tida, ao invés, como um agregado de indivíduos pontualmente unidos pela recepção comum de uma mensagem, consumida, por norma, devido ao facto de corresponder aos interesses, necessidades, crenças, valores e expectativas desses indivíduos. (SOUSA, 2006, p. 54)

Como Sousa evidencia, a comunicação social é também comunicação de massas, exatamente porque tem como destinatário estratos numerosos e mais ou menos homogêneos da sociedade, comumente referidos como *as massas*. É exatamente esse, aliás, seu elemento principal: a orientação para o grande público, em uma relação centrífuga, do emissor para um grupo vasto e relativamente coeso de receptores. Fazer comunicação social, em outras palavras, é comunicar-se com a sociedade ou com uma parcela relevante dela. Por consequência, são considerados meios de comunicação social os periódicos, a televisão e o rádio.

A interação do usuário pode ou não estar presente nos meios de comunicação social. (SOUSA, 2006, p. 55). As mídias tradicionais tipicamente oferecem parcas opções para que o usuário interfira nas mensagens que lhe são transmitidas. Quando muito, há a possibilidade de escolha, entre diferentes

---

18  Essa leitura mais compreensiva já foi propugnada anteriormente, inclusive, por nós em outro trabalho (PICCELLI, 2018).

veículos concorrentes, do conteúdo a que se pretenda ter acesso (escolha entre várias revistas similares em exposição ou entre as várias frequências de rádio), mas, uma vez escolhido o veículo, haverá pouca ou nenhuma interação entre o destinatário e a fonte, ao menos como regra. Essa característica menos acessível para o usuário, porém, parece constituir mais uma limitação técnica dos meios convencionais do que um traço distintivo da comunicação social. Progressivamente, tem-se registrado a abertura de canais de interação dos ouvintes com as rádios, dos leitores com os jornais e até dos telespectadores com a televisão – isto quando, em meio às mudanças de que se tratará mais detidamente no capítulo III, especialmente da chamada convergência multimidial, não se disponibilizam ferramentas diretas de interferência do usuário no que é comunicado. O elemento essencial é a difusão de um conteúdo de um ponto central para o grande público, ou seja, o alcance potencializado de determinadas mensagens propagadas pelos meios de comunicação social. Trata-se de veículos que têm como traço essencial a capacidade de reverberar socialmente a partir de um polo de emissão.[19]

A comunicação social tradicional sempre foi feita, como regra, por meio de empresas privadas ou, em menor escala, públicas, que mantinham equipes profissionais encarregadas de produzir o conteúdo. O veículo precursor dessa modalidade é justamente o jornal,[20] que passou a circular de forma periódica,

---

19 Em razão dessa característica de emissão a partir de um polo, o advento dos meios de comunicação em massa levou a uma concentração inevitável do poder de comunicar. Fala-se atualmente em uma crise de mediação ocasionada pelo advento das redes sociais para se referir à situação em que o enquadramento dos fatos para o conhecimento público não se sujeita mais necessariamente ao enquadramento de um jornalista profissional, mas poder-se-ia dizer que o surgimento da comunicação social tradicional já levou a uma significativa mudança no processo de mediação. É que o mediador mais primitivo da notícia é o próprio indivíduo em sociedade, que leva a seus semelhantes os acontecimentos de que toma conhecimento segundo sua própria experiência. Na medida em que a atenção social se volta para um polo emissor capaz de comunicar simultaneamente a uma pluralidade de outros indivíduos, o indivíduo é despojado parcialmente desse papel, passado à nova instância mediadora.

20 Há notícias de boletins esculpidos ou manuscritos anteriores ao advento da imprensa, mas, até por uma limitação técnica, não tinham como ser orientados para o grande público, como é típico dos jornais tal qual os conhecemos. Habermas relaciona o surgimento da imprensa escrita com a necessidade de intercâmbio de informações no período de ascensão do capitalismo na Europa medieval, inicialmente em um serviço informativo confidencial: "Com a expansão das trocas, o cálculo comercial orientado para o mercado necessitava de informações mais frequentes e precisas sobre processos distantes. Por isso, desde o século XIV, a antiga troca de cartas comerciais foi organizada como um tipo de sistema profissional de correspondência. Os estabelecimentos

especialmente a partir da popularização da imprensa de caracteres móveis, no século XVII,[21] e de forma ainda mais intensa com os aprimoramentos técnicos dos dispositivos de impressão desenvolvidos no início do século XIX. De certa forma, a invenção da imprensa é o ponto-chave na história da comunicação social, porque que possibilita imprimir – e, portanto, replicar–, o que lhe confere justamente sua natureza difusora.

A transição do manuscrito para o impresso traz consigo o gérmen da profissionalização, uma vez que a reprodução do trabalho dos redatores torna materialmente viável manter pessoal dedicado à produção de comunicados e notícias de interesse dos leitores. Com a sofisticação progressiva dos jornais, surgem os responsáveis pela editoração dessas mídias, para tornar ainda mais profissional e institucionalizada sua produção.

A partir da invenção dos mecanismos de transmissão e captação de ondas de rádio, o emprego da radiodifusão para comunicar notícias passou a conviver com a edição dos jornais impressos, já no início do século XX. De forma praticamente simultânea, a invenção dos cinematógrafos deu ensejo à profusão das salas de exibição pública. Em uma dinâmica de intermodalidade que seria marcante na história da comunicação social, o surgimento de novas mídias não levou automaticamente ao anacronismo das demais, mas à convivência entre as várias modalidades e até à sua complementaridade. Jornais passaram a publicar a grade de programação das rádios, que, por sua vez, repercutiam as reportagens impressas. Ambos começaram a contemplar comentários sobre os filmes em exibição nas salas de cinema, que, por sua vez,

---

comerciais organizaram para seus fins os primeiros itinerários de mensageiros, os chamados correios ordinários, que partiam em determinados dias. As grandes cidades comerciais são, ao mesmo tempo, centros de circulação de notícias. (...) Mais ou menos simultâneos ao surgimento das bolsas, o correio e a imprensa institucionalizam comunicações e contatos duradouros. No entanto, aos negociantes bastava um sistema de informações profissionalmente secreto; à chancelaria urbana e da corte, era suficiente um sistema de informação administrativo interno." (2014, p. 116) Só depois os boletins se tornaram abertos, por conta da transformação da notícia em mercadoria - que submete o noticiário profissional às leis do mercado - e do incentivo do poder político de circular determinadas informações. (HABERMAS, 2014, p. 126-127)

21 Segundo Weber, que conduz uma análise criteriosa da história dos periódicos e da sua relação com o advento da imprensa, os jornais podem ser definidos em quatro critérios: são publicados, periódicos, tópicos e universais. (2006, p. 387)

não deixaram de retratar histórias e notícias[22] que envolvessem as outras mídias. Poucas décadas depois veio ainda a televisão, apresentando a potencialidade de transmissão instantânea de imagens e sons a dispositivos pessoais.

À medida que se popularizavam e passavam a contar com uma rede suficientemente ampla de expectadores, todas essas mídias começaram a ser produzidas por equipes profissionais, ainda que com diferentes níveis de complexidade. Não apenas o conteúdo em si da mídia, que envolvia a captação de sons e imagens, a roteirização, a redação e a editoração, era objeto de trabalho profissional, assim como a transmissão propriamente dita, fosse por antenas, fosse por papel impresso, que tinha de ser fisicamente distribuído para os vários pontos de venda. A comunicação social tem, desde então, essa característica de ser realizada e propagada de maneira profissional. A profissionalização, apesar de ser uma constante, é apenas uma consequência indissociável do potencial econômico da atividade de comunicar em massa e da concorrência que naturalmente insta os veículos de mídia a investir na contratação de equipes capacitadas para competir pela preciosa atenção do público.

Do ponto de vista econômico, o retorno da atividade se obtém, em regra, por dois meios paralelos a que se pode ou não recorrer de forma simultânea: (i) de um lado, como principal fonte de custeio, as mídias oferecem espaços para anúncios de interessados em divulgar seus produtos, seus serviços e suas ideias em troca de uma contrapartida pecuniária e (ii) nos casos em que é possível controlar o acesso ao conteúdo, pode-se cobrar por esse acesso, como é comum especialmente no caso dos jornais e revistas, com suas assinaturas, e da televisão fechada.[23] No caso dos anúncios, embora em regra sejam contratados por empresas privadas, pelo próprio interesse na publicidade, pode haver ainda a divulgação remunerada de empresas e ações governamentais, sem que seja prevalente o intuito comercial ou informativo, e sim, por vezes, o de prestar apoio a determinadas mídias.

---

22  Antes de popularizada a televisão, era comum a exibição de "cinejornais" nas salas de cinema com informações sobre a atualidade. Eram filmes documentais curtos, que podiam ser apresentados antes do filme principal e eram comuns também no Brasil. O governo, por meio do Departamento de Imprensa e Propaganda - DIP, chegou a produzir o Cinejornal Brasileiro (REGO, 2018), cujo nome depois foi alterado para Cinejornal Informativo no período democrático pós-Vargas (SOUZA, 2003, p. 47).

23  Como salienta Kunczik, Weber já identificava duas classes de clientes, no caso dos jornais. Eram justamente *leitores* e *anunciantes*. (2002, p. 20)

A constante dependência dos recursos de anunciantes ocasiona uma tendência de exposição das mídias aos desígnios das empresas dominantes do mercado, ou de governos. Ambos podem ter grande poder de influenciar a pauta de determinados veículos pelo simples fato de serem seus maiores clientes e, portanto, controlarem seu custeio. Essa relação entre as mídias e seus anunciantes é um dos fatores mais importantes para compreender a relevância do tema da comunicação social para a democracia, vez que os grandes poderes econômicos, aqueles dotados de capacidade para oferecer contratos relevantes para os veículos de comunicação, têm sua própria agenda política e podem valer-se desse poder, para influenciar o grande público em benefício da sua agenda. Por outro lado, como é evidente, correntes de pensamento que contrariem o interesse dos grandes anunciantes tendem a ser cronicamente sub-representadas na imprensa exatamente por essa relação complexa de dependência entre veículos e anunciantes.[24] A comunicação social custeada exclusivamente por anúncios tem, em princípio, as características de uma plataforma comercial, contrabalanceadas pela inevitável necessidade de qualquer mídia de manter um nível mínimo de credibilidade, necessário para manter o interesse do público, seu produto final.[25] Com o objetivo de sustentar essa credibilidade, as grandes mídias jornalísticas procuram manter uma independência entre os departamentos de publicidade e de redação. A relação de dependência econômica dos anunciantes, privados e públicos, ainda que controlada por medidas de independência editorial, é sensível para a democracia, em razão do possível reflexo no conteúdo noticiado.

Como se viu, a comunicação social tem como seu elemento definidor a capacidade de amplificar a mensagem para uma audiência necessariamente maior do que o ponto de emissão. Usualmente é realizada de maneira profissional e custeada com recursos de anunciantes e, nos casos em que é possível controlar o acesso, por meio de uma espécie de contraprestação.

---

24 Como relata Denis McQuail, porém, é difícil mensurar ou demonstrar objetivamente essa relação. (MCQUAIL, 2011, p. 144 e ss)

25 "O dilema enfrentado pelos jornais está em sopesar os benefícios dos tratos clientelistas contra os benefícios que se obtém com a venda de exemplares e/ou o custo por perder circulação por fornecer notícias tendenciosas ou influenciadas pelos interesses de quem governa" (REBOLLEDO, 2018, p. 208-209, tradução nossa).

## I.2. Comunicação social como fonte de poder político na sociedade

Do ponto de vista de sua relação com a democracia, a comunicação social oferece desafios bastante peculiares exatamente por sua característica específica de multiplicar em muitas vezes a recepção do conteúdo transmitido. Essa capacidade definidora de ressoar socialmente desempenha um papel importante, evidentemente, na formação das preferências políticas do eleitorado.

A comunicação individual tem também sua importância na transmissão de notícias e opiniões. Em qualquer sociedade humana, independentemente do estágio de avanço da técnica, a transmissão de ideias ou notícias ocorre primariamente pela via direta, de indivíduo para indivíduo, ou de indivíduo para pequenos grupos. Receptores convertem-se, na sequência desse ciclo, em novos emissores. Pode formar-se então uma corrente de permanente reprodução de informações em que os principais meios são os próprios indivíduos. Naturalmente, porém, cada elo da cadeia é um prisma pelo qual a informação não passa necessariamente incólume, o que leva a uma alteração paulatina do conteúdo transmitido que pode redundar em uma completa transformação. No mais, a comunicação individual não pode ser gerida de maneira eficaz por interesses centralizados. Segue um rumo mais ou menos espontâneo, a partir dos desígnios dos inúmeros elos de uma extensa cadeia de comunicação.

A capacidade de irradiar o conteúdo por meio da replicação simultânea de mensagens, portanto, traz consigo um poder especialmente eficaz, na comparação com a comunicação individual, para influenciar as opiniões de parcelas da sociedade. Em primeiro lugar, porque essa replicação permite que se mantenha a higidez da informação na sua forma original, ao menos até chegar aos receptores. O contato é direto entre o conteúdo tal qual elaborado e os indivíduos que recebem a mensagem. Significa que, no caso da comunicação social, o emissor da mensagem tem condição de forjá-la rigorosamente de acordo com seus objetivos particulares, com todos os recursos de convencimento, para além do conteúdo da mensagem em si. Recursos extratextuais, como imagens, cores, enquadramentos e o próprio tom de fala, somam-se aos próprios recursos textuais, como a ordem de enunciação dos argumentos. O controle desses elementos é característico dos meios de comunicação social, porque a comunicação individual, malgrado seja potente a seu modo, apenas permite que a mensagem seja retransmitida de acordo com os recursos do replicador.

De maneira correlata, no caso da comunicação social está presente uma singular capacidade do emissor de mensurar previamente o trânsito mínimo da mensagem. Se o emissor conta com recursos técnicos suficientes, pode previamente estabelecer o alcance inicial da sua mensagem e, de certa forma, modular o público-alvo a partir de fatores como horários de transmissão e pontos de difusão. Evidentemente, os receptores mantêm vários filtros sobre o que se lhes transmite, mas, ainda assim, o meio da comunicação social oferece uma possibilidade de fazer chegar a um conjunto de indivíduos uma determinada mensagem de interesse de quem detenha os meios.

## I.2.1. Comunicação social e gênero da mensagem

A irradiação de uma mensagem pode influenciar socialmente, independentemente do gênero textual adotado. No texto injuntivo, marcado pelo emprego de formas verbais no modo imperativo, essa pretensão é particularmente marcada, eis que, nesse caso, a mensagem é elaborada com escopo de persuasão, como ocorre na propaganda. O objetivo manifesto de quem propaga uma mensagem injuntiva é justamente obter a adesão de terceiros a uma determinada atitude, que pode ser de comprar, de votar ou mesmo de persuadir terceiros. A ampla difusão de conteúdo publicitário pelas mais diversas mídias demonstra por si só a efetividade desse recurso na obtenção de atitudes de conformidade com a mensagem (JESUS, 2010). De toda forma o receptor resta consciente do objetivo do texto injuntivo. Similarmente, os textos chamados dissertativos também têm por característica a exortação do receptor ou a defesa de opiniões, por meio de recursos argumentativos. A intenção de influenciar, no mais das vezes, é explícita.

Nos casos em que se empregam outros gêneros textuais, especialmente a narração e a descrição, a capacidade de influenciar é menos intuitiva, mas não por isso menos importante. Essa capacidade não depende da eventual instrumentalização da descrição pelo autor do texto ou por seu emissor. Trata-se de um atributo da própria mensagem. No gênero descritivo, o texto desenvolve um relato de um evento ou objeto. Enuncia informações, que, a depender de vários fatores, como a credibilidade do autor ou do emissor, podem ser levadas em consideração pelo destinatário na tomada de decisão. Ainda que a descrição possa ser formulada com o intento indireto de obter decisões dos receptores em um ou em outro sentido, o que a aproxima da injunção e da dissertação, esse objetivo não é necessariamente apresentado ao destinatário. [26] O receptor da descrição forjada com esse objetivo está, por não ter pronto conhecimento da eventual intenção do texto, particularmente vulnerável a ser influenciado e tomar decisões pautadas pelo que percebe como uma informação (BILANDZIC ; BUSSELLE, 2012, p. 205).

Nem sempre a descrição persuade por meio de uma distorção dos fatos relatados. Não é preciso que haja, enfim, falsidade no relato. A mera escolha do foco pode revestir-se de intencionalidade e de consequências, notadamente em temas ou eventos polêmicos, sujeitos a ser relatados por múltiplas perspectivas necessariamente incompletas. A concentração em um ou em outro ponto leva à supressão do foco em outros tantos, de modo que é possível enviesar a atenção dos receptores a partir do emprego do gênero descritivo sem que seja necessário recorrer à desinformação.

Em muitos casos, os gêneros textuais entrelaçam-se, e é difícil, nessas situações, divisar a verdadeira descrição da injunção ou da dissertação. O noticiário econômico oferece um exemplo bastante corriqueiro dessa confusão, já que o que é exibido como análise econômica muitas vezes se apresenta ao leitor como um relato baseado em critérios objetivos, que, na verdade, reflete posições teóricas, quando não interesses pessoais do próprio analista. A aparência de descrição é, enfim, um recurso empregado para influenciar de maneira ainda mais eficaz do que os gêneros exortativos propriamente ditos, exatamente pela conveniência de que o receptor não se aperceba da intenção

---

26 Especificamente sobre as falsas notícias, "Primeiro, as falsas notícias não são meramente conteúdo de mídia – a sua intenção é influenciar as pessoas para os propósitos de uma meta persuasiva em particular e para os benefícios de um patrocinador (possivelmente) identificável. Enquanto as notícias falsas não podem se qualificar para as versões tradicionais ou mesmo atualizadas da definição de publicidade [advertising], é inegável que se trata de mensagens patrocinadas, que se espalham pelos canais da mídia de massa e êm uma intenção persuasiva. Em outras palavras, é como publicidade. Assim, as falsas notícias estão claramente no campo acadêmico e prático da publicidade." (NYIALASY, 2019, p. 338, tradução nossa)

subjacente ao texto.[27] Por outro lado, inverdades podem ser convenientemente rotuladas como opinião, como advertia Hannah Arendt:

> Tal é verdade quando o mentiroso, carecendo do poder de fazer com que sua falsidade vingue, não insiste na verdade evangélica da sua afirmação, mas finge que se trata da sua opinião, protegida pelo direito constitucional. (...) Esmaecer a linha divisória entre a verdade factual e a opinião está entre as várias formas que o mentir pode assumir, todas elas formas de ação. Enquanto o mentiroso é um homem de ação, o contador da verdade, conte ele a verdade racional ou a factual, mais empaticamente, não é. (1968, p. 68, tradução nossa)

A comunicação social não tem como característica o emprego exclusivo de um gênero textual. A propaganda e os artigos de opinião podem integrá-la e, como já se disse, são comumente adotados. Ainda assim, a importância da descrição, especialmente por meio do jornalismo, e do seu potencial para manipular o comportamento e o pensamento das massas, é singular porque, ao não desvelar aos destinatários uma eventual intenção de persuasão, pode induzir maior grau de credulidade e, portanto, de adesão a um comportamento. Por isso mesmo, como se verá, o gênero textual empregado é importante para se determinar o âmbito de proteção conferido das liberdades comunicativas.

## I.2.2. Poder social decorrente da comunicação em massa

A capacidade de comunicar socialmente e de dialogar de maneira direta com parcelas da população equivale a um *poder* entendido como "a capacidade relacional que permite a um ator social influenciar assimetricamente as decisões de outros atores sociais em maneiras que favoreçam a vontade, os interesses e os valores do ator empoderado" (CASTELLS, 2009, p. 10). A comunicação social traduz-se, em outras palavras, em um meio para se obter de indivíduos atos que se adequem aos desígnios de quem comunica – um meio particularmente eficaz para essa finalidade. Toda comunicação é uma espécie

---

27 Trata-se da "tendência de muitos jornais hoje em dia de agir não como fornecedores de informação, mas como propagandistas habilidosos, que usam conscientemente informação seletiva e enganosa para produzir o efeito desejado na opinião pública, e repetem falsidades conhecidas se estiverem de acordo com a linha editorial do jornal." (PHILLIPSON, 2013, p. 228, tradução nossa)

de poder, mas a comunicação que se dispersa de maneira massiva é uma espécie mais crítica de poder.

Esse poder de influenciar se desdobra em várias frentes da vida em sociedade. De uma perspectiva econômica, por exemplo, a propagação de um determinado dado – verdadeiro ou falso – pode impactar nas decisões dos agentes de todo o mercado. O controle dessa comunicação reflete-se em poder, e consequentemente na economia. De outra perspectiva, ainda a título de exemplo, a divulgação de uma mensagem religiosa pode gerar aderência a um determinado credo ou, eventualmente, repelir determinada conduta que se repute condenável. O acesso à comunicação social pode resultar, então, em poder na esfera da religião. A existência desse potencial influenciador dos meios de comunicação social justifica que sejam regulados, mesmo nos casos em que haja liberdade de imprensa, para evitar-se o excesso de concentração.

Não obstante as múltiplas maneiras em que a comunicação social pode operar alguma espécie de influência, sua influência *política* é extremamente sensível. Em regimes autoritários, as mídias, ainda que controladas pelo governo, têm capacidade persuasiva e podem ser usadas para arrefecer ressentimentos ou promover campanhas de convencimento, já que, mesmo nesses casos, existe demanda por legitimação. Não é diferente nas democracias, em que a comunicação social constitui, similarmente, um poder de influência decisiva. Os receptores do conteúdo comunicado são justamente as massas, que, nas democracias, desempenham um papel político importante, por meio de eleições periódicas de seus representantes, que exercem diretamente o poder político.

Ainda que se adote uma posição cética a respeito da efetiva capacidade decisória das massas nas democracias, o papel da comunicação social não se renega. Ao contrário, resta mais evidenciado. Afinal, os regimes ditos democráticos pressupõem um processo de manifestação da vontade do eleitorado, ao menos na escolha dos ocupantes das funções públicas. Se essa vontade é viciada, as mídias terão desempenhado um papel central nessa eventual distorção, ainda que pela via da omissão. O défice democrático só não terá uma correlação direta com o estado da comunicação social se o problema não estiver na formação da vontade do eleitorado, mas em algum outro elemento, como a democracia interna dos partidos ou mesmo a idoneidade em si do sistema de contagem de votos. Mesmo que se esteja diante de hipóteses como essas, porém, é possível que as mídias tenham um papel para perpetuar a crença na legitimidade do regime.

Fato é, porém, que a comunicação social, seja ao exortar diretamente, seja ao traçar descritivamente algumas premissas a serem consideradas pelos receptores, tem influência decisiva na formação da opinião política que, em tese, se manifesta periodicamente nas democracias contemporâneas. Ao fim e ao cabo, quem comunica tem o poder de induzir preferências no eleitorado.

> O poder, incluindo o poder político, depende largamente da capacidade de influenciar a mente das pessoas pela interferência nos processos de comunicação social. O principal canal de comunicação entre o sistema político e o cidadão é o sistema de mídias de massa, sobretudo a televisão. (...) Então as mídias não são detentoras do poder, mas constituem, ao fim e ao cabo, o espaço em que o poder é decidido. Na nossa sociedade, a política é dependente da política das mídias (CASTELLS, 2010, p. 84-85, tradução nossa)[28]

As eleições constituem, porém, apenas a manifestação mais óbvia da opinião pública nos regimes ditos democráticos. Subjacente está toda a relação de legitimação que se estabelece entre o poder político – eleito ou não eleito - e a sociedade. Mudanças nos humores do público podem deflagrar mudanças políticas importantes mesmo sem a mediação do voto. A aparente opinião predominante da sociedade, captada por pesquisas, tem, por si só, influência na tomada das decisões mais importantes. A rejeição a determinada política, uma vez detectada, é capaz de dissuadir de sua adoção independentemente de uma consulta oficial por meio de mecanismos de democracia direta. A popularidade das decisões, enfim, é a todo momento levada em conta como um elemento decisivo (CROUCH, 2004, p. 20-21).

Há outros meios mais ostensivos de precipitação dos humores do público, como as manifestações populares organizadas em prol de determinadas causas. Evidentemente, têm a sua importância no direcionamento das decisões políticas ou ao menos no estabelecimento de limites a certas tendências. A comunicação social pode ser empregada também para estimular ou desestimular esse tipo de mobilização social. A influência pode ser direta, pela exortação, com chamados a parcelas da população para comparecer a certos even-

---

28 Também nesse sentido, as palavras de Cristina Tavares no relatório da subcomissão encarregada de tratar da comunicação social na Constituinte de 1987: "A sociedade pensa com base naquilo em que é informado. Fonte de toda a informação, a sociedade, porém, decide conforme os conjuntos de informação que recebe de volta através dos meios e tecnologias que criou para tal." (1987, p. 153)

tos ou, inversamente, com campanhas de repúdio. Pode também ser indireta, pela descrição ou ainda pela narração. Em um e outro caso, a relação entre a comunicação e o resultado que produz no comportamento do público é mais imediata do que o que se pode perceber nos casos em que as mídias atuam na formação da opinião do público. Nesse caso, a influência se opera de maneira muito mais gradual e sedimentar do que nos casos de mobilização direta da sociedade,[29] até porque a consciência do intuito persuasivo pode deflagrar a resistência do público (BILANDZIC ; BUSSELLE, 2012, p. 205).

### I.2.3. Comunicação social e cultura democrática

A comunicação tem importância também no fomento a uma cultura democrática. Mesmo de uma perspectiva mais formalista e restritiva de democracia, as orientações operacionais difundidas pelas mídias sobre o exercício do sufrágio, o cadastramento de eleitores, e, de forma mais geral, sobre o regime do exercício dos direitos políticos têm a sua importância. [30]

A dimensão mais substantiva da democracia depende ainda mais da forma como são propagadas as mensagens para o público. O fortalecimento da cidadania, nesse sentido, envolve muito mais do que a participação em votações (BARRETO, 1993, p. 35-36). Demanda a valorização dos direitos fundamentais e uma adequada compreensão do sistema político, do funcionamento do Estado e da organização das funções governamentais, e a comunicação tem papel fundamental:

> Os meios de comunicação tradicionais (rádio, televisão, jornais e revistas) e as novas mídias (na internet) funcionam como importantes mecanismos para a manutenção da democracia porque representam organicamente um conjunto de ideias constitutivas dos segmentos sociais. A informação que circula nos meios é uma releitura do quotidiano e dos fatos que o constituem. A partir dela, criam-se as bases das bagagens que permeiam o acesso aos direitos dos cidadãos. Se o meio

---

29 Daniel O'Keefe arrola uma série de exemplos interessantes do poder persuasivo do entretenimento, como a novela televisiva sul-africana desenvolvida para oferecer informação sobre a prevenção do HIV, que foi muito bem sucedida, entre outros casos (2015, p. 353 e ss).

30 No Brasil, o Tribunal Superior Eleitoral historicamente toma a iniciativa de divulgar campanhas publicitárias sobre as regras de votação nos principais meios de comunicação social, como a televisão e o rádio.

não servir para a construção da cidadania, torna-se frágil para a democracia. É por meio da mídia que o cidadão se informa, portanto, boa parte das representações que ele tem da sociedade é dada pelos meios. (RADDATZ, 2014, p. 113)

Os veículos de comunicação social, como detentores do poder de difundir mensagens em larga escala, desempenham um papel decisivo na consolidação desses elementos de cidadania, mas podem atuar adversamente de modo a danificá-los de várias formas.

As mídias operam a favor da cultura democrática ao informar os cidadãos sobre deliberações governamentais e ao expor de maneira dialética pontos de vista antagônicos, com o oferecimento de espaço para visões divergentes. Também o fazem ao destacar a função de cada indivíduo na determinação dos rumos da coletividade, ao emprestar visibilidade às minorias e às suas causas, ao desestimular o emprego da violência como meio de resolução de conflitos e ao promover campanhas educativas sobre temas socialmente sensíveis (SARAIVA, 2009, p. 2334), como os protocolos de comparecimento aos serviços de saúde ou o tratamento mais adequado de resíduos. A campanha de muitos veículos para conscientizar a população da importância das medidas sanitárias de combate à recente pandemia da Covid-19 foi muito importante para mitigar a propagação da doença (ANWAR *et al.*, 2020).[31]

Não é incomum, por outro lado, que esses veículos, interessados em maximizar sua audiência ou mesmo os interesses secundários de seus anunciantes, adotem uma linha menos comprometida com o fortalecimento da dimensão substancial da democracia, estimulando o desprezo pelas instituições e as soluções violentas, simplórias ou herméticas para problemas complexos. Tampouco é comum que retratem determinados grupos de pessoas ou determinadas correntes de opinião de maneira pluralista, de maneira a minar, em vez de estimular o vínculo de cidadania na massa expectadora.

O noticiário policialesco faz exemplo da exaltação de atitudes violentas e do menosprezo ostensivo aos direitos humanos, com implicações negativas nas expectativas da sociedade quanto ao direito criminal. O telespectador assiste:

---

31  Por outro lado, houve também campanhas de desinformação significativas, como relatam Greice Fuller e Irineu Barreto Junior (FULLER ; BARRETO JUNIOR, 2020, p. 41-45)

> (...) todos os dias ao jornalismo espetáculo que noticia 'ao vivo' sequestros, homicídios, rebeliões, fatos que, apesar de serem considerados normais e naturais (...), reiterando-se várias vezes apenas para utilizar do sensacionalismo para alcançar grandes audiências. Como se não bastasse distorcer os fatos através de seu discurso espetáculo, os meios de comunicação fazem seu público acreditar que a violência e a criminalidade crescem sem precedentes. Escolhem determinados tipos penais e os noticiam com dramaticidade, fazendo os cidadãos mudarem comportamentos em razão da tal 'violência crescente' (BAYER, 2016, p. 126)

No Brasil, levantamento da ANDI de 2016, por exemplo, listou 4.500 violações à legislação nacional por esse tipo de programa. (COMISSÃO PERMANENTE DE DIREITO À COMUNICAÇÃO E À LIBERDADE DE EXPRESSÃO, 2016). O problema não é exclusivamente brasileiro, porém, e há notícias de países que já tomaram medidas mais assertivas para controlar os efeitos deletérios desse discurso aguerrido em programas do gênero.[32]

Os jornais investigativos, nas suas versões impressas, radiofônicas ou televisivas, podem contribuir para uma erosão da cultura democrática por meio de uma cobertura que empregue, por exemplo, uma carga excessiva nas disfuncionalidades do Estado. Esse é um fenômeno que ganhou especial alcance, no caso brasileiro, a partir da década de 80, com o estabelecimento, por grandes jornais, de uma rede independente de anunciantes privados. (WAISBORD, 2000, p. 72-79).[33] Para Silvio Waisbord, ao mesmo tempo em que há um foco nas irregula-

---

[32] O Uruguai faz exemplo, do ponto de vista internacional, da tomada de medidas para conter a promoção da violência nos meios de comunicação social. Em junho de 2012, diante da escalada de homicídios no país, o governo lançou o documento denominado "Estratégia pela vida e pela convivência", em que diagnosticou, entre outros problemas, o aumento da chamada "crônica vermelha" (ou seja, do noticiário policialesco), de 25 mil segundos em 2006 para 50 mil segundos em 2012. "E não é apenas um problema quantitativo, mas também qualitativo, já que os meios de comunicação, em especial a televisão, já não refletem a realidade, mas podem amplificá-la e multiplicá-la, ainda que não seja sua intenção, exaltando a violência e estimulando condutas agressivas. Isto sucede quanto alguns meios manipulam a informação de maneira irresponsável e sensacionalista, convertendo a informação em um espetáculo, reiterando imagens de violência excessiva ou mostrando imagens ostensivamente cruéis que exaltam o sofrimento de pessoas ou outros seres vivos" (URUGUAI, 2012, p. 13). A Lei n. 19.307, de 2015, então, proibiu, em seu artigo 32, a programação violenta na televisão no horário entre as 6h e as 22h. (URUGUAI, 2015).

[33] O foco excessivo em casos de corrupção pode contribuir para o que alguns teóricos têm denominado de criminalização da política (CASTRO, 2017) (ZAMPIERI, 2014), e, consequentemente, para o desprestígio das instituições democráticas (CASTELLS, 2010, p. 87).

ridades oficiais, é comum registrar-se um foco menor em outras questões politicamente relevantes a exemplo da corrupção privada e da desigualdade social:

> Considerações editoriais são responsáveis, possivelmente, pelo fato de os repórteres investigativos geralmente se afastarem de questões como as práticas corporativas, as condições de trabalho, a exploração de crianças, as questões ambientais, ou as condições sociais de populações imigrantes ou indígenas. As organizações de notícias não estão interessadas em ofender grandes anunciantes, ou negócios ligados à sua própria estrutura societária, envolvidos em práticas comerciais fraudulentas e em abusos sociais. (...) Para lá das questões econômicas, a cobertura restrita das irregularidades expressa uma cultura organizacional que põe sua lente de aumento nas notícias governamentais e primariamente tira proveito de conflitos da elite para produzir seu material. O que subjaz à agenda temática do jornalismo investigativo é a intimidade entre as mídias de notícias e o poder. Se o Estado eclipsa as esferas do comércio e da vida social nas denúncias da imprensa, isso é consequência das salas de redação dependentes da exploração de rivalidades intraelite e da existência de formatos de reportagem restritos por uma cultura profissional fixada em assuntos governamentais. (...) Se a delinquência corporativa e a injustiça social são invisíveis aos olhos da mídia de notícias, o potencial do jornalismo investigativo para catalisar o entendimento de diferentes povos e problemas para a geração de debates sobre uma ampla gama de assuntos fica limitado. (2000, p. 234-5, tradução nossa)

Esse processo pode contribuir para uma progressiva deterioração da credibilidade das instituições democráticas subjetivas, como o Congresso Nacional e o STF,[34] e objetivas, como as garantias processuais e os direitos humanos.[35] Pode levar, em última análise, à criminalização da política e à perda do interesse em participar das deliberações coletivas. A medida da relação entre a cobertura sensacionalista da mídia e o desprezo para com a democracia, de

---

34 Em 2019, segundo o Datafolha, apenas 7% dos entrevistados, por exemplo, declararam "confiar muito" no Congresso Nacional e 17% no STF, em franco contraste com uma parcela de 42% que declarou confiar muito nas Forças armadas. (DATAFOLHA, 2019)

35 Uma porção de 60% dos brasileiros, segundo pesquisa online da Ipsos, realizada em 2018, concordou com a afirmação de que "os direitos humanos apenas beneficiam pessoas que não os merecem, como criminosos e terroristas" – a maior registrada, em empate com o Peru. O percentual de brasileiros que concordou com a importância de uma norma protetiva dos direitos humanos, no mais, também esteve entre os mais baixos dos 28 países analisados (12%) (IPSOS, 2018)

qualquer forma, foge ao escopo deste trabalho e ainda precisaria ser determinada com mais exatidão. É suficiente estabelecer a premissa de que a comunicação social e a forma como é operada pelos detentores desse poder pode fortalecer ou enfraquecer a cultura democrática.

Por outro lado, já foi identificada uma correlação entre a presença de um jornalismo investigativo, ou jornalismo "cão-de-guarda" (*watchdog journalism*) e os índices de qualidade democrática, especialmente, mas não exclusivamente,[36] nas democracias consideradas mais maduras. Concluindo uma extensa revisão da literatura a esse propósito, Pipa Norris sintetizou:

> (...) na prática, uma crescente porção de evidências extraídas de pesquisa experimental, de análise econométrica internacional comparada e de casos específicos, tende a confirmar os efeitos da imprensa na qualidade da governança, especialmente no controle da corrupção. Nas circunstâncias adequadas, a mídia independente contribui, de fato, com a *accountability*, especialmente onde a cobertura do abuso de poder pela imprensa gera preocupação generalizada no público e onde outros mecanismos de *accountability* eleitoral, jurídica e gerencial oferecem sanções efetivas. (2014, p. 538, tradução nossa)

Com relação especificamente à América do Sul, em que a maioria dos países é de democracia recente, é mais difícil extrair uma conclusão. De todo modo, tomando como foco o subcontinente meridional, Silvio Waisbord pondera que, embora a revelação de escândalos de corrupção por reportagens investigativas de destaque nem sempre levasse, na época, à condenação dos envolvidos ou a reformas substanciais, provavelmente ocasionavam uma indignação pública. (2000, p. 210-222).

---

36 Pipa Norris assinala que em Estados mais "frágeis" pode ocorrer o fenômeno do jornalismo "cão-de-ataque", isto é, do jornalismo partidariamente instrumentalizado, mas, ainda assim, a imprensa investigativa tem ali um papel democrático: "É verdade que o jornalismo 'cão-de-ataque', cujos comentaristas partidários lançam ofensivas pessoais ferozes e penosas a rivais políticos, pode reforçar a desconfiança em comunidades multiétnicas divididas. Mesmo, porém, nessas condições difíceis, no longo prazo, a confiança e a certeza do público no processo de reconstrução têm mais probabilidade de ser estabelecidas e reforçadas onde o jornalismo investigativo independente pode lançar luz sobre casos de desvio de fundos públicos, abusos de direitos humanos e exemplos de corrupção. O jornalismo 'cão-de-guarda' ajuda a elevar os padrões da vida pública, garantindo que os fundos de desenvolvimento sejam usados com o propósito para o qual são direcionados, impedindo desvios de conduta futuros e assegurando condições de abertura e transparência que podem atrair mais investimentos e auxílio que fortaleçam a confiança no governo." (2014, p. 537)

Um Estado que tenha entre seus objetivos o de preservar ao longo do tempo a adesão da sociedade ao regime democrático não poderá deixar de procurar as formas adequadas de controlar o acesso a esses meios de propagação de mensagens, não apenas para assegurar que sirvam ativamente para cultivar a cidadania, mas, sobretudo, para impedir que sirvam como instrumento para a inoculação de desconfiança institucional. A manutenção de um nível mínimo de vigilância pelos cidadãos é também uma demanda elementar do princípio republicano, mas essa exigência não pode se converter em uma oposição destrutiva contra as próprias bases do tecido social de uma sociedade democrática. Evitar a difusão de hostilidade contra as instituições e, ao mesmo tempo, permitir ou mesmo estimular a cobrança saudável é um ajuste fino que está entre os maiores e mais permanentes desafios da regulação dos meios de comunicação massiva em uma sociedade democrática.

# Capítulo II. Disciplina Jurídico-Constitucional Tradicional da Comunicação Social

A necessidade de regular em nível constitucional o acesso aos meios de comunicação assenta-se, sobretudo, no poder político que sua detenção é capaz de proporcionar, como visto no capítulo anterior. As mídias têm como característica fundamental o potencial de propagar mensagens em massa. Desse poder decorre o de influenciar comportamentos com as mais variadas finalidades, e, assim, o risco de serem instrumentalizados direta ou indiretamente de maneira contrária aos valores fundamentais em que se baseia a ordem constitucional.

A existência, na Constituição de 1988, de todo um capítulo - com quatro artigos relativamente detalhados - destinado a tratar especificamente sobre a comunicação social constitui uma singularidade na comparação com outros países. Vários países até contam com disposições constitucionais específicas sobre a atividade de imprensa, mas não é comum, mesmo em Constituições mais alongadas, verificar-se um tratamento tão pormenorizado aos meios de comunicação em massa:

> Da análise dos ordenamentos jurídicos de países selecionados nos Continentes Americano, Europeu e Africano – Alemanha, Argentina, Angola, Chile, Canadá, Colômbia, Estados Unidos, Espanha, França, Itália, México, Moçambique, Paraguai, Peru e Uruguai –, em nenhum deles há tratamento constitucional analítico sobre a comunicação social. São encontradas, todavia, referências isoladas ou em conjunto ao direito à informação, à liberdade de manifestação do pensamento e à liberdade de imprensa – Lei Fundamental alemã de Bonn (art. 5º), Constituições da Argentina (art. 14), do Chile (art. 12), dos Estados Unidos (Primeira Emenda), da Espanha (art.20(3)), da França (Declaração Universal dos Direitos do Homem e do Cidadão, arts. 10 e 11 c/c o Preâmbulo da Constituição de 1958), da Itália (art. 21), do México (art. 6º), de Moçambique (art. 48), do Paraguai (art. 27, 29 e 31), do Peru (arts. 14 e 61), de Portugal (art. 38 e 73(3)), do Uruguai (art. 29), e a Carta de Direitos e Liberdades da Lei Constitucional do Canadá (arts. 2º,b) – em alguns casos coligadas

a princípios da ordem social – Constituições angolana (arts. 41 e 44) e colombiana (art. 20) (ARANHA, 2018, p. 2171)

Como o levantamento torna claro, o padrão internacional é deixar as disposições relacionadas à comunicação social para a legislação infraconstitucional. Até mesmo constituições notoriamente analíticas, a exemplo da Constituição da Índia de 2007, são sintéticas no paralelo com a brasileira no que se refere especificamente à disciplina dos veículos de comunicação. Em regra, as previsões constitucionais circunscrevem-se à enunciação de direitos fundamentais, como a liberdade de expressão e a liberdade de imprensa, de maneira abstrata, com disposições pontuais relacionadas a seu regime. Não é comum encontrar normas minudentes vocacionadas a estabelecer proibições ou permissões à titularidade dos meios de comunicação social ou ao conteúdo da programação dos veículos, como há na Constituição do Brasil. Um exemplo ilustrativo de disposição relativamente analítica, mas centrada no regime da liberdade de imprensa, é o da Constituição Italiana, com seu artigo 21. [37]

A Constituição Portuguesa de 1976 constitui o caso mais próximo, nesse aspecto, do Brasil, com dois extensos artigos destinados a conceder garantias para a liberdade de imprensa e dispor sobre a necessidade de licença para a radiodifusão e a radiotelevisão (artigo 38)[38] e a instituir uma autoridade regula-

---

37 "Todos têm direito de manifestar livremente o próprio pensamento, mediante forma oral ou escrita, e qualquer outro meio de difusão. A imprensa não pode ser sujeita a autorizações ou censuras. Pode-se proceder ao sequestro somente por determinação da autoridade judiciária em caso de delitos, para os quais a lei de imprensa o autorize expressamente, ou em caso de violação das normas que a própria lei exija para a indicação dos responsáveis. Em tais casos, quando houver absoluta urgência e não for possível a oportuna intervenção da autoridade judiciária, o sequestro da imprensa periódica pode ser efetuado pela polícia judiciária, que deve imediatamente, e nunca além de vinte e quatro horas, apresentar denúncia à autoridade judiciária. Se esta não o aprovar nas vinte e quatro horas sucessivas, o sequestro entender-se-á revogado e nulo para todos os efeitos. A lei pode impor, mediante normas de caráter geral, que sejam revelados os meios de financiamento da imprensa periódica. São proibidas as publicações impressas, os espetáculos e todas as demais manifestações contrárias ao bom costume. A lei estabelece medidas adequadas para prevenir e reprimir as violações." (ITÁLIA, 1947)

38 "Artigo 38.º Liberdade de imprensa e meios de comunicação social
1. É garantida a liberdade de imprensa.
2. A liberdade de imprensa implica:
a) A liberdade de expressão e criação dos jornalistas e colaboradores, bem como a intervenção dos primeiros na orientação editorial dos respetivos órgãos de comunicação social, salvo quando tiverem natureza doutrinária ou confessional;

tória da comunicação social (artigo 39).[39] Ainda conta com um terceiro artigo para prever o chamado direito de antena dos partidos políticos. Outro exemplo comparável ao caso brasileiro quanto à atenção especial dispensada pelo constituinte ao tema da comunicação social é o da Constituição da Bolívia de 2009.[40]

---

b) O direito dos jornalistas, nos termos da lei, ao acesso às fontes de informação e à proteção da independência e do sigilo profissionais, bem como o direito de elegerem conselhos de redação;

c) O direito de fundação de jornais e de quaisquer outras publicações, independentemente de autorização administrativa, caução ou habilitação prévias.

3. A lei assegura, com carácter genérico, a divulgação da titularidade e dos meios de financiamento dos órgãos de comunicação social.

4. O Estado assegura a liberdade e a independência dos órgãos de comunicação social perante o poder político e o poder econômico, impondo o princípio da especialidade das empresas titulares de órgãos de informação geral, tratando-as e apoiando-as de forma não discriminatória e impedindo a sua concentração, designadamente através de participações múltiplas ou cruzadas.

5. O Estado assegura a existência e o funcionamento de um serviço público de rádio e de televisão.

6. A estrutura e o funcionamento dos meios de comunicação social do sector público devem salvaguardar a sua independência perante o Governo, a Administração e os demais poderes públicos, bem como assegurar a possibilidade de expressão e confronto das diversas correntes de opinião.

7. As estações emissoras de radiodifusão e de radiotelevisão só podem funcionar mediante licença, a conferir por concurso público, nos termos da lei." (PORTUGAL, 1974)

39 "Artigo 39.º

Regulação da comunicação social

1. Cabe a uma entidade administrativa independente assegurar nos meios de comunicação social:

a) O direito à informação e a liberdade de imprensa;

b) A não concentração da titularidade dos meios de comunicação social;

c) A independência perante o poder político e o poder econômico;

d) O respeito pelos direitos, liberdades e garantias pessoais;

e) O respeito pelas normas reguladoras das atividades de comunicação social;

f) A possibilidade de expressão e confronto das diversas correntes de opinião;

g) O exercício dos direitos de antena, de resposta e de réplica política.

2. A lei define a composição, as competências, a organização e o funcionamento da entidade referida no número anterior, bem como o estatuto dos respetivos membros, designados pela Assembleia da República e por cooptação destes." (PORTUGAL, 1974)

40 O constituinte também destinou um capítulo à comunicação social, conquanto mais enxuto. O artigo 106 assegura o direito de expressão e de informação, assim como o de emitir ideias por qualquer meio de difusão. Especificamente sobre os meios de comunicação social, o artigo 107 injunge valores éticos, morais e cívicos das diferentes culturas do país e a transmissão plurilíngue, inclusive em linguagem alternativa para as pessoas com deficiências, além dos princípios da verdade e da responsabilidade. Prevê autorregulação pelas organizações de jornalistas e meios de comunicação, mas, similarmente ao artigo 220, § 5º, da Constituição do Brasil de 1988, proíbe monopólios e oligopólios e determina apoio a veículos comunitários. (BOLÍVIA, 2009)

No caso da Constituição Brasileira de 1988, a preocupação em estabelecer uma disciplina para a comunicação social é um de seus traços essenciais, o que se poderia depreender até mesmo de seus elementos mais abstratos. Como aponta André de Godoy Fernandes, a menção ao pluralismo já no preâmbulo e no artigo 1º (acompanhado do adjetivo "político"), entre os fundamentos da República, serve como um norte da formatação que o constituinte pretendeu imprimir à comunicação em massa sob a égide da atual ordem constitucional. Não é possível haver, afinal, pluralismo ou pluralismo político sem que se garanta uma representação plural nas mídias:

> Como os veículos de comunicação social, notadamente a televisão aberta (radiodifusão de sons e imagens) são, nas sociedades de massas os principais canais de transmissão de informações para a população, o pluralismo na mídia é fundamental para a garantia do princípio do pluralismo político. (FERNANDES, 2009)

A doutrina trata ainda de um *direito à comunicação social* (PINHEIRO, 2013) (MOUTA, 2012), de titularidade da sociedade, ou ainda de uma liberdade de comunicação social,[41] embora a Constituição em si não o tenha estabelecido de maneira expressa ao regular o tema. Com essa denominação, pretende-se, aparentemente, enfatizar o fato de que os destinatários da proteção constitucional não são os veículos de imprensa,[42] mas os próprios indivíduos. No entanto, conquanto a Constituição consagre a liberdade de pensamento, do que se pode depreender naturalmente o direito de consultar fontes plurais, a expressão *direito à comunicação social* dá a entender a existência de um direito subjetivo, com todos os seus atributos. O que se pode dizer é que há, de fato, um regime constitucional estabelecido para a atividade de comunicação social, e que se trata, essencialmente de um regime protetivo à sociedade. Da existência desse conjunto de normas não se pode depreender um

---

[41] "A liberdade de comunicação social congloba a liberdade de expressão e a liberdade de informação, com cinco notas distintivas:–A titularidade dos direitos em que se analisa – não apenas de pessoas singulares mas também de pessoas coletivas; –A pluralidade de destinatários, o carácter coletivo ou de massas, sem reciprocidade.–O princípio da máxima difusão (ao contrário da comunicação privada ou correspondência, conexa com a reserva da intimidade da vida privada e familiar).–A utilização de meios adequados – hoje, a imprensa escrita, os meios audiovisuais e a cibernética.–A relevância do estatuto dos seus principais operadores, os jornalistas." (MIRANDA, 2014, p. 1)

[42] Em relação a estes, pode-se falar também em um "direito de antena", no sentido empregado por Celso Fiorillo e Greice Fuller (2017).

direito, assim como não se pode depreender das normas relacionadas à edição de medidas provisórias um "direito à medida provisória", ou, das normas relacionadas ao sistema financeiro nacional, um "direito ao SFN". Há, isto sim, uma série de direitos, como o de informação, que estão correlacionados com a disciplina da comunicação social.

O caso da ordem constitucional vigente no Brasil é, de toda forma, de um peculiar nível de direcionamento do regime da comunicação social ao nível normativo mais fundamental. Assim como na constituição da maioria dos outros países, há na Constituição de 1988 disposições voltadas à garantia das liberdades de expressão e de imprensa, mas há também todo um detalhamento normativo da comunicação social, além da tônica do pluralismo. Não se delegou ao legislador ordinário nem mesmo o estabelecimento dos requisitos para a propriedade dos veículos de radiodifusão. Fez-se questão de trazer o tema a termos constitucionais. Antes, porém, de se chegar às especificidades que levaram a que se contemplasse na Constituição um tratamento tão pormenorizado para a comunicação social, cumpre proceder a uma breve análise evolutiva das disposições jurídicas relacionadas com a difusão de mensagens em massa.

## II.1. Raízes históricas da disciplina jurídica da comunicação social no Brasil

Se, como visto acima, a ideia de comunicação social não se pode dissociar do potencial básico de replicar mensagens de forma coletiva, naturalmente, a origem das regras jurídicas que a disciplinam deu-se, temporalmente, após o aparecimento das primeiras invenções que propiciaram no Ocidente a transmissão massificada de conteúdo. Não é que antes da popularização da imprensa não fosse possível difundir ideias ou mensagens para a coletividade, mas o meio tecnicamente possível para tanto era a comunicação direta entre o emissor e os receptores. A evolução técnica que propiciou a difusão de ideias por meio da imprensa antecede, portanto, o advento das normas sobre a comunicação social.

As origens das liberdades relativas à imprensa remontam à superação do paradigma vigente nos anos seguintes à invenção da máquina de Gutenberg, de que o ato de imprimir era "tomado como uma prerrogativa exclusiva da coroa de qualquer regime absolutista, a quem caberia monopolizá-la ou autorizá-la a terceiros, se de acordo com os textos a serem divulgados" (NITRINI, 2013, p. 20). A abolição da licença prévia para a impressão levou à construção de uma doutrina britânica da liberdade de imprensa, segundo a qual, ainda que os abusos cometidos por escrito fossem passíveis de punição, o direito de publicar não podia ser cerceado de maneira prévia. (NITRINI, 2013, p. 20-22)

A Declaração dos Direitos da Virgínia, de 1776, ratificada em 12 de junho de 1776, efluente dessa tradição britânica, constitui o primeiro registro americano de uma norma que dispõe sobre a liberdade de imprensa. Sua seção 12 dispunha, entre os direitos que constituiriam "a base e a fundação do governo", que "a liberdade da imprensa é um dos grandes baluartes da liberdade e não pode nunca ser restringida, senão por governos despóticos."

Na França, a Declaração Universal dos Direitos do Homem e do Cidadão, proclamada pela Assembleia Nacional em 26 de agosto de 1789, inspirada no documento norte-americano, contemplou também o ideal de uma imprensa livre. A redação do artigo 11 claramente transcendia a mera proteção da liberdade de expressão individual, para reconhecer como "um dos mais preciosos direitos do homem" a "livre *comunicação* dos pensamentos e das opiniões".[43] Assegurava ainda que todo cidadão pudesse livremente "falar, *escrever, imprimir*";[44] haveria apenas de "responder pelo abuso dessa liberdade nos casos determinados pela lei". Como se vê, o documento enfatizava não apenas a livre expressão do pensamento, mas a liberdade de escrever e de imprimir, e portanto, de propagar mensagens, ou, em outras palavras, de comunicar-se com múltiplos receptores por intermédio da impressão.

A Constituição dos Estados Unidos, de 1787, não dispunha especificamente sobre o assunto, assim como não dispunha sobre direitos fundamentais até a aprovação do chamado *Bill of Rights*, em 1791. Entre as emendas então introduzidas, estava a Primeira Emenda, que protegia, entre outras, "a liberdade de expressão ou da imprensa".[45] Ainda que se possa discutir sobre

---

[43] Grifo deste trabalho.

[44] Grifo deste trabalho.

[45] Como esclarece Ahil Reed Amar, apesar de o texto da primeira emenda literalmente apenas proibir o Congresso de editar leis "restritivas à liberdade de expressão ou de imprensa", a emenda essencialmente os declarava como "princípios preexistentes de liberdade e autogoverno" que "implicitamente se aplicavam contra todos os poderes federais (não apenas o Congresso) e todas as ações federais (não apenas as leis)". (2006, p. 316)

a autonomia da cláusula da imprensa frente à cláusula geral da liberdade de expressão,[46] a menção à atividade específica dos meios de propagação de notícias haveria, no mínimo, que ser interpretada como a enfatizar a sua importância para o lacônico constituinte norte-americano.

As matrizes americana e francesa têm traços distintos, como lembra Ricardo Leite Pinto:

> O modelo francês tinha a característica de consagrar um limite predeterminado à liberdade de expressão e de imprensa, justamente, a lei, destinada a reprimir os abusos resultantes da utilização excessiva de tal direito. O texto norte-americano definia-se pelo pleno reconhecimento da liberdade de expressão, mesmo no confronto com a lei, o que fazia pressupor que tal liberdade era a raiz da liberdade de associação, da liberdade de reunião, da liberdade religiosa e mesmo da própria vida civil. (PINTO, 1994, p. 36)

Especificamente no Brasil, antes de 1988, nenhuma das constituições havia se debruçado de maneira tão analítica sobre o tema da comunicação social. Ainda assim, já a Constituição do Império em seu artigo 179, inciso IV, contemplava o direito de todos de "comunicar os seus pensamentos, por palavras, escritos, e publicá-los pela imprensa, sem dependência de censura, com tanto que hajam de responder pelos abusos que cometerem no exercício desse direito, nos casos, e pela forma que a lei determinar" - uma redação muito próxima da que consta do artigo 11 da Declaração Universal dos Direitos do Homem e do Cidadão. Registra-se, então, desde o início da história independente brasileira um reconhecimento da liberdade de expressão fundado na liberdade de imprensa.[47]

---

46  V. item IV.1.

47  Evidentemente, não se pretende com isso afirmar que a liberdade de imprensa era devidamente assegurada. Conquanto haja dúvidas sobre as circunstâncias do assassinato do jornalista Libero Badaró, em 1830, episódio que levaria a uma repulsa contra D. Pedro I no ocaso do seu reinado, fato é que ele vinha reportando ameaças. Augusto Goeta reporta as seguintes linhas do jornalista, às vésperas do ataque, no "Observatório Constitucional", jornal de que era editor: "...altamente declaramos que não temos o menor medo de ameaças. Aconteça o que acontecer, a nossa vereda está marcada e não nos desviamos dela: não há força no mundo que nos possa fazer dobrar, senão a da razão, da justiça e da lei. Estamos em face do Brasil e para servi-lo daremos por bem empregada a vida. A opinião pública está bem fixa a respeito de certa gente; qualquer atentado lhe será imputado, e ficarão com um crime a mais, sem que isso acabe com os públicos escritores." (1944) Viria a ser morto, como se disse, logo depois.

A disposição se repetiu de forma similar na Constituição de 1891, no artigo 72, § 12,⁴⁸, e passou incólume pela reforma de 1926.

A Constituição de 1934 foi a que inovou sobre o regime constitucional reservado à comunicação social. Mais uma vez, previu-se, no artigo 113, 9, a livre manifestação do pensamento, de maneira similar aos textos anteriores, mas sem a mesma referência direta à atividade de imprensa, e contemplou-se a publicação de livros e periódicos independentemente de licença.⁴⁹ Pela primeira vez, atribuiu-se competência à União para legislar sobre a concessão dos serviços de radiocomunicação, a ser suplementada pelos Estados.

Seu artigo 131, porém, foi mais analítico ao tratar de regras relacionadas à titularidade dos meios jornalísticos. Proscreveu a possibilidade de que os veículos fossem de propriedade de sociedade por ações ao portador, assim como de que estrangeiros e pessoas jurídicas fossem acionistas das empresas proprietárias. Também estabeleceu que a direção editorial fosse reservada a brasileiros natos e garantiu direitos trabalhistas aos empregados das empresas jornalísticas. ⁵⁰ As ressalvas ao acesso de estrangeiros à comunicação social têm origem provável nas tensões nacionalistas da década de 30. Em um Brasil povoado de imigrantes estrangeiros, inúmeras colônias de imigrantes, notoriamente alemães, italianos, judeus e japoneses – nacionalidades e etnias envolvidas no cisalhamento dos ânimos mundiais -, vinham editando, muitas vezes em língua estrangeira, seus próprios periódicos, voltados às respectivas

---

48 "§ 12 - Em qualquer assunto é livre a manifestação de pensamento pela imprensa ou pela tribuna, sem dependência de censura, respondendo cada um pelos abusos que cometer nos casos e pela forma que a lei determinar. Não é permitido o anonimato."

49 "9) Em qualquer assunto é livre a manifestação do pensamento, sem dependência de censura, salvo quanto a espetáculos e diversões públicas, respondendo cada um pelos abusos que cometer, nos casos e pela forma que a lei determinar. Não é permitido anonimato. É segurado o direito de resposta. A publicação de livros e periódicos independe de licença do Poder Público. Não será, porém, tolerada propaganda, de guerra ou de processos violentos, para subverter a ordem política ou social."

50 "Art 131 - É vedada a propriedade de empresas jornalísticas, políticas ou noticiosas a sociedades anônimas por ações ao portador e a estrangeiros. Estes e as pessoas jurídicas não podem ser acionistas das sociedades anônimas proprietárias de tais empresas. A responsabilidade principal e de orientação intelectual ou administrativa da imprensa política ou noticiosa só por brasileiros natos pode ser exercida. A lei orgânica de imprensa estabelecerá regras relativas ao trabalho dos redatores, operários e demais empregados, assegurando-lhes estabilidade, férias e aposentadoria."

comunidades. Segundo se julgava, essa situação poderia fomentar tensões internas indesejadas dentro do território.[51]

A Constituição que viria a substituí-la, em 1937, manteria, em linhas gerais a proibição destinada aos estrangeiros e pessoas jurídicas, mas imprimiria um tratamento bastante distinto à liberdade de imprensa, em consonância com os rumos autoritários do período conhecido como Estado Novo. Ao contrário das suas predecessoras, afirmava expressamente, em meio ao rol de garantias do artigo 122, no inciso 15,[52] a censura como uma ampla prerrogativa de Estado, "com o fim de garantir a paz, a ordem e a segurança pública", e previa o impedimento de manifestações contrárias à moralidade pública e aos bons costumes, além de "providências destinadas à proteção do interesse público, bem-estar do povo e segurança do Estado". Sobre a imprensa em si, enquadrou-a sob a ótica da sua função pública e chegou a prever expressa e explicitamente a prisão de diretores.

---

51 De fato, alguns jornais engajavam-se na disseminação de ideias supremacistas. O Deutscher Morgen, editado em língua alemã a partir de uma redação localizada na Mooca, em São Paulo, por exemplo, fazia franca propaganda do regime nazista. No entanto, a repressão ao jornal só teve início na década de 40, como relata Ana Maria Dietrich. (2007, p. 79-82)

52 "15) todo cidadão tem o direito de manifestar o seu pensamento, oralmente, ou por escrito, impresso ou por imagens, mediante as condições e nos limites prescritos em lei. A lei pode prescrever: a) com o fim de garantir a paz, a ordem e a segurança pública, a censura prévia da imprensa, do teatro, do cinematógrafo, da radiodifusão, facultando à autoridade competente proibir a circulação, a difusão ou a representação; b) medidas para impedir as manifestações contrárias à moralidade pública e aos bons costumes, assim como as especialmente destinadas à proteção da infância e da juventude; c) providências destinadas à proteção do interesse público, bem-estar do povo e segurança do Estado. A imprensa reger-se-á por lei especial, de acordo com os seguintes princípios: a) a imprensa exerce uma função de caráter público; b) nenhum jornal pode recusar a inserção de comunicados do Governo, nas dimensões taxadas em lei; c) é assegurado a todo cidadão o direito de fazer inserir gratuitamente nos jornais que o informarem ou injuriarem, resposta, defesa ou retificação; d) é proibido o anonimato; e) a responsabilidade se tornará efetiva por pena de prisão contra o diretor responsável e pena pecuniária aplicada à empresa; f) as máquinas, caracteres e outros objetos tipográficos utilizados na impressão do jornal constituem garantia do pagamento da multa, reparação ou indenização, e das despesas com o processo nas condenações pronunciadas por delito de imprensa, excluídos os privilégios eventuais derivados do contrato de trabalho da empresa jornalística com os seus empregados. A garantia poderá ser substituída por uma caução depositada no princípio de cada ano e arbitrada pela autoridade competente, de acordo com a natureza, a importância e a circulação do jornal; g) não podem ser proprietários de empresas jornalísticas as sociedades por ações ao portador e os estrangeiros, vedado tanto a estes como às pessoas jurídicas participar de tais empresas como acionistas. A direção dos jornais, bem como a sua orientação intelectual, política e administrativa, só poderá ser exercida por brasileiros natos;"

Na Constituição de 1946, seguiu-se a proibição à titularidade de empresas jornalísticas por ações ao portador e por estrangeiros,[53] e à de ações por pessoas jurídicas, exceção feita aos "partidos políticos nacionais". O veto foi estendido a empresas de radiodifusão, em um sinal de que o tratamento das diferentes formas de comunicação social – assim ainda não denominadas oficialmente – passaria a respeitar uma espécie de coesão. A responsabilidade editorial e a sua "orientação intelectual e administrativa" foram reservadas a brasileiros natos.[54] No seio do processo de redemocratização, a censura não foi totalmente expurgada do texto, mas voltou a figurar como mera ressalva da cláusula de livre expressão do pensamento, e passou a compreender, nesse dispositivo, apenas "espetáculos e diversões públicas",[55] exceção feita ao estado de sítio.

Em 1967, a despeito da recidiva autoritária, o texto da Constituição preservou os termos da anterior de maneira praticamente integral, salvo ajustes de redação, com o notável acréscimo de disposições relacionadas não apenas à radiodifusão, como também à televisão, cujo primeiro sinal de transmissão fora emitido no país em 1950 (BIBLIOTECA NACIONAL, 2020) e já tinha reconhecida sua influência sócio-política.[56] Também delegou à lei o estabele-

---

[53] A proibição a estrangeiros foi responsável pela emergência de um grande escândalo durante o último mandato de Getúlio Vargas, já sob a égide da Constituição de 1946. Jornais concorrentes noticiaram que o jornalista Samuel Wainer, proprietário do periódico popular "Última Hora", alinhado ao governo, teria nascido na região da Bessarábia, na atual Moldávia e emigrado ao Brasil aos dois anos, o que suscitou uma disputa narrativa sobre as origens do jornalista, em meio a um cerco midiático que se formava contra Vargas e que culminou com a venda do jornal. (CAVALCANTE NETO, 2012, p. 5394-5437;5866)

[54] "Art 160 - É vedada a propriedade de empresas jornalísticas, sejam políticas ou simplesmente noticiosas, assim como a de radiodifusão, a sociedades anônimas por ações ao portador e a estrangeiros. Nem esses, nem pessoas Jurídicas, excetuados os Partidos Políticos nacionais, poderão ser acionistas de sociedades anônimas proprietárias dessas empresas. A brasileiros (art. 129, nº s I e II) caberá, exclusivamente, a responsabilidade principal delas e a sua orientação intelectual e administrativa."

[55] "§ 5º - É livre a manifestação do pensamento, sem que dependa de censura, salvo quanto a espetáculos e diversões públicas, respondendo cada um, nos casos e na forma que a lei preceituar pelos abusos que cometer. Não é permitido o anonimato. É assegurado o direito de resposta. A publicação de livros e periódicos não dependerá de licença do Poder Público. Não será, porém, tolerada propaganda de guerra, de processos violentos para subverter a ordem política e social, ou de preconceitos de raça ou de classe."

[56] "O rádio, como a televisão, constituem, hoje em dia, pela amplitude e heterogeneidade do público que podem alcançar, bem como pela reiteração com que sobre esse público podem influir, os mais poderosos instrumentos de difusão do pensamento político, postos pela técnica a serviço do homem. Da importância do seu uso continuado, como fator de persuasão, temos testemunhos expressivos

cimento de outras condições para a organização e o funcionamento das empresas jornalísticas ou de televisão e de radiodifusão, "no interesse do regime democrático e do combate à subversão e à corrupção".[57] A Emenda Constitucional n. 1, que alterou sobremaneira a Constituição de 1967, não trouxe mudanças substanciais nas disposições relacionadas à comunicação social; apenas reorganizou topologicamente os dispositivos.

Na esteira da delegação prevista no artigo 166, § 2º, foi editada ainda a Lei n. 5.250, de 9 de fevereiro de 1967, chamada "Lei de Imprensa", com o escopo declarado de regular a liberdade de manifestação do pensamento e da informação. A lei previa responsabilidade penal e civil por "abusos" no exercício dessa liberdade, além de providências para a restrição da circulação de impressos. Entre as hipóteses que autorizavam a incidência das medidas, estavam as de promover a "subversão da ordem política e social" e ofender "a moral pública e os bons costumes". No julgamento da ADPF n. 130, o STF consideraria que a Lei de Imprensa não fora recepcionada pela Constituição de 1988,[58] como se verá mais à frente. O uso do mecanismo de censura, a despeito do então disposto na Constituição, foi sistemático no período (SOARES, 1989),[59] também em

---

na própria vida brasileira destes últimos vinte anos.", escrevera Seabra Fagundes seis anos antes da Constituição de 1967. (1961, p. 52)

57 "Art 166 - São vedadas a propriedade e a administração de empresas jornalísticas, de qualquer espécie, inclusive de televisão e de radio difusão: I - a estrangeiros; II - a sociedade por ações ao portador; III - a sociedades que tenham, como acionistas ou sócios, estrangeiros ou pessoas jurídicas, exceto os Partidos Políticos. § 1º - Somente a brasileiros natos caberá a responsabilidade, a orientação intelectual e administrativa das empresas referidas neste artigo. § 2º - Sem prejuízo da liberdade de pensamento e de informação, a lei poderá estabelecer outras condições para a organização e funcionamento das empresas jornalísticas ou de televisão e de radiodifusão, no interesse do regime democrático e do combate à subversão e à corrupção."

58 Segundo o voto do relator, entre outros pontos que serão abordados mais à frente, a conciliação entre a Lei n. 5.250/67 e a Constituição era impossível, já que a primeira estava contaminada "I - quanto ao seu ardiloso ou subliminar entrelace de comandos, a serviço da lógica matreira de que para cada regra geral afirmativa da liberdade é aberto um leque de exceções que praticamente tudo desfaz; II - quanto ao seu *spiritus rectus* ou fio condutor do propósito último de ir além de um simples projeto de governo para alcançar a realização de um projeto de poder. Projeto de poder que, só para ficar no seu viés político-ideológico, imprimia forte contratura em todo o pensamento crítico e remetia às calendas gregas a devolução do governo ao poder civil". (SUPREMO TRIBUNAL FEDERAL, 2009b, p. 70)

59 Glaucio Soares explica como vários órgãos estatais, a exemplo do Serviço Nacional de Informações (SNI) e a Divisão de Censura de Diversões Públicas (DCDP), do Ministério da Justiça, participavam do controle prévio do que era exibido pelos meios de comunicação. Eram múltiplas as fontes das solicitações de censura. "Como a censura não estava regulamentada e o Estado não era de lei, censurava quem queria e tinha poder para fazê-lo, 'legalmente' ou não. O presidente da República,

função dos atos institucionais,[60] que se sobrepunham ao texto constitucional. Como anotou a Ministra Carmen Lucia no seu voto na ADI n. 4.815, "[t]al o que se deu com os Atos Institucionais editados nos períodos ditatoriais no Brasil: desconstitucionalizaram o Estado sem aviso, amordaçaram a voz da sociedade". (SUPREMO TRIBUNAL FEDERAL, 2016, p. 64)

Paradoxalmente ao controle exercido sobre a imprensa, o regime militar incentivou a modernização das telecomunicações no Brasil, por ver, especialmente na televisão, uma aliada na legitimação das suas propostas (JAMBEIRO, 2002, p. 75). Atuou ativamente para que a sociedade criasse condições para ter acesso à mídia televisiva:

> A ditadura militar contribuiu para o impulso no desenvolvimento da TV no Brasil, ao criar vários órgãos estatais que lidavam com a produção cultural, ao formular leis e decretos, ao congelar as taxas dos serviços de telecomunicação, ao dar isenção das taxas de importação para compra de equipamento, ao proporcionar uma construção de uma estrutura nacional de telecomunicações em redes e ao fazer uma política de crédito facilitado. As políticas de crédito direto ao consumidor e a atração de investimentos privados estrangeiros ajudaram, de uma forma geral, a acelerar o mercado, não apenas o televisivo, no país e a torná-lo mais urbano. Por exemplo, em 1968 era possível adquirir um televisor em até 36 vezes com juros muito baixos. O número de aparelhos de TV aumentou e, consequentemente, o número de telespectadores. Houve, então, o 'boom da televisão'. (LEAL, 2009)[61]

---

o ministro da Justiça, o ministro do Exército, o diretor-geral do Departamento da Polícia Federal, os comandantes dos exércitos, os comandantes das regiões militares, entre outros, sentiram-se autorizados a enviar suas próprias proibições aos meios de comunicação de massa. Entretanto, ocasionalmente, funcionários subalternos também sentiram-se no direito de adicionar as suas proibições. A multiplicação de centros de poder implicou a multiplicação da origem das proibições." (1989). Sobre o papel específico da DCDP, v. a pesquisa de Nayara da Silva Vieira (2010)

60 O Ato Institucional n. 5, com efeito, dispunha o seguinte: "Art. 5º - A suspensão dos direitos políticos, com base neste Ato, importa, simultaneamente, em:(...) III - proibição de atividades ou manifestação sobre assunto de natureza política".

61 "A ditadura 'modernizou' a comunicação do País pelo mesmo gesto em que 'desmodernizou' a política, quer dizer, a televisão no Brasil galgou avanços técnicos notáveis não apesar do atraso democrático (ou do déficit democrático), mas justamente porque se deu sob o peso desse atraso. O espetáculo mediático, nessa perspectiva, teria tido algo de mais ou menos catártico: oferecendo uma compensação à ausência de canais democráticos de participação política." (BUCCI, 2016, p. 174)

Na Constituição atual, houve uma inflexão bastante significativa na disciplina da comunicação social. Como já apontado, a comunicação social não apenas manteve as suas raízes na enunciação do rol dos direitos fundamentais do artigo 5º, que incluiu a liberdade de manifestação do pensamento, vedado o anonimato (inciso IV), e a correlata liberdade de expressão (inciso IX), como passou a ser tratada de maneira mais abrangente, com a redação de todo um capítulo sobre a matéria. A liberdade de expressão foi assegurada "independentemente de censura ou licença". Também se assegurou o direito de informação e o resguardo ao sigilo da fonte, em uma disposição voltada a emprestar respaldo constitucional à atividade de imprensa (inciso XIV).

As competências foram assentadas de maneira mais analítica. Em matéria de radiodifusão, o constituinte manteve a competência material da União para explorar, direta ou indiretamente, os serviços de radiodifusão sonora, e de sons e imagens (artigo 21, inciso XII, "a") e para classificar, para efeito indicativo, as diversões públicas e os programas de rádio e televisão (artigo 21, inciso XVI). A competência legislativa sobre radiodifusão se reservou à própria União (artigo 22, inciso IV). Ao Congresso Nacional, em caráter exclusivo, foi outorgada competência para apreciar a concessão e a renovação de emissoras de rádio e televisão (artigo 49, XII).

Na esteira da redemocratização, o Capítulo V do Título VIII, expurgou expressamente toda e qualquer censura "de natureza, política, ideológica ou artística" (artigo 220. § 2º), introduzindo em seu lugar a classificação indicativa (artigo 220, § 3º) e os princípios a serem seguidos na produção e na programação dos programas de rádio e televisão (artigo 221). Também se ocupou o constituinte de dispor das condições de titularidade de empresas jornalísticas (artigo 222) e de tratar das condições para a outorga e a renovação do serviço de radiodifusão sonora e de imagens (artigo 223).

Quanto à explicação para o constituinte ter dedicado todo um capítulo específico ao assunto, Daniel Sarmento propõe que a razão estava nos avanços da técnica de comunicação em massa que se registravam na época da elaboração da Constituição:

> Não há dúvida de que esta inovação é reflexo de uma mudança relevante no quadro empírico, que se relaciona à importância cada vez maior dos meios de comunicação de massa para a vida das sociedades contemporâneas e para o funcionamento das democracias. Tal fenômeno,

> por sua vez, pode ser associado a avanços tecnológicos ocorridos ao longo do século XX, que permitiram, dentre outras coisas, a disseminação do rádio e da televisão, que hoje podem ser encontradas nos lares de pessoas de todas as classes sociais. Se o foco tradicional da liberdade de expressão era a proteção do orador ou do escritor individual, este direito se viu confrontado com um novo cenário, que tem como protagonistas poderosos veículos de comunicação, detentores de grande poder social, cuja atuação depende da mobilização de vultosos recursos econômicos. Daí surgiu a necessidade de conferir um tratamento constitucional específico a este importante domínio da vida social, que conciliasse os valores libertários da liberdade de expressão com as preocupações com a democratização dos meios de comunicação de massa e como combate aos possíveis abusos dos titulares dos veículos de comunicação, em razão do grande poder que concentram. (2018, p. 2132)

No entanto, como se viu na abertura deste capítulo, a comparação com a maior parte das constituições de outros países evidencia que, até mesmo entre as que foram promulgadas em tempos mais recentes, nos quais as técnicas da comunicação haviam atingido um nível ainda mais alto de sofisticação e de disseminação, a iniciativa de tratar analiticamente do tema da comunicação social, constitui uma singularidade do constituinte brasileiro.[62]. Além disso, os meios de comunicação em massa expressamente considerados na Constituição de 1988 são essencialmente os jornais, o rádio e a televisão – veículos já existentes e relativamente disseminados na época da Constituição de 1967. Ainda que a transmissão televisiva fosse ainda incipiente, vista diante da abrangência que viria a alcançar nos anos seguintes, tratava-se já de um meio importante na sociedade brasileira. Em suma, tanto pelo exame do direito comparado quanto pelo próprio histórico constitucional brasileiro, é difícil depreender que a preocupação com o estabelecimento de uma disciplina tão pormenorizada da comunicação social na Constituição de 1988 tenha origem apenas no estado da arte da técnica de transmissão, embora essa, de fato, possa estar entre as causas.

Não se pode negar plausibilidade, porém, à hipótese de que a inovação tenha surgido da percepção da sociedade civil, representada na Assembleia Constituinte, naquele momento histórico, de que a simbiose entre uma mídia particularmente concentrada e o regime autoritário do período militar hou-

---

[62] A Constituição da Bolívia, que foi promulgada em 2009, contempla um capítulo ao assunto, mas de maneira mais enxuta e sem referências claras às inovações comunicativas já em voga na época

vesse propiciado efeitos sociais indesejados.⁶³ A repetição do quadro poderia ser evitada a partir de um conjunto de normas vocacionadas a transformar de maneira substantiva o paradigma da comunicação social, ou ao menos a evitar que a situação diagnosticada não se deteriorasse ainda mais.⁶⁴ A singularidade dos ânimos durante o período da redemocratização do país, em suma, tem relação com a preocupação do constituinte brasileiro de pormenorizar o regime da comunicação social dedicando-lhe um capítulo *ad hoc*, com diretrizes sobre sua titularidade e sobre o conteúdo a ser veiculado. Há, por trás dessa preocupação, um diagnóstico da centralidade dos meios de comunicação em massa na definição dos rumos políticos da sociedade e do país.

## II.2. Liberdade de manifestação do pensamento, de expressão e de informação e seus limites

Dentre os direitos e garantias elencados no artigo 5º da Constituição, ao menos três deles, como se viu, estão diretamente relacionados ao tema da comunicação. Inicialmente, a livre-manifestação do pensamento, enunciada no

---

63 Eugenio Bucci sintetiza a dinâmica da televisão brasileira durante aquele período: "É realmente incrível como, nos anos 1970, enquanto o telejornalismo divulgava uma narrativa rigorosamente ficcional, poucas pílulas de real eram admitidas na televisão pela porta das obras ficcionais. Enquanto os locutores dos noticiários, acuados pela censura oficial, mas não apenas por isso, falavam em barítono uníssono sobre os grandes progressos do 'país que vai pra frente', as arestas da realidade social, ainda que em relatos abrandados, entravam nos diálogos da telenovela". (2016, p. 187) Escrevendo especificamente sobre o período da constituinte, Renato Bigliazzi ressalta que "O predomínio da TV Globo fora percebido por parte da sociedade civil como um resultado não só do apoio irrestrito a políticas de governo, mas também a candidatos e programas oficiais. (...) Os escândalos relacionados a concessões reativaram a crença de que grande parte da indústria estava de alguma forma envolvida com o mundo da política." (2007, p. 25)

64 Em sentido próximo, mas com foco no propósito do constituinte em ampliar a liberdade de expressão, o Ministro Barroso, em seu voto na ADI 4.815 salientou que: "as múltiplas e até redundantes disposições sobre a liberdade de expressão na Constituição de 1988 refletem a preocupação do constituinte em garantir o florescimento de um espaço de livre fluxo de ideias no cenário de redemocratização do Brasil, após o fim da ditadura militar, e de criar salvaguardas para impedir o retorno dos fantasmas do passado. O reconhecimento de uma posição preferencial às liberdades comunicativas é justamente um dos principais mecanismos dessa proteção". (SUPREMO TRIBUNAL FEDERAL, 2016, p. 161) Já em sentido contrário, Daniel Sarmento assevera que "[n]ão há dúvida de que essa inovação é reflexo de uma mudança relevante no quadro empírico, que se relaciona à importância cada vez maior dos meios de comunicação de massa para a vida das sociedades contemporâneas e para o funcionamento das democracias." (2018, p. 2132)

inciso IV, e a liberdade de expressão intelectual, artística, científica e de comunicação, garantida pelo inciso IX, de maneira livre de censura ou de licença, desdobram a liberdade de manifestar-se. É necessário examinar, inicialmente, as razões que explicam a existência de dois dispositivos distintos relacionados à liberdade de expressão e de que maneira ambos se complementam, com as condicionantes de cada um.

## II.2.1. A inter-relação entre os direitos enunciados nos incisos IV e IX do artigo 5º e seus limites textuais

A liberdade de manifestação do pensamento, proclamada no inciso IV, é, à primeira vista, mais genérica do que a do inciso IX, já que o dispositivo não qualifica o conteúdo protegido pela liberdade para além da referência ao "pensamento", mas é a única das liberdades comuni8cativas que conta com uma restrição direta – ao anonimato.[65] O verbo *manifestar* - que deriva do antepositivo latino *manifestus* ou *manufestus*, que, segundo informa o dicionário, significa "claro, evidente, averiguado, reconhecido, certo" (HOUAISS, 2001)[66] – introduz a ideia de transformar o desconhecido em certo e identificável. Em princípio, não se trata aqui de uma liberdade de propagá-lo ativamente, por meio de irradiação. Manifestar o pensamento é, então, antes de tudo, dá-lo a conhecer; exteriorizá-lo. É que:

> O pensamento enquanto não externado mostra-se absoluto, sem limites. Enquanto permanece no mundo das ideias, da psique, o pensamento fica fora do alcance da normatização. Ao ser externado, ele passa a refletir o modo de pensar e ser das pessoas, passando a interessar ao mundo jurídico, já que pode gerar ofensa a outros direitos protegidos pelo ordenamento normativo. (MACHADO ; FERRAZ, 2021, p. 1179)

Assim, em linha com o fundamento do pluralismo político (artigo 1º, V), a Constituição garante a todos o direito de não reservar para si as próprias

---

[65] A restrição diretamente constitucional é aquela pela qual a própria Constituição limita o âmbito de proteção do direito fundamental, de modo a suprimir expressamente uma determinada gama de fatos do espectro protetivo.

[66] O dicionário informa, ainda mais, que os latinos explicam como "significando 'apanhado com alguma coisa na mão'." (HOUAISS, 2001)

ideias e opiniões - que são também livremente formadas, nos termos do direito de consciência do inciso VI - de modo a submetê-la ao escrutínio dos demais (FERREIRA FILHO, 2013, p. 331). O termo *pensamento*, por outro lado, ainda que abrangente, não compreende qualquer mensagem (RODRIGUES JUNIOR, 2009, p. 95 e ss.). Pensamento é o produto do *pensar*, ou seja, do "submeter ao processo de raciocínio lógico", do *conceber*, do *refletir sobre*, do *ponderar* (HOUAISS, 2001). O objeto da liberdade a que se refere o inciso IV do artigo 5º é o ato de dar a conhecer as próprias ponderações. Não está compreendida *nesse dispositivo específico* a liberdade de reportar, por exemplo, direcionamentos científicos, a que, como se verá, a Constituição garante proteção. Trata-se, em suma, de um reconhecimento do direito eminentemente individual de revelar a própria opinião - desde que não se o faça de forma apócrifa. Esse direito de crítica foi enfatizado no julgamento da ADI n. 4451, em que o STF reconheceu a inconstitucionalidade de dispositivos da legislação eleitoral que proibiam meios de comunicação social de veicular juízos de valor ou satirizarem candidatos no período eleitoral (SUPREMO TRIBUNAL FEDERAL, 2018a).

A ressalva ao anonimato é, ela própria, prenhe de significado. A necessidade de se identificar o emissor constitui uma forma de assegurar não apenas a responsabilidade daquele que manifesta seu pensamento, mas especialmente a de assegurar que, por meio do direito de resposta garantido pelo inciso V, seja franqueada uma discussão sobre as ponderações exteriorizadas pelo emissor originário. Nenhum pensamento, manifestado como ponderação, há de ser, então, excluído do debate na sociedade.

O direito assegurado pelo inciso IX é, na verdade, o que trata de um espectro mais amplo de atividades. É livre, segundo se lê textualmente no dispositivo, "a expressão da atividade intelectual, artística, científica e de comunicação, independentemente de censura ou licença". Trata-se de um composto de núcleos semânticos distintos, ainda que devam ser interpretados de forma sistemática para se extrair seu sentido comum. *Exprimir* tem um sentido similar ao de *manifestar*; significa, também, *dar a conhecer, revelar*.

A "expressão da atividade intelectual" remete de imediato à "manifestação do pensamento" do inciso IV. *Intelectual* não é, porém, apenas o produto do *intelecto*, já que essa interpretação tornaria as expressões indistinguíveis, em uma redundância contrária ao velho cânone interpretativo segundo o qual a lei não contém palavras inúteis (MAXIMILIANO, 1965, p. 262). Há que se notar que a palavra *intelectual* também caracteriza o que é "típico, próprio de intelectuais", intelectuais entendidos aqui como integrantes da categoria que "vive predominantemente do intelecto, dedicando-se a atividades que requerem um emprego intelectual considerável", ou ainda que "domina um campo de conhecimento intelectual ou que tem muita cultura geral" (HOUAISS, 2001). A avaliação de que é esse o significado almejado pelo dispositivo é confirmada pelo emprego da palavra *atividade* e pela natureza profissional das demais atividades contempladas no dispositivo. O inciso IX, em suma, ao se referir à atividade intelectual, refere-se à *atividade* típica daqueles que vivem do seu intelecto. Reconhece, portanto, a importância do papel da intelectualidade e assegura-lhe plena liberdade de expressão. [67]

De forma similar, a atividade artística consubstancia outra ocupação cujo exercício e cuja expressão são assegurados pelo dispositivo. Trata-se, mais uma vez, de uma remissão oferecida pelo constituinte a um dos ofícios mais afetados pelas políticas de censura vigentes no período ditatorial precedente. A nova ordem constitucional assegura, então, liberdade aos que se expressam por meio da arte, independentemente do conteúdo. A vedação absoluta à censura artística, no artigo 220, § 2º, e a introdução da classificação indicativa, no § 3º, constituem uma garantia adicional de que a arte, mesmo que transgrida determinados padrões morais majoritários na sociedade, não há de ser cerceada. Há de ser, quando muito, submetida a uma categorização por faixas etárias *recomendadas*.

A garantia oferecida à expressão da atividade científica, complementar à expressão da atividade intelectual, é também da maior importância. A ordem constitucional, norteada por objetivos como o desenvolvimento nacional (artigo 3º, II), a erradicação da pobreza (artigo 3º, III) e a promoção do bem de todos (artigo 3º, IV), princípios como a cooperação dos povos para o progresso da humanidade (artigo 4º, IX), e direitos como a educação e a saúde (artigo 6º, *caput*) presta a necessária deferência à ciência como meio de aprimoramento das condições de vida da sociedade e franqueia-lhe a imprescindível liber-

---

[67] Note-se, desde logo, que o objetivo dessa análise não é exatamente o de propor uma interpretação restritiva do direito fundamental: é, como se verá, em primeiro lugar, delimitar o seu âmbito de proteção, no cotejo com a liberdade de manifestação de pensamento e, em segundo lugar, investigar a existência de uma liberdade de divulgar informações falsas, isto é, estabelecer a linha divisória entre a dimensão positiva do direito à informação, da sociedade, e o direito de liberdade de expressão.

dade para trazer seus resultados a público. De fato, trata-se de uma atividade que, pela sua própria natureza, depende, para seu progresso, da acumulação de conhecimento a partir do encadeamento das várias hipóteses e descobertas publicadas de maneira difusa e, sobretudo, pública. Garantir a publicidade da ciência é, portanto, garantir seu funcionamento. Não há hipótese a ser ocultada, não há descobertas proscritas.

Por fim, há a liberdade de expressão da atividade de *comunicação*. Ainda uma vez, a correta interpretação do sentido dessa garantia exige que se evite a tautologia. *Expressão* e *comunicação* são termos que se entrelaçam no senso comum, mas, no caso, estão a apontar para significados distintos entre si. Assim como no caso da atividade intelectual, há que se atentar para o sentido introduzido pelo termo anteposto *atividade*. Atividade de comunicação aqui é justamente a atividade de *comunicação social*, já que apenas esse sentido de comunicação refere-se, realmente, a algo praticado como uma atividade, um *ofício*. O constituinte poderia ter-se valido do termo *imprensa,* mas optou, na Constituição como um todo, pela terminologia mais abrangente "comunicação social". Não fez, praticamente, referência ao termo mais tradicional, "imprensa", que é empregado lateralmente em apenas três passagens da analítica Constituição de 1988, sendo que em duas delas o termo está empregado no sentido de "imprensa oficial" – uma no ADCT e outra introduzida por emenda.[68] Ao consagrar a liberdade da atividade de comunicação, em outras palavras, o constituinte delimitou essa modalidade de expressão como a que é concretizada a partir dos princípios que caracterizam o jornalismo profissional, a exemplo da verificação do conteúdo expresso. De toda forma, falar-se-á especificamente da liberdade de informação jornalística ao se tratar do regime institucional da comunicação social.

Como se vê, há uma diferença clara entre o âmbito de proteção do inciso IV e o do inciso IX, muitas vezes tratados como redundantes (BARROSO, 2001, p. 35) (PECK, 2018, p. 59-60) (CAMARGO, 2012).[69] A distinção mais co-

---

68  O único dispositivo no texto não transitório da Constituição que remete à imprensa é o que se refere à suspensão da liberdade na vigência do estado de sítio (artigo 139, III). O ADCT trata da Imprensa Nacional no artigo 64, e o artigo 103-A, instituído pela EC n. 45/2006, determina a publicação das súmulas vinculantes na imprensa oficial.

69  Há também autores para os quais a diferença principal seria entre a liberdade de crença, de um lado, e a liberdade de expressão ou manifestação do pensamento, de outro (FERREIRA FILHO, 2013, p. 331).

mumente reconhecida é entre a liberdade de crença, de um lado, e a liberdade de expressão ou manifestação do pensamento, de outro (FERREIRA FILHO, 2013, p. 331). Quanto à diferença para a qual se procura chamar a atenção, há que se ver que o que o inciso IV protege é o direito de revelar seus pensamentos, ou seja, suas opiniões – e garante-o a todos, desde que se identifiquem. Já a liberdade estabelecida no inciso IX, é uma liberdade assegurada, em princípio, a determinadas atividades de natureza eminentemente ocupacional. Intelectuais, artistas, cientistas e comunicadores têm o direito de expressar o fruto da sua atividade. A Constituição não se refere especificamente a profissões nesse dispositivo específico, mas a *atividades*. Ou seja, "o que se pretende proteger nesse novo artigo é o meio pelo qual o direito individual constitucionalmente garantido será difundido, por intermédio dos meios de comunicação de massa" (MORAES, 2021, p. 154). Um indivíduo pode, evidentemente, dedicar-se à atividade intelectual de maneira diletante, mas apenas como produto de uma *atividade intelectual* é que a livre expressão estará garantia *nos termos do inciso IX*. Não se trata de simples *manifestação do intelecto*.

Pode-se concluir, a partir desse raciocínio, que o artigo 5º não assegura textualmente um direito individual de simplesmente enunciar uma falsa informação, especialmente se não é produto de uma atividade de prospecção prévia, como é característico do ofício científico ou jornalístico (SARMENTO, 2018, p. 2137). Há, de um lado, o direito de exteriorizar opiniões;[70] de outro, a liberdade de tornar público o produto de uma atividade – intelectual, artística, científica ou de comunicação.[71]

---

70 Sarmento defende que a distinção entre fatos e opiniões é resvaladiça: "Há, na doutrina, quem sustente a existência de uma distinção nítida entre fatos e opiniões, para circunscrever a liberdade de informação jornalística à primeira esfera. Porém, esta separação rígida não se sustenta, uma vez que, pela própria natureza humana, não há como excluir totalmente da informação transmitida a influência das pré-compreensões do agente. Por isso, pode-se dizer que o relato de um fato nunca deixa de ser uma versão dele, eis que sempre influenciado pelas opiniões e interesses de quem o reporta." Contudo, reserva que "[a]s afirmações comprovadamente inverídicas sobre fatos não têm qualquer valor para a sociedade, não merecendo tutela constitucional" (SARMENTO, 2018, p. 2136).

71 Interessantemente, o Ministro Alexandre de Moraes, no julgamento da ADI n. 4.451 considerou expressamente que "mesmo as declarações errôneas estão sob a guarda dessa garantia constitucional [liberdade de expressão]". (SUPREMO TRIBUNAL FEDERAL, 2018a, p. 18) Há, no entanto, uma diferença importante entre uma "declaração errônea", dada sem a intenção de falsificar a verdade, e uma declaração simplesmente falsa. Tampouco se pode desprezar a diferença entre "declarar" e "difundir".

O artigo 19, § 2º, do Pacto Internacional sobre Direitos Civis e Políticos, aprovado pelo Decreto n. 592/1992, enuncia de maneira direta, sim, um direito de *difundir informações e ideias de qualquer natureza*.[72] Similarmente, o artigo 13 da Convenção Americana sobre Direitos Humanos (Pacto de São José da Costa Rica), aprovado pelo Decreto n. 678/1992, trata explicitamente de um direito de difusão nos mesmos termos.[73] Embora não se trate de normas aprovadas nos termos do artigo 5º, § 3º, da Constituição, ou seja, não são consideradas como normas estritamente constitucionais, são dotadas de uma hierarquia *supralegal*, segundo o entendimento atual do STF, manifestado no julgamento que deu origem à Súmula Vinculante n. 25. [74] Ainda que se tome como premissa esse caráter intermediário na hierarquia normativa, não se pode deixar de proceder, de todo modo, a uma interpretação do teor de ambos os tratados conforme a Constituição, como se verá mais à frente, ao se tratar das liberdades previstas no *caput* do artigo 220.

## II.2.2. Direito à informação

Além das disposições contidas nos tratados sobre direitos de natureza *informacional*, a Constituição, ela própria, assegura a todos, nos termos do

---

[72] "2. Toda pessoa terá direito à liberdade de expressão; esse direito incluirá a liberdade de procurar, receber e difundir informações e idéias de qualquer natureza, independentemente de considerações de fronteiras, verbalmente ou por escrito, em forma impressa ou artística, ou por qualquer outro meio de sua escolha."

[73] "1. Toda pessoa tem direito à liberdade de pensamento e de expressão. Esse direito compreende a liberdade de buscar, receber e difundir informações e idéias de toda natureza, sem consideração de fronteiras, verbalmente ou por escrito, ou em forma impressa ou artística, ou por qualquer outro processo de sua escolha."

[74] "(...) diante do inequívoco caráter especial dos tratados internacionais que cuidam da proteção dos direitos humanos, não é difícil entender que a sua internalização no ordenamento jurídico, por meio do procedimento de ratificação previsto na CF/1988, tem o condão de paralisar a eficácia jurídica de toda e qualquer disciplina normativa infraconstitucional com ela conflitante. Nesse sentido, é possível concluir que, diante da supremacia da CF/1988 sobre os atos normativos internacionais, a previsão constitucional da prisão civil do depositário infiel (art. 5º, LXVII) não foi revogada (...), mas deixou de ter aplicabilidade diante do efeito paralisante desses tratados em relação à legislação infraconstitucional que disciplina a matéria (...). Tendo em vista o caráter supralegal desses diplomas normativos internacionais, a legislação infraconstitucional posterior que com eles seja conflitante também tem sua eficácia paralisada. (...) Enfim, desde a adesão do Brasil, no ano de 1992, ao PIDCP (art. 11) e à CADH — Pacto de São José da Costa Rica (art. 7º, 7), não há base legal para aplicação da parte final do art. 5º, LXVII, da CF/1988, ou seja, para a prisão civil do depositário infiel." (SUPREMO TRIBUNAL FEDERAL, 2008)

inciso XIV do artigo 5º, o acesso à *informação*, resguardado o sigilo da fonte. Embora a referência ao sigilo da fonte, sugira que essa liberdade específica esteja relacionada às informações veiculadas por meios de comunicação social, Steinmetz pugna por uma compreensão ampla do termo:

> Entende-se por informação qualquer juízo de fato ou de valor sobre pessoas, coisas, fatos, relações, ideias, conceitos, representações, opiniões, crenças etc. A Constituição também não especifica o(s) âmbito(s) de vida em que o acesso à informação está protegido. Na literatura constitucional brasileira, sobretudo nos livros-textos e manuais de direito constitucional, é comum reportar-se somente ao universo da informação jornalística ou veiculada por meio de comunicação social. Parece que essa interpretação restritiva é orientada pela referência, no próprio inciso XIV, ao resguardo do sigilo da fonte – associando-se então este direito de sigilo à atividade jornalística – e pela remissão que o § 1º do artigo 220, que tem por objeto a plena liberdade de informação jornalística em qualquer veículo de comunicação social, faz ao inciso XIV. Aqui, entende-se que a melhor interpretação é aquela que não restringe o âmbito de proteção ao universo da informação jornalística ou veiculada por meio de comunicação social. Trata-se, sim, do acesso a qualquer tipo de informação independentemente de conteúdo, relevância, finalidade, âmbito de vida ou fronteiras. (2018, p. 323)

A terminologia, mais uma vez, não pode ser desconsiderada. Não se assegura o direito apenas a qualquer dado;[75] garante-se, sim, o acesso *à* informação, entendida como um conjunto de dados dotado de uma configuração significativa e contextualizada. (BELLLINGER, CASTRO ; MILLS, 2003). Em outras palavras, o inciso XIV do artigo 5º trata de um direito de ter contato com dados processados semanticamente. Não se assegura unicamente o acesso a símbolos ou códigos sem qualquer tipo de elaboração, mas a respostas a questões do tipo "quem", "o que", "onde" e "quando".[76] Trata-se de uma garantia relacionada a

---

[75] Nesse sentido, Barbosa e Rodrigues (2015, p. 61) salientam, citando Setzer, que dado, para a ciência da informação, é "uma sequência de símbolos quantificados ou quantificáveis que podem ser armazenados e processados por um computador, constituindo-se numa entidade matemática, puramente sintática, enquanto a informação, ainda que possível seu armazenamento na forma de dados se constitui em objeto semântico".

[76] "Dados são símbolos que representam as propriedades de objetos e eventos. Informações consistem em dados processados, sendo o processamento dirigido a aumentar sua utilidade. Por exemplo, os operadores do censo coletam dados. O Escritório do Censo processa os dados, convertendo-os em informação que é apresentada em inúmeras tabelas publicadas na *Statistical Abstracts* [publicação

conteúdos descritivos que, a partir dos dados e seus significados, oferecem ao indivíduo uma das condições para se chegar ao conhecimento sobre um determinado assunto. Ainda assim, é importante ter presente que a informação é, necessariamente, produzida a partir de um conjunto de dados.

A titularidade do direito à informação é de todos. Tem ele "caráter transindividual, sendo um interesse titularizado por toda a sociedade" (BARROSO, 2001, p. 36).[77] A natureza difusa do direito à informação foi considerada também pelo STF no RE n. 511.961 para admitir a legitimidade ativa do Ministério Público para a ação civil pública originária, que tinha por objetivo discutir a exigência do diploma de jornalismo para o exercício da profissão. (SUPREMO TRIBUNAL FEDERAL, 2009a). Há nessa garantia coletiva uma dimensão negativa, que proíbe ao Estado tomar iniciativas vocacionadas a interditar o fluxo de informações; mas há uma dimensão positiva, e igualmente relevante (ARDENGHI, 2012, p. 242), relacionada ao dever estatal de cuidar que (i) a informação chegue, na maior medida possível, a todos, e que (ii) o que chegue a todos consista, de fato, em informação, que, como tal, há de ser resultado de um processamento de *dados*.

Quanto à dimensão negativa, o direito à informação conecta-se com o direito de livre expressão da atividade intelectual, artística, científica e de comunicação, mas sob a perspectiva do destinatário da informação produzida por essas atividades – que, no caso, é a própria sociedade. Não apenas podem o intelectual, o artista, o cientista e o comunicador exprimir o resultado da sua atividade; é direito da sociedade ter acesso à informação produzida – e que se resolveu publicar (GADELHO JUNIOR, 2014, p. 77). Embora contenham referenciais fáticos coincidentes, o significado jurídico de um direito de titularidade difusa é distinto, eis que, por essa característica, ele pode ser oposto de maneira difusa, independentemente da disposição do titular do direito indi-

---

do censo americano.]. Como os dados, a informação também representa as propriedades dos objetos e eventos, mas ela o faz muito mais compacta e utilmente do que os dados. A diferença entre dados e informações é funcional, não estrutural. A informação está contida em descrições, respostas a perguntas que começam com palavras como quem, o que, onde e quantos." (ACKOFF, 1989, p. 1, tradução nossa). Jennifer Rowley produziu uma revisão mais recente dos conceitos, ressaltando que, para a literatura especializada, o processamento que dá origem à informação empresta aos dados uma relevância para um propósito ou contexto específico, e então os faz significativos, valiosos, úteis e relevantes. (2007, p. 171)

77   No mesmo sentido, Andressa Dantas e Camila Gonçalves (2016, p. 90).

vidual para fazer valer o seu direito de expressar-se. A rigor, se à sociedade for negado o direito de ter acesso a uma informação publicada, é com base, então, no inciso XIV que seus representantes haverão de fazer valer seu direito, e não com base no direito de livre-expressão de que trata o inciso IX.

A dimensão positiva do direito à informação, como se disse, desdobra-se, por sua vez, em duas frentes. A ele corresponde, *em primeiro lugar*, um dever estatal de assegurar que a informação chegue, na maior medida possível, a toda a sociedade. A esse dever corresponde o "direito a obter, no confronto com os poderes públicos e com os particulares, as informações indispensáveis às relações políticas, econômicas e sociais de um cidadão, numa sociedade democrática." (PINTO, 1994, p. 55) Na jurisprudência do STF, esse direito tem sido considerado particularmente digno de proteção, inclusive no cotejo com outros direitos fundamentais, como o direito à dignidade da pessoa humana ou o direito à privacidade, como ficou claro tanto no julgamento da ADI n. 4.815, em que se autorizaram as biografias não-autorizadas,[78] quanto no RE n. 1.010.606, no qual se refutou a compatibilidade de um "direito ao esquecimento" com a Constituição Federal. Nessa última oportunidade, o relator destacou "o direito que todo cidadão tem de se manter informado a respeito de fatos relevantes da história social." (SUPREMO TRIBUNAL FEDERAL, 2021a, p. 87).[79]

---

[78] Na ocasião, salientou a Ministra Carmen Lucia que "O direito de se informar relaciona-se à liberdade de buscar a informação em fonte não censurada e sobre qualquer tema de interessedo cidadão. Coartar a busca livre de assunto ou em fonte circunscrita antecipadamente significa limitar a liberdade de obter dados de conhecimento para a formação de ideias e formulação de opiniões" (SUPREMO TRIBUNAL FEDERAL, 2016, p. 87)

[79] O voto do relator, Ministro Dias Toffoli, traçou um panorama histórico bastante completo sobre o assunto do direito ao esquecimento, inclusive na perspectiva comparada. Na ocasião, diferenciou o direito ao esquecimento, sobre não ter fatos ou dados verídicos divulgados publicamente após a passagem do tempo, do direito à desindexação, sobre não permitir a exposição de dados pessoais ao grande público (SUPREMO TRIBUNAL FEDERAL, 2021a, p. 45; 58). O voto concluiu que, sem prejuízo da eventual prevalência de direitos fundamentais como o direito à honra ou o direito à intimidade, a ser avaliada caso a caso, o ordenamento jurídico brasileiro não contemplaria um direito genérico ao esquecimento (IDEM, p. 60). A tese fixada foi a seguinte: "É incompatível com a Constituição a ideia de um direito ao esquecimento, assim entendido como o poder de obstar, em razão da passagem do tempo, a divulgação de fatos ou dados verídicos e licitamente obtidos e publicados em meios de comunicação social analógicos ou digitais. Eventuais excessos ou abusos no exercício da liberdade de expressão e de informação devem ser analisados caso a caso, a partir dos parâmetros constitucionais - especialmente os relativos à proteção da honra, da imagem, da privacidade e da personalidade em geral - e das expressas e específicas previsões legais nos âmbitos penal e cível" (IDEM, p. 88).

Do acesso à informação depende o pleno exercício da cidadania, elevada a fundamento da República no artigo 1º, inciso II, da Constituição. Só mesmo o cidadão informado é, de fato, capaz de participar ativamente da vida democrática. Mais ainda, a garantia do direito à educação, enunciada como direito social pelo artigo 6º, *caput*, está condicionada à circulação eficiente da informação. O Estado dispõe de uma miríade de ferramentas para assegurar que os cidadãos sejam devidamente informados. O estabelecimento de uma estrutura de comunicações, com investimento em técnicas inovadoras e eficientes - a exemplo do chamado "5G", que já está em implantação em algumas cidades do mundo -, (ESTADO DE S. PAULO, 2020) pode proporcionar, por exemplo, um canal necessário para que o cidadão consiga acesso a conteúdo informativo com maior facilidade. O incentivo à edição de livros – e sua imunidade à tributação ilustra esse tipo de ação, no caso, por expressa disposição constitucional – e o investimento em educação (educação e informação não são sinônimas, mas complementam-se mutuamente) também contribuem para o acesso à informação. De qualquer forma, certamente, os meios de comunicação social, por sua característica eminentemente difusora, têm um papel central para garantir que a informação chegue a um maior número de pessoas. A amplificação de mensagens é, como já se viu, o elemento definidor da comunicação social, cuja disciplina constitucional será objeto de um subcapítulo específico mais à frente.

*Em segundo lugar*, de maneira inversa, decorre dessa dimensão positiva do direito à informação um dever estatal de conter o que se apresenta como informação, mas não é, por lhe faltar o atributo fundamental de se apoiar em *dados*. O enfrentamento do fenômeno, de grande repercussão recente, das popularmente chamadas *fake news*, termo habitualmente traduzido de maneira ambígua como "notícias falsas", mas que melhor seria vertido para o português como "falsas notícias"[80] ou "notícias falsificadas" insere-se nessa preocupação, mas não encerra a tarefa. Sobre esse ponto, tratar-se-á mais adiante, no capítulo específico sobre as mudanças recentes na comunicação. Basta, por ora, ter por certo que há uma tarefa estatal, decorrente do direito

---

80 O termo *fake* indica não-genuíno, o que em português pode ser traduzido pelo termo "falso". Trata-se de "informação fabricada que mimetiza o conteúdo das mídias de notícias na forma, mas não no processo organizacional ou na intenção" (LAZER *et al.*, 2018). A ênfase, no entanto, não está no conteúdo falso dos textos, como essa tradução pode sugerir, mas na apresentação dos textos sob a falsa *forma de notícia*.

transindividual de acesso à informação, de combater o que tem sido chamado mais genericamente de *desinformação*. Pode-se falar, nessa perspectiva, em um *direito a não ser desinformado*.

Tradicionalmente, no direito brasileiro, a disseminação de falsas informações, entendidas como aquelas não decorrentes da significação de dados reais, foi combatida a partir da tutela individual de direitos relacionados à honra e à imagem. Os crimes contra a honra discriminados no Código Penal, nos termos do artigo 145, são, não por acaso, de iniciativa privada do ofendido. Considera-se criminalmente relevante a conduta que chega, de fato, a ocasionar danos a alguém ou a algum grupo específico que sinta sua reputação violada. Menos ênfase tem sido dada ao dano à sociedade causado pela dispersão deliberada de informações falsas, ou pela semeadura deliberada de dúvidas que impeçam a persecução de causas de interesse social.[81] Evidentemente, por trás dessas cautelas está um receio de cercear o direito à livre manifestação do pensamento e à livre expressão da atividade intelectual. A limitação à falsidade não pode ser confundida com o que o Ministro Alexandre de Moraes, como "a suposta verdade das maiorias", já que "liberdade de expressão garante diferentes narrativas" (SUPREMO TRIBUNAL FEDERAL, 2021b, p. 141) .

O pleno exercício da dimensão positiva do direito à informação depende também "de um processo anterior, que diz respeito à formação do cidadão, ou seja, a educação" (RADDATZ, 2014, p. 111). É dever do Estado, em outras palavras, educar de forma a dotar o indivíduo de conhecimento suficiente para discernir conteúdos claramente falsificados. Atualmente, fala-se, inclusive, de uma disciplina voltada a explorar as relações entre a educação e a comunicação, a chamada "educomunicação" (CALIXTO, 2017, p. 25-40), dada a influência crescente das mídias na vida social. Desde a popularização da imprensa escrita, porém, seria possível falar na necessidade de prover o cidadão de meios para entender o papel dos meios de comunicação e a contextualização da sua abordagem editorial.

---

81 Exemplo do potencial nocivo desse tipo de prática pode ser visto no exemplo dos esforços para minar, perante o público, a confiança em pesquisas sobre o tabaco e sobre o aquecimento global, tal qual demonstrado por Naomi Oreskes e Erik Conway (2010).

## II.2.3. Direitos mencionados no artigo 220, caput.

As liberdades previstas nos incisos IV, IX e XIV do artigo 5º são complementadas ainda, já no capítulo da comunicação social, pelo *caput* do artigo 220, segundo o qual, "[a] manifestação do pensamento, a criação, a expressão e a informação, sob qualquer forma, processo ou veículo não sofrerão qualquer restrição, observado o disposto nesta Constituição". Apesar da inserção topológica no Capítulo V do Título VIII, essa disposição, tal como apresentada, não autoriza que seja interpretada como circunscrita aos veículos de comunicação social, que serão tratados mais à frente; referem-se a iniciativas de natureza comunicativa de qualquer sujeito.

O enunciado é direto: nenhuma das iniciativas especificadas no *caput* pode ser restrita, senão pelas próprias normas constitucionais. Em outras palavras, o comando normativo tem por finalidade criar o que se denomina de reserva absoluta de Constituição (VILLARON, 1983, p. 199 e ss) em matéria de restrições às quatro espécies de atos, de modo que a legislação infraconstitucional não possa inaugurar limites ao exercício dessas liberdades, ainda que seja possível ao legislador disciplinar os limites impostos pelo próprio constituinte. Note-se que a manifestação do pensamento já é garantida pelo artigo 5º, IV, de modo que o objetivo da sua evocação, no artigo 220, *caput*, é, em princípio, o de incluí-la nessa expressa restrição ao legislador.

O artigo 220, *caput*, porém, tem como particularidade discriminar de maneira expressa os *modos* pelos quais a manifestação do pensamento, a criação, a expressão e a informação podem-se dar sem restrição legal: *por qualquer forma, processo ou veículo*. O termo *veículo*, em especial, merece atenção, por introduzir a ideia de um intermediário para a exteriorização dessas iniciativas. Ao contrário da forma como estão dispostas as liberdades nos incisos IV e IX do artigo 5º, neste caso, não apenas se trata da manifestação ou da expressão em si mesmas, mas, sim, da manifestação e da expressão *transmitidas*. Não se trata, necessariamente, da transmissão pelos meios de comunicação social, vez que até mesmo os meios de comunicação individual consistem em veículos, mas é certo que, neste caso, as mídias de massa estão inseridas entre as formas pelas quais a manifestação do pensamento e a expressão se podem revelar.

Ainda assim, há que se observar que o sujeito da oração está nas iniciativas – a manifestação do pensamento, a criação, a expressão e a informação

–, e não nos modos como elas podem se apresentar. Não se trata de uma disposição voltada aos *veículos*, portanto. Mais ainda, como se viu, a norma de abertura do capítulo da comunicação social, na Constituição, tem a finalidade precípua de afirmar a suficiência do regime constitucional para a imposição dos limites à comunicação. Tem-se um preceito que, em outras palavras, consagra a opção do constituinte brasileiro de estabelecer uma disciplina estritamente constitucional para a comunicação, mas que não assegura, por si só, um direito específico à transmissão de conteúdo sem nenhuma restrição. As restrições existem, mas hão de ser encontradas no próprio texto da Constituição, a partir de uma leitura sistemática dos vários dispositivos relacionados direta ou indiretamente com o tema.

Dessa forma, se se depreende do artigo 5º, XIV, como se propugnou no tópico anterior, uma dimensão positiva do direito transindividual à informação, que consiste precisamente no direito da sociedade de exigir que não lhe seja apresentado como informação o que, na realidade, não o é – por faltar-lhe, por exemplo, o atributo de basear-se em dados. Então haverá um lastro estritamente constitucional para limitar de maneira objetiva a liberdade de expressão, especialmente a que se exercer por veículos de característica difusora, que gere dano ao direito à informação em decorrência da *desinformação* disseminada. No mais das vezes, o enquadramento de uma mensagem como informação ou desinformação não é tarefa banal, mas em outras vezes o é, e exigir uma responsabilidade especial de meios de difusão, como o de apresentar evidências das "informações" que propagam é consentâneo com a dimensão positiva do direito à informação.

Ao conjunto compreendido pelo artigo 5º, IV, IX, XIV e pelo artigo 220, *caput*, se referirá, neste trabalho, como "liberdades comunicativas". A elas se soma, como se verá a seguir, o direito de resposta estabelecido no inciso V do referido artigo 5º.

## II.2.4. Direito de resposta

Uma vez vistos os principais direitos em matéria de comunicação, é preciso examinar uma das suas ressalvas mais importantes, que é o direito de resposta, proporcional ao agravo, assegurado no inciso V do artigo 5º. O direito de resposta abrange não só o direito previsto no inciso anterior do artigo 5º. Não consiste, tampouco, em um *limite* ou uma *restrição* às liberdades comunicativas, mas, antes, em um corolário do primado do livre-comunicar. Os cidadãos são livres para manifestar-se sobre o que pensarem, mas são igualmente livres para responder, de maneira proporcional, ao que for do seu interesse pessoal. Tem-se, então, "um instrumento a garantir, dadas as circunstâncias, justamente a efetividade do conteúdo democrático da liberdade de expressão, no sentido da possibilidade de contraposição de versões e argumentos." (GERMANO, 2018, p. 3).

Tendo o constituinte optado por um modelo de liberdade que proscreve a censura prévia, não poderia ter deixado de contemplar mecanismos para um controle *a posteriori*, que é realizado exatamente pelo direito de resposta. Como sintetizou o Ministro Ayres Britto, no julgamento do HC n. 82.424:

> Deveras, o que a Lei das Leis garante a cada ser humano é um espaço apriorístico de movimentação, o uso da respectiva autonomia de vontade para exteriorização do pensamento (vedado tão somente o anonimato) e da atividade artística, estética, científica e de comunicação. O abuso e o agravo são questões que somente *a posteriori* se colocam. Agravo e abuso passam a ser ventilados, portanto, já no plano da reação de outrem (....) Mas a premissa da Constituição é uma só: não pela possibilidade de agravo a terceiros, ou de uso invasor da liberdade alheia, que se vai coibir a primitiva liberdade de expressão (SUPREMO TRIBUNAL FEDERAL, 2004, p. 284).

O que se depreende então do direito de resposta assegurado constitucionalmente de maneira expressa é que a possibilidade de lesionar a honra ou a imagem de terceiros não pode servir como fundamento para o cerceamento prévio das liberdades comunicativas. Por isso mesmo, se prevê um *remédio* para o caso de eventual prejuízo a esses terceiros – de natureza comunicativa o próprio remédio –, em vez de uma *vacina* para evitar que comunicação se exerça em detrimento da reputação alheia. O atingimento eventual aos terceiros está no espectro previsível e controlado constitucionalmente dos efeitos deletérios de se assegurar amplamente o direito de comunicar-se.

O direito de resposta é, assim, também ele, um elemento da ampla liberdade de comunicar, mas tem a particularidade de prover ao titular os meios para replicar *nas mesmas condições em que tenha sido agravado*. Nas palavras de Vital Moreira, "[a] ideia fundamental é a de que a resposta deve receber *o mesmo relevo*, de forma *a atingir com a mesma intensidade o mesmo auditório* que foi tocado pela notícia originária. (...) Para ser uma verdadeira contranotícia ou contramensagem, a resposta tem que ter o *mesmo destaque*." (1994, p. 41, grifos originais). É tal o sentido essencial da proporcionalidade anunciada pelo inciso V do artigo 5º. Dado o primado da liberdade em matéria de manifestação do pensamento, não seria necessário assegurar expressamente ao agravado um direito de resposta sem qualificação. A resposta estaria já franqueada, como franqueados estão o pensamento e sua exteriorização. Ao qualificar, porém, o direito de resposta como proporcional, o constituinte teve por objetivo assegurar ao agravado exatamente que pudesse se valer *dos mesmos meios empregados* para que fosse agravado.

Até o julgamento da não recepção em bloco da Lei n. 5.250/1967 pelo STF, na ADPF 130,[82] as disposições do seu capítulo IV continham a disciplina analítica do direito de resposta. Garantia ao ofendido por "fato inverídico" ou "errôneo" o direito de ter *publicada* ou *transmitida* a sua réplica nas mesmas dimensões ou no mesmo tempo da notícia que houvesse ocasionado a ofensa, sempre a título gratuito. Estabelecia ainda prazos para o atendimento aos pedidos de resposta ou retificação e as hipóteses em que esses pedidos poderiam ser negados – como, por exemplo, o inciso IV do artigo 34, que vedava o atendimento à solicitação da resposta que se referia a terceiros em condições que lhes criassem um novo pedido de resposta. O Ministro Gilmar Mendes, durante o julgamento, restou vencido ao votar pela recepção desses dispositivos, dada a importância do tratamento pormenorizado do direito assegurado pelo inciso V do artigo 5º da Constituição para confrontar "o poder e o abuso do poder da imprensa" (SUPREMO TRIBUNAL FEDERAL, 2009b, p. 253).[83] O entendimento foi rejeitado pela maioria do colegiado, que seguiu o relator, Ministro Carlos Britto. No longo debate que se seguiu ao voto divergente, o relator chegou

---

82 V. subcapítulo II.1.

83 Na ocasião, concluiu que: "[a]pesar de restringir o direito de resposta à hipótese de divulgação, pela imprensa, de fato inverídico ou errôneo, excluindo - pelo menos textualmente - as opiniões (juízos de valor), a Lei n.º 5.250/67 regula o tema, não se pode negar, de forma responsável. Se essas normas forem declaradas como não recepcionadas pela Constituição de 1988, certamente será instaurado um quadro de extrema insegurança jurídica, que afetará a todos - cidadãos e meios de comunicação. Regras mínimas para o exercício do direito de resposta são, não se pode negar, uma garantia de segurança jurídica também para os próprios meios de comunicação." (SUPREMO TRIBUNAL FEDERAL, 2009b, p. 266)

a defender a autoaplicabilidade do direito de resposta previsto no artigo 5º, V, da Constituição, e a suficiência das medidas cautelares processuais e da construção jurisprudencial para dar corpo a essa prerrogativa. (IDEM, p. 279-292).

Apesar dos ponderados argumentos relacionados à aplicabilidade imediata do artigo 5, V, já que a regra da proporcionalidade embutida de maneira expressa viabiliza, de fato a concretização do direito de resposta diretamente a partir da norma constitucional, o legislador não demoraria a trazer novo diploma para tratar do assunto. Pouco tempo depois do julgamento, em 2015, foi editada a Lei n. 13.188/2015, para disciplinar "o exercício do direito de resposta ou retificação do ofendido em matéria divulgada, publicada ou transmitida por veículo de comunicação social". A nova legislação, voltada especificamente para os meios de comunicação social, ampliou o rol de ofensas aptas a ensejar o direito de resposta ou retificação. Estabeleceu regras similares à da antiga lei no tocante à observância das mesmas condições, na resposta, da matéria que a tenha ocasionado. Afirmou prazo decadencial e regras processuais, como a de que o direito há de ser exercido de forma individualizada em face de todos os veículos que divulguem, publiquem, republiquem, transmitam ou retransmitam o agravo original.

Em disposição inconstitucional, por cercear o alcance do direito constitucional de resposta, excluiu, ainda, de maneira expressa, do seu âmbito de aplicação "os comentários realizados por usuários da internet nas páginas eletrônicas dos veículos de comunicação social", presumivelmente com o objetivo de evitar que os veículos jornalísticos fossem constrangidos a divulgar réplicas a comentários de leitores ou a filtrar de maneira responsável o conteúdo que é divulgado a esse título nas matérias jornalísticas. Sucede que o legislador ignorou, nesse ponto, que essas páginas podem promover ativamente esse tipo de comentário. A esse assunto, retornar-se-á ao se tratar da configuração contemporânea da comunicação social e dos seus limites propriamente ditos.

Importa, porém, notar que a legislação, ao vincular a disciplina do direito de resposta à *comunicação social*, interpreta corretamente a finalidade da sua previsão constitucional, isto é, a finalidade de garantir que a contradita seja exercida *nas mesmas condições* em que a ofensa. Como se viu, trata-se de uma disposição que não está contraposta à liberdade de manifestação do pensamento, mas à liberdade de expressão da atividade comunicativa do artigo 5º, inciso IX, da Constituição.

## II.3. Regime institucional da comunicação social

Como já se enfatizou ao longo deste trabalho, a reserva de todo um capítulo da Constituição para a disciplina da comunicação social constitui uma singularidade notável, tanto no contraste com o histórico constitucional do país quanto na comparação com outras democracias – até há casos comparáveis, conforme se apontou, embora as disposições desses países sejam menos analíticas, e eles sejam absolutamente minoritários no direito constitucional comparado.[84] Em regra, garante-se a liberdade de imprensa e deixa-se a disciplina toda do regime aplicável a essa liberdade para a legislação. Para lá das razões históricas que terão levado o constituinte nacional a normatizar a comunicação social, às quais foram dedicadas algumas linhas, é preciso distinguir o significado dessa configuração para o direito positivo.

### II.3.1. Reserva de Constituição e seu significado

A cláusula do artigo 220, *caput*, da Constituição, consoante se viu, não se aplica *exclusivamente* à comunicação social. No entanto, indubitavelmente a compreende, por contemplar a liberdade de expressão e de informação, "por qualquer forma, processo ou *veículo*".[85] O dispositivo consagra, à primeira vista, uma espécie de reserva de Constituição para as normas restritivas a essas liberdades, ao proclamar que essas liberdades não serão restritas, observado o disposto nela própria, a Constituição. O § 1º do artigo 220 encilha os limites do legislador de maneira ainda mais específica, ao subtrair à lei a possibilidade de "embaraço à plena liberdade de informação jornalística em qualquer veículo de comunicação social, observado o disposto no art. 5º, IV, V, X, XIII e XIV."

Essa reserva esteve no centro dos debates no julgamento da ADPF n. 130, em que se avaliava a recepção da Lei n. 5.250, de 1967. Podem-se identificar basicamente duas correntes entre os ministros que votaram na ocasião, consoante o posicionamento que adotaram sobre o sentido a ser depreendido das restrições impostas pelo constituinte ao legislador em matéria de disciplina da comunicação social. Essa divisão não necessariamente reflete o dispositivo

---

84 V. infra, introdução ao capítulo II.
85 Para Ferreira Filho, tratar-se-ia de uma evolução da liberdade de expressão do pensamento (2011, p. 79)

dos votos de cada ministro, já que, independentemente do juízo que emitiram sobre a possibilidade, em tese, de norma infraconstitucional que complementasse a disciplina da comunicação social, avaliaram, em concreto, sob diferentes perspectivas, a Lei de Imprensa então vigente.

A primeira corrente é representada pelo ministro relator, Ayres Britto. Seu voto chegou a afirmar que o capítulo constitucional dedicado à comunicação social seria "irregulamentável" (SUPREMO TRIBUNAL FEDERAL, 2009b, p. 66), fazendo referência à categoria doutrinária de Celso Ribeiro Bastos e José Afonso da Silva, que aponta para os casos em que "a vontade normativa surge e se exaure no próprio texto da Lei Suprema, como condição absoluta de respeito à sua manifestação originária.". Invocou também um argumento *a contrario sensu*, de que o constituinte expressamente teria estabelecido os casos em que caberia ao legislador "aviar a segunda parte de um regime jurídico", como nos casos das leis orgânicas e estatutárias, o que não se constataria, no caso da Constituição de 1988, para os casos em que "a conduta é nuclearmente de imprensa" (IDEM, p. 67-68). Foi acompanhado pelo Ministro Eros Grau e pelo Ministro Lewandowski. Em outras palavras, essa corrente, que se pode denominar *exclusivista*, não antevia a possibilidade de o legislador sequer regulamentar as normas atinentes à liberdade de comunicação social.

O Ministro Menezes Direito, embora tenha acompanhado o relator quanto à parte dispositiva do voto, já sinalizou que o artigo 220 não poderia ser interpretado como a interditar a mediação legislativa, mas apenas a impedir a criação de normas impeditivas à liberdade de imprensa (IDEM, p. 93). Na retomada do julgamento, afirmou que a Suprema Corte não poderia "simplesmente estabelecer uma vedação da atividade legislativa do Estado" (IDEM, p. 272). A posição do relator foi ainda classificada como "radical" pelo Ministro Joaquim Barbosa, segundo o qual a liberdade de imprensa haveria de ser examinada também sob a ótica dos destinatários da informação, e o Estado poderia atuar para obstruir o abuso dos que, por meio dos canais de expressão, procurassem silenciar e marginalizar. Ele tratava mais expressamente de discursos apologistas de raças ou de classes. Votou, por isso, para a preservação dos artigos da Lei de Imprensa, como os que cuidavam da responsabilidade criminal no âmbito da comunicação social (IDEM, p. 109-114). Em sentido próximo quanto aos fundamentos, mas acompanhando o relator na conclusão, votou também o ministro Cezar Peluso, para quem, "a liberdade da imprensa é plena nos limites conceitual-constitucionais, dentro do espaço que lhe reserva a Constituição" (IDEM, p. 123). [86] Fazia ressalva o ministro, porém, que algumas matérias disciplinadas na lei examinada pareciam compatíveis com a ordem constitucional vigente. A Ministra Ellen Gracie acompanhou a conclusão divergente do Ministro Barbosa:

> (...) a plenitude da liberdade de informação jornalística, desfrutada pelos veículos de comunicação social, não é automaticamente comprometida pela existência de legislação infraconstitucional que trate da atividade de imprensa, inclusive para protegê-la, como assinalou o Ministro Joaquim. (...) Em conclusão, Senhor Presidente, acredito que o artigo 220 da Constituição Federal, quando assevera que nenhum diploma legal conterá dispositivo que possa constituir embaraço à plena liberdade conferida aos veículos de comunicação social, observado o disposto no artigo 5º, IV, V, X, XIII e XIV, quis claramente enunciar que a lei, ao tratar das garantias previstas nesses mesmos incisos, esmiuçando-as, não poderá nunca ser interpretada como empecilho, obstáculo ou dificuldade ao pleno exercício da liberdade de informação. (IDEM, p. 128)

Finalmente, o Ministro Marco Aurélio Mello, que, em seu voto, julgou improcedente a ADPF, sugerindo que a Lei de Imprensa não contrariava nenhum preceito fundamental e que a ausência de lei levaria ao vácuo, "à babel, à bagunça". (IDEM, p. 141-144), também admitiu a possibilidade de regulação. Celso de Mello classificou a ausência de norma constitucional como uma espécie de *vacum legis*, embora tenha reconhecido que essa lacuna poderia ser suprida pelo Judiciário. (IDEM, p. 197). O Ministro Gilmar Mendes, já citado no subcapítulo 1.2.4, defendeu também a possibilidade de regulamentação. Essa corrente poderíamos designar intermediária: por ela, seria possível, sim, que a liberdade de imprensa fosse regulamentada pelo legislador, desde que observasse os limites previstos na Constituição.

Em meio aos debates que se seguiram aos votos, as diferenças se esmaeceram. O Ministro Carlos Britto procurou esclarecer que, a seu juízo, "toda matéria que não seja nuclearmente de imprensa, matéria que gravita na órbita da liberdade de imprensa, mas sem se confundir com a liberdade mesma, toda matéria, assim

---

[86] O Min. Peluso acrescentou que "E é certo que a Constituição a encerra em limites predefinidos, que o são na previsão da tutela da dignidade da pessoa humana. Noutras palavras, a Constituição tem a preocupação de manter equilíbrio entre os valores que adota, segundo as suas concepções ideológicas, entre os valores da liberdade de imprensa e da dignidade da pessoa humana."

perifericamente ou lateralmente de imprensa, pode ser objeto de lei específica". (IDEM, p. 278), e o Ministro Mendes chegou a declarar-se "quase feliz":

> diante das múltiplas ressalvas que se fizeram, que certamente vão se manifestar na lavratura do acórdão e que podem ajudar na interpretação quanto, por exemplo, à possibilidade de disciplina da matéria por lei, porque, do contrário, poderíamos ter realmente um quadro de anomia (IDEM, p. 290-291)

Ao final, então, embora tenha subsistido uma particularidade na interpretação do Ministro Carlos Britto quanto à possibilidade de regulamentação da comunicação social, suas ressalvas eliminaram muito do sentido prático que seu voto poderia alcançar sem esse esclarecimento. Remanesce na sua posição, lida de maneira sistemática, uma esfera impassível de regulamentação pelo legislador, mas apenas no tocante ao que seja "nuclearmente de imprensa" – uma expressão obscura.

Já é assentada na doutrina constitucional a interpretação de que não há direitos fundamentais assegurados em caráter absoluto. Os direitos se limitam reciprocamente, senão em tese, ao menos nos casos concretos que são decididos pelo Judiciário. Vedar à intervenção legislativa o domínio da comunicação social, por isso, não significará que os direitos relacionados à liberdade de comunicar sejam exercidos sem nenhuma limitação; significará, antes, que essas limitações não poderão ser aviadas de maneira apriorística pelo legislador, e deverão ser decididas judicialmente caso a caso. O efeito da sedimentação de julgados sobre a matéria, no entanto, pode ser exatamente o de estabelecer, pela via judicial, uma espécie de regime, com restrições abstratas sobre a matéria a partir de balizas determinadas pela interpretação sobre os conflitos entre a liberdade de imprensa e os outros direitos. Em outras palavras, algumas restrições serão consagradas, de uma forma ou de outra (SARMENTO, 2018, p. 2136), por um imperativo de segurança jurídica. O *caput* do artigo 220 da Constituição, de resto, não diferencia restrições legislativas de judiciais nas liberdades nele listadas – que, como visto acima, transcendem a comunicação social. Estabelece que esse conjunto de liberdades não pode ser restrito sem que se observe o disposto nas próprias normas constitucionais, o que é, na verdade, um reconhecimento de que está sujeito a restrições decorrentes de outros direitos fundamentais.

A vedação *à lei* consta apenas do § 1º, que proíbe unicamente dispositivos embaraçosos à *liberdade de informação jornalística*. Informação jornalística é a informação produzida pelos jornalistas. Trata-se de uma liberdade que, na esteira do direito à informação, desdobra-se em uma dimensão positiva, relacionada ao exercício da atividade jornalística, e outra negativa, relacionada ao direito da sociedade de consumir o produto dessa atividade. Essa disposição proíbe que o legislador tome medidas com o objetivo de criar obstáculos à circulação de notícias, como faria ao limitar a importação de papel, ao criar exigências registrais para a operação de veículos de imprensa, ou ao inventar requisitos artificiosos para que os jornalistas tenham assegurado o direito constitucional ao sigilo das suas fontes.

A Constituição, enfim, não esgota o regime da comunicação social, que não é, portanto, "irregulamentável" pelo legislador. De todo modo, qualquer disposição legal sobre a matéria, que é tratada de maneira idiossincrasicamente analítica no seu texto, há de se fundar em limites estritamente constitucionais para que não viole o disposto no artigo 220, *caput* e § 1º. Em outras palavras, a Constituição de 1988 estabelece um estatuto bastante elaborado da comunicação social, que não pode ser descaracterizado pela legislação.

## II.3.2. Princípios aplicáveis ao conteúdo da radiodifusão de sons e imagens

Um dos pontos mais importantes do estatuto constitucional da comunicação social refere-se ao conteúdo da programação dos veículos de rádio e televisão, regulado pelo artigo 221. O constituinte reconheceu dignidade constitucional ao que é transmitido por esses canais, por considerar o caráter estratégico, do ponto de vista do projeto constitucional, do que é consumido pela sociedade a partir da difusão dessas instâncias emissoras. Terá levado em consideração a realidade particular brasileira e a ampla aderência da sociedade local a esses veículos já na época em que editada a Constituição de 1988. Como se verá mais à frente, os hábitos informacionais dos brasileiros estão em franca migração, documentada por várias pesquisas recentes, para outras instâncias transmissoras de conteúdo, que se entrelaçam com as tradicionais de muitas formas. Entretanto, no final da década de 1980, não se poderia contestar a centralidade que a televisão havia adquirido como fonte de informações e opiniões pela sociedade brasileira.[87] O constituinte então, considerando o papel que alguns desses meios tiveram durante os anos anteriores, preocupou-se em delinear princípios de observância obrigatória para que as mídias radiofônicas e, especialmente, as televisivas, cumprissem o que enxergava como sua função social.

Os princípios constitucionais a serem seguidos pelos veículos de rádio e televisão desdobram-se em quatro frentes complementares: a preferência a finalidades educativas, artísticas, culturais e informativas; a promoção da cultura nacional e regional e o estímulo à produção independente; a regionalização das produções; e o respeito aos valores éticos e sociais da pessoa e da família. Essas frentes espelham os fundamentos, os objetivos fundamentais e os princípios da República, em um todo harmônico que revela a visão do constituinte dos meios de difusão de sons e imagens como instrumentos para a realização do ideário em que se baseia a Constituição de 1988.

De fato, a preservação do pluralismo político e a busca pela redução das desigualdades regionais, por exemplo, poderiam ser prejudicadas por um modelo de radiodifusão – um mercado especialmente suscetível a monopólios, conforme será examinado mais à frente – produzido e propagado de forma concentrada a partir das regiões economicamente mais desenvolvidas do país, ou ainda por um modelo de simples importação e adaptação de conteúdos produzidos no estrangeiro. Eis a inteligência do inciso II do artigo 221, ao detalhar os objetivos a serem seguidos pelas mídias de rádio e televisão, e pelas mídias eletrônicas no atendimento aos valores fundantes da República.

O texto constitucional, por outro lado, não especifica objetivamente como há de se dar o controle da observância, pelas emissoras, a esses princípios. Delega expressamente ao legislador a defesa da pessoa e da família contra os programas lhes sejam ofensivos. Já na vigência da atual ordem constitucional, o artigo 38 da Lei n. 4.117, de 1962, foi alterado pela Lei n. 13.424, de 2017, mas a única disposição concernente ao conteúdo da programação já constava da redação

---

87 "Quando os militares tomaram o poder, em 1964, o Brasil tinha cerca de dois milhões de aparelhos de TV. A partir de 1968, a recém instalada indústria de eletroeletrônicos, associada a política de incentivos a ela concedidos pelo governo, e à lei de compra a crédito promulgada em 1968, fez aquele número crescer rapidamente: em 1969havia quatro milhões e um ano depois cinco milhões de aparelhos de TV. Em 1974 esse número tinha crescido para cerca de nove milhões e os aparelhos de TV estavam presentes, então, em 43% dos lares brasileiros (Richeri & Lasagni, 1987:24)" (JAMBEIRO, 2002, p. 79)

original, nas alínea "d", "e" e "h", que determinam, respectivamente, o cumprimento das finalidades educativas e culturais inerentes à atividade, "visando aos superiores interesses do País", à veiculação obrigatória, no rádio, da chamada "Hora do Brasil", e a reafirmação da sua finalidade informativa, com a fixação de um tempo mínimo de 5% reservado ao serviço de notícias. As demais regras dizem respeito, sobretudo, à estrutura corporativa das empresas dedicadas à radiodifusão. A lei não estabelece medidas objetivas para o controle dessas disposições, a não ser a tipificação de alguns crimes de "abuso no exercício da liberdade de radiodifusão" capazes de suscitar interpretações incompatíveis com a ordem constitucional vigente, como o de "ofender a moral familiar, pública, ou os bons costumes." (artigo 53, alínea "h") ou o de "colaborar na prática de rebeldia, desordens ou manifestações proibidas", introduzidos já na égide do regime militar, pelo Decreto-Lei n. 236, de 1968. Alguns outros, contrariamente, são consentâneos com a Constituição de 1988, como o de "promover campanha discriminatória de classe, cor, raça ou religião" (alínea "e") ou "veicular notícias falsas, com perigo para a ordem pública e econômica e social" (alínea "j"). A incursão nesses crimes pode levar a penas de multa e suspensão, aplicáveis pelo Conselho Nacional de Telecomunicações (Contel) - órgão incorporado ao Ministério das Comunicações pelo artigo 165 da reforma administrativa levada a efeito pelo Decreto-Lei n. 200, de 1967 -, e de cassação, pelo Presidente da República, conforme os artigos 59 a 63 da lei.

O teor da Lei n. 4.117, de 1962, é complementado ainda pelo Decreto n. 52.795, de 1963, que instituiu o Regulamento dos Serviços de Radiodifusão. Do regulamento constam normas sobre os procedimentos licitatórios para a concessão desse tipo de serviço, inclusive os critérios de pontuação para as propostas. A atual versão, com a redação dada pelo Decreto n. 7.670, de 2012, confere pontos ao tempo a ser destinado a programas educativos, noticiosos e culturais, a teor do seu artigo 16. O decreto também determina a programação permitida aos detentores dos direitos de radiodifusão. O artigo 28. § 12, exige "manter um elevado sentido moral e cívico", proíbe trechos "contrários à moral familiar e aos bons costumes", limita a publicidade comercial a 25% da programação diária, impõe a veiculação de programação local e destina 5% do horário da programação ao conteúdo noticioso.

A recepção pela Constituição das normas condicionantes da programação em editais de licitação de emissoras de radiodifusão foi selecionada como tema de repercussão geral pelo STF nos autos do RE n. 1.070.522. Como a disciplina do tema fica a cargo do Decreto n. 52.795, e 1963, analisava-se, inclusive, a eventual necessidade de observância de reserva de lei para atendimento ao artigo 222, § 3º da Constituição.[88] O Plenário, por maioria, considerou recebida a exigência, com a seguinte tese:

> São constitucionais os procedimentos licitatórios que exijam percentuais mínimos e máximos a serem observados pelas emissoras de rádio na produção e transmissão de programas culturais, artísticos e jornalísticos locais, nos termos do artigo 221 da Constituição Federal de 1988. (SUPREMO TRIBUNAL FEDERAL, 2021b).

O voto vencedor considerou acolhida materialmente a norma, independentemente da espécie formal. (IDEM, p. 39-41). Em relação ao papel dos dispositivos de radiodifusão para disseminar a cultura, o relator foi particularmente enfático. Registrou, no exame da proporcionalidade dessas normas, que:

> a reserva de programação especial é medida adequada à promoção da cultura, diante da representatividade dos meios de radiodifusão dentre os patrimônios e as prioridades de consumo dos cidadãos brasileiros. A democratização do acesso aos aparelhos transmissores de radiodifusão sonora e de sons e imagens criou uma interface poderosa de contato com a população, o que pode ser aproveitado para finalidades sociais. (IDEM, p. 52)

O relator ponderou, de maneira acertada, que o direito contraposto nesse juízo de proporcionalidade, a liberdade econômica das emissoras, era relativo no caso, exatamente em função do regime de monopólio estatal (Idem,

---

[88] À primeira vista, a tese desafiava a jurisprudência tradicional do STF sobre a irrelevância da espécie normativa para a recepção, pela Constituição, de norma infraconstitucional anterior, como notou o próprio relator, ao votar pelo reconhecimento da repercussão geral (SUPREMO TRIBUNAL FEDERAL, 2018b) Como notou argutamente, porém, o Min. Gilmar Mendes em seu voto vogal, "à época da edição dos referidos instrumentos convocatórios (ano de 2009), o art. 16, §§ 1º e 3º, do Decreto nº52.759/1963, vigia com redação dada pelo Decreto nº 2.108, de 24.12.1996. Desse modo, a rigor, a norma controvertida neste julgado não foi editada sob a égide da Constituição Federal de 1946. Trata-se, em verdade, de norma editada já sob o manto da Constituição Federal de 1988. Não se pode, portanto, desconsiderar as alterações infralegais posteriores, ainda que elas não tenham modificado substancialmente a matéria" (SUPREMO TRIBUNAL FEDERAL, 2021b, p. 163). Por isso, considerou desatendida a reserva legal qualificada, mas acompanhou o relator porque a eventual lacuna a respeito da matéria agravaria mais o quadro de omissão legislativa quanto à proteção dos princípios do artigo 221 da Constituição.

p. 53). Assim, com referências a uma "leitura sistemática" dos artigos 220 e 221 da Constituição, considerou "legítimo que o Estado brasileiro realize intervenções sobre o tipo de conteúdo desejável" e que o "edital de licitação é instrumento legítimo para o poder concedente exigir percentuais mínimos de programação especial".

É digna de nota também a Lei n. 12.845, de 2011, sobre a comunicação audiovisual de acesso condicionado, a chamada "televisão por assinatura" ou "televisão fechada". O artigo 9º reiterou a liberdade de produção, programação e empacotamento para as empresas constituídas sob as leis brasileiras. Impôs, por outro lado, para os canais que operem nessa modalidade, a obrigatoriedade de conteúdo nacional mínimo, sendo metade de produtoras independentes (artigo 16). Estabeleceu para as empresas que oferecem pacotes, a necessidade de oferecerem um canal brasileiro a cada três oferecidos nos pacotes (artigo 17). A compatibilidade da lei com a Constituição foi reconhecida pelo Plenário do STF no julgamento da ADI n. 4.923. As cotas de conteúdo nacional foram consideradas consonantes com os princípios do artigo 221, ainda que o Ministro Luiz Fux, relator, tenha consignado que não se tratava de uma imposição direta da Constituição, mas de uma escolha regulatória legítima (SUPREMO TRIBUNAL FEDERAL, 2017, p. 65-66). Apontaram-se também as razões de ordem concorrencial que justificavam a preocupação com os produtores nacionais de conteúdo, dada a natureza não rival do conteúdo produzido[89], e as dificuldades inerentes ao aporte de material produzido no exterior. (IDEM, p. 110-111).

De fato, as cotas de conteúdo nacional ressoam os princípios constitucionais relacionados ao conteúdo da difusão de sons e imagens, notadamente o inciso II, que trata da promoção da cultura nacional e regional e da pro-

---

[89] São oportunas, nesse ponto, as palavras do Ministro Luiz Fux: "De fato, o mercado de comunicação apresenta uma peculiaridade estrutural que o distancia dos mercados de bens materiais, como carros ou aparelhos eletrônicos. É que a comunicação lida essencialmente com informação, bem economicamente qualificado como não rival, assim compreendidos aqueles bens cujo consumo de uns não priva o consumo de outros (...). Em termos práticos, isso significa que os custos majoritários do setor são, fundamentalmente, os custos fixos para produzir, originalmente, o conteúdo audiovisual. Após, com a conclusão da obra artística, é praticamente idêntico o custo de reproduzi-lo para uma única pessoa e o de distribuí-lo para milhões de pessoas. Ao fim e ao cabo, o custo de produção de um programa de TV só é diluído (ou seja, só vale a pena investir neste mercado) se o produto atingir um grande público, caracterizando a economia de escala do setor." (SUPREMO TRIBUNAL FEDERAL, 2017, p. 110)

dução independente que tenha por objetivo a sua divulgação, e o inciso III, que comete à lei dispor sobre percentuais de regionalização das produções. Mais à frente se falará especificamente das novas modalidades de comunicação, viabilizadas pelas novidades técnicas dos anos seguintes à promulgação da Constituição, mas por ora é importante notar também que o artigo 222, §3º do texto estende expressamente os princípios do artigo 221 aos meios de comunicação social eletrônica, independentemente da tecnologia utilizada para a prestação do serviço. Assim, não procede a tese de que essas diretrizes haveriam de ser seguidas apenas pelos canais transmissores de sons e imagens por *radiodifusão,* no sentido técnico.

As disposições constitucionais voltadas a dirigir o conteúdo da programação e da produção das emissoras de rádio e televisão por sinal aberto não foram ainda totalmente integradas por um dispositivo legal que possibilite seu controle na prática, como foram no caso específico da televisão por assinatura. Tudo o que há são disposições de uma lei já desatualizada, que foi aplicada em conjunto com a Lei de Imprensa, cuja recepção pela Constituição de 1988 foi rejeitada pela maioria do STF, como visto anteriormente, por sua incompatibilidade material com a nova disciplina constitucional da comunicação social. Sem essa mediação legislativa, o elenco de princípios do artigo 221 não tem aplicabilidade, de modo que os canais de radiodifusão podem desviar-se, sem maiores, consequências, da função social que lhes foi constitucionalmente confiada.

Além de prever essas diretrizes a respeito do conteúdo na transmissão de sons e imagens, a Constituição prevê, no seu artigo 220, § 3º, I, como já se mencionou, que o Poder Público proceda à classificação indicativa, conforme as faixas etárias recomendadas, das "diversões e espetáculos públicos". O artigo 21, XVI, inclui o a classificação indicativa das "diversões públicas" e dos "programas de rádio e televisão" na competência material da União. Diversões e espetáculos públicos compreendem indubitavelmente certos meios tradicionais de comunicação social, como a televisão, textualmente referida no artigo 21, e o cinema, mas o conceito vai além e abrange "jogos eletrônicos e aplicativos",[90] e outros tipos de espetáculos audiovisuais não necessariamente retransmitidos, como o teatro e os concertos de música. Atualmente, a Secretaria Nacional de Justiça do Ministério da Justiça e Segurança Pública é encarregada de proceder

---

90  Nos termos do artigo 3º, II, da Portaria n. 1189, de 2018, do Ministério da Justiça.

a essa classificação pelo artigo 13, V, "d", do Decreto n. 9.662, de 2019. Tal qual será analisado mais à frente, discute-se se alguns serviços, como o *streaming* de vídeos, hão de ser também classificados indicativamente.

Consoante já mencionado, a instituição de critérios informativos para catalogar as diversões públicas foi uma decisão tomada para mitigar os efeitos, para certas faixas etárias, da proibição constitucional categórica da censura. Ou seja, "[n]o afã de compatibilizar as liberdades comunicativas com os interesses da criança e do adolescente, o constituinte autorizou tão somente uma restrição pontual àquelas." (SARMENTO, 2018, p. 2139). O Estatuto da Criança e do Adolescente, criado pela Lei n. 8.069, de 1990 além de tratar de requisitos para a divulgação das faixas etárias recomendadas pelo órgão encarregado, no seu artigo 76, determinou que as emissoras de rádio e televisão apenas exibiriam, nos horários recomendados para o público infanto-juvenil "programas com finalidades educativas, artísticas, culturais e informativas". A proibição horária não decorre textualmente das disposições constitucionais relativas à classificação indicativa, mas se fundamenta na previsão, no inciso II, do artigo 220, § 3º, de que a lei federal estabeleça meios legais de defesa de programas ou programações que contrariem os princípios aplicáveis ao conteúdo da radiodifusão. A regulação de horários permitidos foi, então, um dos meios encontrados pelo legislador para defender a criança e o adolescente de conteúdo desviante das finalidades educativas, artísticas, culturais e informativas priorizadas pelo constituinte no artigo 221, I.

É relevante também que a Constituição não estenda os princípios relativos ao conteúdo a toda forma de comunicação social. Restringe-os à difusão de sons e imagens, realizada pelo rádio e pela televisão, em princípio, e pelos meios de comunicação social eletrônica,[91] a partir da Emenda Constitucional n. 36, de 2002. Já a mídia impressa dispõe de maior liberdade quanto ao que é publicado em suas páginas. Da mesma forma, o cinema, ainda que sujeito à classificação indicativa, não se submete aos princípios do artigo 221, ainda que a reprodução de filmes cinematográficos pela televisão regular esteja sujeita, evidentemente,

---

91 "O termo comunicação social eletrônica não veio ao mundo constitucional para redefinir o significado de todos os meios de comunicação social, senão aqueles que, por sua característica específica de incorporação do processamento eletrônico computacional na inteligência da rede de transmissão, nos sinais e/ou nos terminais, os identifica como algo novo frente ao rol tradicional de meios de comunicação social pautados pela emissão de sinal em canais específicos para exclusiva recepção em uma, e somente uma forma de apresentação transmitida por um emissor." (ARANHA, 2018, p. 2159)

a tais princípios. A distinção, então, não se justifica pelo conteúdo, que pode ser o mesmo no cinema e na televisão, ou no jornal impresso e no jornal eletrônico. Também não se trata de uma diferença baseada apenas no fato de que a radiodifusão depende de ondas de domínio público (FRANCA FILHO, 2018, p. 1502), ainda que essa possa ser a causa jurídica imediata. Há dois fatores decisivos – e interligados – que justificam essa diferenciação e que serão importantes para se identificarem as diretrizes aplicáveis às novas formas de comunicação.

O primeiro fator é a proximidade que o rádio e a televisão, assim como os meios de comunicação social eletrônica, podem estabelecer com a audiência. O simples "ligar a televisão" ou "abrir o celular" conecta o usuário a um fluxo de informações ou de dados de uma maneira particularmente pronta e intensa. Já a ida a um cinema para assistir a um filme ou a compra de uma revista impressa demandam uma iniciativa mais complexa do interessado.

O segundo, e mais importante, é que a replicação do conteúdo transmitido por rádio ou por redes eletrônicas não é afetada pela quantidade de usuários que têm acesso. O contrário acontece com a reprodução impressa, que demanda inevitavelmente o suporte em papel, ou a reprodução cinematográfica, que exige a disponibilização de um grande espaço físico e de equipamentos sofisticados, em cada sala, para possibilitar a experiência esperada pelo espectador. Em termos econômicos, há uma diferença de *rivalidade*. Enquanto o bem oferecido pelos meios de comunicação social sujeitos aos princípios do artigo 221 da Constituição pode ser consumido por uma pluralidade pessoas simultaneamente, sem custos adicionais proporcionais à audiência, sendo, portanto, um bem não rival, os bens oferecidos pelos demais meios de comunicação social, ao menos no que se refere ao suporte físico, são bens de consumo rivalizado.[92] Ou seja, mesmo que os constituintes não tenham

---

92 O conceito de rivalidade é central para a economia clássica. É um dos elementos, ao lado da *exclusibilidade* [*excludability*], que distingue os bens públicos dos bens privados. Tipicamente, a informação é considerada um bem não rival, ainda que possa ser excludente, o que permite sua comercialização. No caso, porém, de alguns veículos, o suporte físico pelo qual a informação é veiculada pode ser rivalizado, como se disse. Hal Varian explica os conceitos aqui tratados: "Um bem público puro é tanto não rival quanto não excludente. Não rival significa que o consumo por uma pessoa não diminui a quantidade disponível para outras pessoas, enquanto não excludente significa que uma pessoa não pode excluir o bem em questão. (...) As duas propriedades de um bem público são bem diferentes. A não rivalidade é uma propriedade do bem em si mesmo: a mesma quantidade de defesa militar, serviços de iluminação e transmissão de TV estão disponíveis a todos na região servida pela própria natureza do bem. A *exclusibilidade* é um pouco diferente, já

pensado nos fundamentos dessa diferenciação, fato é que a Constituição criou uma distinção entre as mídias que reflete exatamente essa disparidade quanto ao potencial para amplificar de forma eficiente o alcance das suas mensagens.

## II.3.3. Jornalismo profissional, direito de informação jornalística e sigilo da fonte

Ainda que se compreenda o direito à informação de maneira ampla, como proposto no item II.2.2., não se pode deixar de reconhecer a existência de um direito específico relacionado à atividade específica dos jornalistas, ou, simplesmente, o direito de informação jornalística. O direito é afirmado nesses termos pelo §1º do artigo 220, que, consoante já se viu, subtrai à lei a criação de embaraços a essa prerrogativa. Em essência, trata-se do que Ana Lúcia Menezes Vieira define como a "possibilidade de, sem impedimentos, procurar, buscar, recolher informações, ter acesso a fontes, isto é, a tudo aquilo ou a toda pessoa que possa trazer consigo uma informação, para poder transmiti-la, divulgá-la." (2012, p. 30). Ou seja, no caso específico dos profissionais da imprensa, desdobra-se do direito à informação de que trata o artigo 5º, inciso XIV, da Constituição Federal, uma garantia voltada especificamente ao trabalho de investigação que precede a publicação propriamente dita de matérias jornalísticas. Tanto assim que o dispositivo prevê também o resguardo do sigilo da fonte "quando necessário ao exercício profissional".[93]

---

que depende, ao menos em parte, do regime jurídico. Por exemplo, as transmissões de televisão na Inglaterra são custeadas por um imposto sobre as televisões; aqueles que não pagam o imposto são juridicamente (mas não tecnologicamente) excluídos de assistir às transmissões. Similarmente, nos Estados Unidos, as transmissões de TV a cabo podem ser encriptadas e dispositivos especiais são exigidos para decodificá-las. (...) Bens de informação são inerentemente não rivais, devido ao módico custo de reprodução. No entanto, se eles são excludentes ou não depende do regime jurídico. A maioria dos países reconhece regras jurídicas de propriedade intelectual que permitem que os bens de informação sejam excludentes." (VARIAN, 1998, p. 6-7) No mesmo sentido, V. Koleski (2010, p. 45, tradução nossa)

93 Kunczik, refletindo especificamente sobre o caso dos jornalistas, propõe uma distinção importante entre "ocupação", "emprego" e "profissão": "o emprego se define normalmente como um trabalho móvel, casual, variável de caso para caso, ao qual a pessoa se dedica principalmente por motivos econômicos. Nesse contexto as ocupações diferem dos empregos, na medida em que são consideradas não apenas como meio de ganhar dinheiro, mas também como uma atividade que molda a personalidade durante a vida. Usa-se o termo profissão quando: 1. A ocupação requer um conhecimento altamente especializado, adquirido por uma formação ocupacional prolongada, com

O sigilo da fonte é assegurado de maneira circunscrita aos jornalistas. Ou seja, o direito de reservar a origem de informações reveladas publicamente não compreende, à primeira vista, o conteúdo divulgado de outras maneiras. Essa foi uma das circunstâncias que suscitaram um debate importante no STF a respeito da profissão de jornalista, que havia sido regulamentada pelo Decreto-Lei n. 972, de 1969. Tratava-se de mais um dispositivo formulado durante o regime militar para disciplinar os veículos e profissionais da imprensa cuja compatibilidade com a ordem constitucional era colocada em dúvida. O julgamento foi concluído pouco depois de julgada a ADPF n. 130, de que já se falou antes. O objeto do controle era o artigo 4º, inciso V, do Decreto-Lei, que exigia, especificamente, um diploma de curso superior de jornalismo com reconhecimento oficial. Questionava-se a recepção desse requisito pela Constituição de 1988, considerando-se a liberdade de exercício profissional conferida pelo artigo 5º, inciso XIII, a despeito da reserva legal qualificada quanto às qualificações exigidas. Segundo o relator, a questão a ser verificada era "se o exercício da profissão de jornalista exige qualificações profissionais e capacidades técnicas específicas e especiais e se, dessa forma, estaria o Estado legitimado constitucionalmente a regulamentar o tema em defesa do interesse da coletividade" (SUPREMO TRIBUNAL FEDERAL, 2009a, p. 62). Ao fim, vencido unicamente o Ministro Marco Aurélio Mello,[94] a Corte decidiu que

---

base teórica; 2. A introdução à ocupação é controlada, e as pessoas que a exercem se comprometem a cumprir certos regulamentos profissionais; e 3. Há uma formação de grêmio formal que representa os interesses da comunidade ocupacional. (...) Os limites entre o emprego e a ocupação e entre a ocupação e a profissão são flexíveis." (KUNCZIK, 2002, p. 33). Considerando-se que, no Brasil, como se passará a ver, para o exercício do jornalismo, não se pode requerer uma "formação ocupacional prolongada com base teórica" e nem a sua filiação a um grêmio formal, não se poderia considerá-la, pela sua terminologia, como uma profissão, mas como uma ocupação, como o próprio autor enfatiza no caso da Alemanha, acrescentando que "no sistema autoritário, o jornalismo profissional é não somente possível mas funcional para o sistema. Regulam-se apenas a capacitação e o acesso profissional, desejando-se a homogeneidade nas opiniões dos jornalistas, e não objeções às políticas praticadas (KUNCZIK, 2002, p. 38-39). De toda forma, a existência de uma deontologia, ou de uma ética formal do jornalismo, não ignorada pelo próprio Kunzik (2002, p. 37), aproxima-o muito do conceito de profissão, de modo que aqui será empregado esse último termo como o de uma "ocupação sujeita a uma deontologia específica", até para manter coerência com a terminologia da Constituição no artigo 5º, inciso XIV, que alude claramente a uma "profissão jornalística".

94  O Ministro Marco Aurélio Mello invocou um argumento interessante de que a norma que era objeto de controle havia pautado decisões da sociedade, que teria se organizado de forma a atender aos requisitos então estabelecidos, inclusive cursando faculdades. Ele não enxergou um conflito da definição legal com a ordem constitucional, ao menos não em uma violação à proporcionalidade que justificasse a não recepção.

os riscos relacionados ao exercício da profissão de jornalista não poderiam ser mitigados pela exigência de diploma universitário específico a ponto de justificar a restrição legal.[95] Foi levada em consideração "a estreita vinculação" do jornalismo "ao pleno exercício das liberdades de expressão e informação". Segundo o Ministro Gilmar Mendes, relator, "os jornalistas são aquelas pessoas que se dedicam profissionalmente ao exercício pleno da liberdade de expressão", e "o abuso da liberdade de expressão não pode ser objeto de controle prévio" (IDEM, p. 67; 75).

Mesmo com o fundamento na liberdade de expressão, o acórdão não afirmou que as garantias relativas à profissão de jornalista, como a do sigilo da fonte, pudessem ser estendidas prospectivamente a quaisquer emissores de conteúdo, como aparentemente interpretam alguns autores,[96] mas que, para que se pudesse falar de *jornalistas profissionais,* propriamente, o diploma universitário seria inexigível. Evidentemente, estão vedados também, por analogia, quaisquer outros requisitos que representem óbice desproporcional às liberdades comunicativas, asseguradas de maneira particularmente enfática pela Constituição. Ou seja, o direito de ter acesso às prerrogativas da atividade jornalística segue potencialmente sujeito a certos condicionantes. Tecnicamente, a exigência de registro dos profissionais no Ministério do Trabalho, veiculada pelo artigo 4º do Decreto-Lei n. 972, de 1969, seguiu vigente. Essa exigência teve sua eficácia suspensa temporariamente pelo artigo 51, inciso VII, Medida Provisória n. 905, de 2019, que alterava a legislação trabalhista, mas a própria norma revogadora, às vésperas de perder os efeitos, foi revoga-

---

[95] Disse o Ministro Gilmar Mendes, relator, que "a formação específica em curso de graduação em jornalismo não é meio idôneo para evitar eventuais riscos à coletividade ou danos efetivos a terceiros. De forma extremamente distinta de profissões como a medicina ou a engenharia, por exemplo, o jornalismo não exige técnicas específicas que só podem ser aprendidas em uma faculdade. O exercício do jornalismo por pessoa inapta para tanto não tem o condão de, invariável e incondicionalmente, causar danos ou pelo menos risco de danos a terceiros. A consequência lógica, imediata e comum do jornalismo despreparado será a ausência de leitores e, dessa forma, a dificuldade de divulgação e de contratação pelos meios de comunicação, mas não o prejuízo direto a direitos, à vida, à saúde de terceiros" (SUPREMO TRIBUNAL FEDERAL, 2009a, p. 68). O relator ainda fez um paralelo com outras profissões da comunicação social, como a de publicitário e de cineasta, que contam com cursos superiores importantes, mas não constituem "requisito básico e indispensável para o exercício regular das profissões". (SUPREMO TRIBUNAL FEDERAL, 2009a, p. 67)

[96] Nesse sentido, Gadelho Junior (2014, p. 76)

da.[97] A recepção, pela Constituição de 1988, dos demais requisitos do artigo 4º do Decreto-Lei n. 972, de 1969, como o próprio registro (*caput*), a prova de nacionalidade brasileira (inciso I), a folha corrida (inciso II) e a carteira profissional (inciso III), é discutível.[98] Não significa, porém, que algumas condicionantes não possam ser legitimamente aferidas, desde que não constituam embaraços injustificados ao exercício dessa profissão singular. É que, ainda que se desconstituísse a necessidade de registro, subsistiria como limite o sentido da atuação no "jornalismo".

Se o direito à informação jornalística deita raízes no direito mais amplo à informação, além de estar consagrado diretamente no artigo 220, § 1º, da Constituição, há, também, no que diz respeito à imprensa, o direito de expressão da atividade de comunicação, contemplado no artigo 5º, inciso IX, como já se disse. A regra assegura aos jornalistas profissionais o direito de veicular o conteúdo do seu trabalho, entendido como *atividade*. Ou seja, não apenas a Constituição assegura que os profissionais da comunicação realizem seu trabalho instrutório sem embargos, por exemplo, à segurança de suas fontes, como assegura que o produto da sua atividade seja expresso. Para que se possa falar propriamente em atividade de jornalismo como uma subdivisão da atividade de comunicação (KUNCZIK, 2002, p. 16), porém, é preciso que se trate de um trabalho com certas características e certos cuidados. Ainda que, como já se argumentou, a exigência do diploma universitário tenha sido corretamente afastada pelo STF, por desproporcional, e que mesmo os requisitos subsistentes do artigo 4º do Decreto-Lei n. 972, de 1969, sejam de compatibilidade questionável com a ordem constitucional vigente, nem todo conteúdo

---

97  O próprio STF já decidiu que "[m]edida provisória não revoga lei anterior, mas apenas suspende seus efeitos no ordenamento jurídico, em face do seu caráter transitório e precário. Assim, aprovada a medida provisória pela Câmara e pelo Senado, surge nova lei, a qual terá o efeito de revogar lei antecedente. Todavia, caso a medida provisória seja rejeitada (expressa ou tacitamente), a lei primeira vigente no ordenamento, e que estava suspensa, volta a ter eficácia." (SUPREMO TRIBUNAL FEDERAL, 2019)

98  O artigo 222, *caput*, e § 2º, veda a estrangeiros e a brasileiros naturalizados há menos de dez anos, a propriedade de empresas jornalísticas e de radiodifusão, assim como a responsabilidade editorial e as atividades de seleção e direção da programação. *A contrario sensu*, porém, essas restrições não devem se aplicar a outras atribuições típicas da atividade de jornalismo, como a de redator, noticiarista ou repórter.

poderá estar albergado por essa liberdade; apenas o que for, de fato, *jornalismo* é que efetivamente estará. [99]

Por essa razão, seria preciso esmiuçar critérios que permitissem enquadrar adequadamente a atividade do profissional do jornalista, para que se pudesse, por consequência, estabelecer o alcance subjetivo das garantias específicas da profissão. Nesse sentido, algumas atividades relacionadas, como a simples agregação e reprodução de conteúdo alheio, por exemplo, não caracterizam atividade típica desse ramo profissional, que se caracteriza pela "ligação com um quadro institucional e um contrato social engrenado em direção ao interesse público e a verificação do conhecimento" (BRANDTZAEG et al., 2016, p. 325). Jornalista, então, é um profissional que verifica, ou seja, que realiza:

> [u]m processo que é parte crítica do processo de coleta de notícias de disseminação de informação. A verificação requer determinar a acurácia ou a validade tanto da fonte quanto do próprio conteúdo. Então, há dois elementos que precisam ser verificados: a fonte de um dado conteúdo e o próprio conteúdo. Esses dois elementos têm de ser interpretados independentemente e comparados um com o outro para ver se contam uma história consistente. (BRANDTZAEG et al., 2016, p. 325, tradução nossa)

Como se vê, a atividade de jornalismo profissional pressupõe a adoção de certos padrões deontológicos de conduta, notadamente a *verificação da informação publicada*. Trata-se, enfim, de uma atividade que se caracteriza pelo *procedimento*, o que está em consonância com a garantia de expressão que a Constituição previu para a *atividade de comunicação,* que tem a atividade jornalística como seu desdobramento mais notório. Ainda que a lei não possa restringir arbitrariamente as condições subjetivas para a prática do jornalismo, é apenas no exercício da atividade jornalística, que inclui man-

---

[99] Vale mencionar aqui também a jurisprudência da Corte Europeia de Direitos Humanos quanto à relevância dos métodos dos profissionais: "No que concerne ao método de obter informações e a sua veracidade, a Corte reitera que o Artigo 10 da Convenção [sobre a Convenção Europeia, v. IV.2 deste trabalho] não garante liberdade de expressão totalmente irrestrita, menos a respeito da cobertura, pela imprensa, de matérias de séria preocupação pública. Sob os termos do parágrafo 2 daquela provisão, a liberdade de expressão carrega consigo "deveres e responsabilidades", que também se aplicam à mídia, mesmo quanto a sérias preocupações públicas. Por conta desses "deveres e responsabilidades", a salvaguarda assegurada pelo artigo 10 a jornalistas em relação à reportagem sobre assuntos de interesse público sujeita-se à provisão de que estejam agindo de boa-fé, de modo a fornecer informação precisa e confiável, de acordo com a ética do jornalismo." (CONSELHO DA EUROPA, 2017, p. 12)

datoriamente o cumprimento das etapas de verificação, que se poderá falar propriamente em garantias próprias da profissão.

Evidentemente, de todas as garantias dispensadas à atividade jornalística, destaca-se o direito de guardar segredo sobre a origem das informações publicadas. Em relação especificamente ao sigilo da fonte, pode-se afirmar que se trata de uma garantia consagradora da proibição da censura, uma vez que protege o acesso a informações que de outra maneira poderiam não ser reveladas, pelo risco de retaliação aos responsáveis por oferecer a notícia aos profissionais da imprensa (VIEIRA, 2012, p. 33). Em outras palavras, ao assegurar à fonte o anonimato, a Constituição assegura, em verdade, o direito difuso à informação, já que se trata de um elemento catalisador da revelação de informação socialmente relevante aos profissionais responsáveis por propagá-lo. O direito do jornalista de manter o sigilo sobre a fonte é, então, um corolário da dimensão positiva do direito geral à informação.

## II.3.4. Restrições constitucionais subjetivas à propriedade e à direção das empresas de comunicação social

Na trilha das constituições anteriores, a Constituição de 1988 trouxe, ao longo do seu artigo 220, uma série importante de limitações às pessoas físicas e jurídicas que podem ser proprietárias de empresas jornalísticas ou radiodifusoras ou responsáveis seja pela editoria – no caso da imprensa escrita – seja pela seleção e direção da programação – no caso da imprensa radiodifundida. Na redação original, até mesmo a participação de pessoas jurídicas no capital das empresas do setor estava proscrita, como era da tradição constitucional do país, vista em detalhes no tópico II.1. A Emenda Constitucional n. 36, de 2002, no entanto, permitiu que pessoas jurídicas, desde que constituídas sob as leis brasileiras, poderiam participar da composição acionária das empresas de comunicação em massa – como uma forma de permitir o afluxo de investimentos estrangeiros. De todo modo, seguiu exigida a participação, direta ou indireta, de brasileiros natos ou naturalizados há mais de dez anos, em percentual mínimo de setenta por cento do capital total e do capital votante. Aos brasileiros natos ou naturalizados há mais de dez anos também ficaram reservadas as responsabilidades sobre a orientação intelectual *em qualquer meio de comunicação social*, conforme o artigo 222, § 2º.

A preocupação do constituinte em circunscrever a titularidade das empresas de comunicação em massa e a responsabilidade pelo conteúdo exibido pelas mídias relaciona-se com o reconhecimento geral, claramente encartado no texto constitucional, do poder de influência das mídias para a sociedade brasileira. As restrições aos estrangeiros, em particular, têm a ver não só com a desconfiança de que a introdução de interesses alienígenas nos meios de comunicação social pudesse levar ao alinhamento de parcelas da sociedade a ideias dissonantes do interesse interno – uma preocupação relacionada com a segurança nacional – como também com a preservação dos elementos da cultura nacional – já que sua alienação poderia ser bastante facilitada pelas técnicas de gravação e reprodução cada vez mais sofisticadas de materiais importados. O poder de disseminar informações de maneira massificada, como já se disse, constitui um poder marcante de influenciar a sociedade, de modo que se considerou mais seguro aos interesses nacionais como um todo, manter privativa a brasileiros a responsabilidade pela operação dessas técnicas socialmente sensíveis. A motivação para a proibição originária às pessoas jurídicas e para as restrições subsistentes após a Emenda Constitucional n. 36, de 2002, também está relacionada à visão de que a responsabilidade pessoal por funções sociais consideradas estratégicas seria mais adequada.[100] Assim como cargos públicos não podem ser exercidos por pessoas jurídicas, funções privadas de notório interesse público, como a titularidade de empresas de comunicação em massa, foram confiadas unicamente a pessoas físicas, sujeitas a medidas de responsabilização mais severas.

Na redação atual, não está proibida, como se nota desde logo, a participação majoritária de pessoas jurídicas na composição acionária das empresas de comunicação social. Há que se averiguar, apenas, se, considerando-se toda a cadeia societária, a participação direta e indireta de brasileiros natos e naturalizados há mais de década respeita o mínimo de setenta por cento. Na prática, a possibilidade de se estabelecerem cadeias complexas de empresas intermediárias pode levar a dificuldades práticas na aferição efetiva dessa proporção.

Em relação especificamente aos meios de comunicação social eletrônica, o constituinte derivado inaugurou, no § 3º do artigo 222, introduzido tam-

---

100 Nas Constituições anteriores, como visto no tópico II.1, havia também restrição a sociedades de ações ao portador, então permitidas pela legislação. A justificativa nesse caso era um pouco distinta: resguardar a possibilidade de se identificarem os titulares da publicação.

bém na reforma de 2002, uma reserva legal qualificada quanto à garantia da "prioridade de profissionais brasileiros na execução de produções nacionais." O § 2º do mesmo artigo 222, dispôs que a exclusividade dos brasileiros na responsabilidade editorial e nas atividades de seleção e direção da programação teria caráter obrigatório *em qualquer meio de comunicação social* – o que, em princípio incluiria os meios eletrônicos. Como, porém, o § 3º previu categoricamente que essas mídias deveriam respeitar também os princípios do artigo 221, seria possível interpretar, *a contrario sensu*, que as restrições à titularidade e à responsabilidade intelectual não se lhes aplicariam diretamente, mas poderiam ser objeto de uma regulamentação mais abrandada pelo legislador, desde que fosse conferida a prioridade aos profissionais brasileiros em alguma medida. [101] Foi nessa linha o entendimento manifestado pelo Ministro Luiz Fux ao julgar a ADI n. 4.923,[102] citando o apontamento de Luis Roberto Barroso, em sede doutrinária, sobre a margem que essa interpretação distintiva abriria para que radiodifusores se desviassem da exigência constitucional pelo oferecimento da programação por outros meios técnicos – um problema agudo da solução constitucional que privilegia diferenças formais entre os meios de comunicação em massa. De qualquer forma, os problemas decorrentes dessa interpretação *a contrario sensu* serão tratados mais à frente, ao se falar propriamente das mudanças mais recentes da comunicação social.

---

101 "É de se esperar que a dissolução de fronteiras entre a imprensa tradicional e meios eletrônicos de comunicação social distenda a interpretação do dispositivo de reserva da responsabilidade editorial e das atividades de seleção e direção da programação. Neste caso, o problema jurídico de enquadramento da imprensa poderia ter efeitos sobre a delimitação do âmbito de aplicação do dispositivo constitucional. Todavia, mesmo na hipótese de equiparação integral da imprensa eletrônica com o regime jurídico da comunicação social eletrônica como gênero, algo dependente da derrocada de um dos pilares da liberdade de expressão – a dispensa de licença de autoridade para publicação de veículo impresso de comunicação do art. 220, § 6ºda Constituição Federal –, a ordem constitucional de restrição da orientação intelectual não pode servir a um fim estranho ao éthos da norma, mediante esvaziamento da esfera de aplicação do art. 220, §6º" (ARANHA, 2018, p. 2155).

102 Consta do voto condutor: "Compartilho, em parte, desse entendimento, no sentido de que é possível à lei formal estender a disciplina da radiodifusão a outros veículos de comunicação de massa, ao menos quanto à regra específica prevista no art. 222, §2º, da CRFB. Ressalto, porém, que isso não significa a viabilidade de extensão puramente interpretativa (sem fundamento legal expresso) daquelas regras a outras plataformas tecnológicas" (SUPREMO TRIBUNAL FEDERAL, 2017, p. 93)

## II.3.5. Proibição do oligopólio e do monopólio

O tema da concentração econômica dos meios de comunicação social também foi objeto de preocupação do constituinte. O artigo 220, § 5º, prevê que não podem, direta ou indiretamente, ser objeto de monopólio nem de oligopólio. Não houve, nesse caso, nenhuma restrição a determinados segmentos da comunicação em massa; não houve nenhum temperamento, aliás: dispõe a Constituição categoricamente que não pode o controle das mídias estar restrito a poucas pessoas. O abuso do poder econômico já é repelido genericamente no artigo 173, § 4º, inserido no Título VII, sobre a ordem econômica e financeira. O dispositivo determina à lei que reprima iniciativas tendentes "à dominação dos mercados, à eliminação da concorrência e ao aumento arbitrário dos lucros". Monopólios e oligopólios não são senão formas de dominação dos mercados e eliminação da concorrência. A existência de uma previsão específica voltada para os meios de comunicação em massa revela, então, mais uma vez, a extrema cautela do constituinte com o poder das mídias na sociedade brasileira.

A singularidade está em que a concentração midiática é uma forma particularmente gravosa de concentração econômica, por todos os prejuízos que pode causar para o direito à informação e, em última análise, até para a funcionalidade democrática. O monopólio ou o oligopólio na comunicação social não ocasionam apenas o controle dos preços, mas também o da influência:

> No campo da comunicação social, porém, os efeitos vão além dos prejuízos econômicos. Monopólios e oligopólios acarretam a diminuição da diversidade de informação ofertada na esfera pública com consequências deletérias para a democracia coparticipativa. Concentrações ilegais, nesse campo, não terão como consequência o mero aumento do preço do jornal, mas podem afetar o pluralismo, a veracidade e a objetividade da informação divulgada. Ademais, a diversidade dos produtos midiáticos exerce influência considerável sobre os valores da sociedade que consome tais produtos e contribui para a formação da agenda pública e da opinião da população sobre temas de relevante interesse nacional. Na mídia, a concentração econômica é considerada uma ameaça ao mercado de ideias, pois tende a provocar um impacto negativo no pluralismo informativo e de conteúdos que se espera dos meios de comunicação social. Quanto menor o número de instituições, menor o número de pessoas tomando decisões sobre a diversidade de conteúdo e, em princípio, menor o número de vozes que conseguem se fazer representar na esfera pública.

> (...) Os efeitos indesejados da concentração ademais não são circunscritos apenas à redução da diversidade. Eles também aumentam o risco de que certos interesses políticos, pessoais ou econômicos prevaleçam sobre o dever de veracidade e objetividade. Na área da comunicação social, em especial, concentração econômica significa concentração de influência, que pode ser facilmente usada para obtenção de lucros políticos e ideológicos". (SANKIEVICZ, 2011, p. 89-90)

A garantia de concorrência no mercado midiático fundamenta-se, ademais, em um dos cinco fundamentos da República: o *pluralismo político* (artigo 1º, V, da Constituição). Ainda que uma titularidade plural dos meios não signifique necessariamente uma representação plural das correntes de pensamento da sociedade, fato é que, pela perspectiva inversa, se se permite que a imprensa seja controlada por um universo reduzido de pessoas ou de empresas, nela pode-se esperar pouca variedade de pensamento. Mais ainda, apenas quando há de fato uma variedade de polos emissores de comunicação, é que se torna possível promover um debate público, em um grau mínimo de igualdade de condições, entre visões de mundo antagônicas, mesmo as minoritárias na sociedade. Essa demanda por diversidade é particularmente acentuada no debate político. Afinal, como destaca Assuério Ferreira, "o exercício da persuasão política, por lideranças ou pretensas lideranças, requer uma visibilidade permanente" (2002, p. 65). Essa visibilidade só se conquista por meio do acesso amplo às mídias.

A concentração midiática, cujos efeitos são particularmente nefastos, pode dar-se de várias maneiras, em função das várias etapas de produção do mercado de comunicação social. Como aponta Fabio Koleski, mirando especialmente a televisão, a concentração pode ser (i) *horizontal*, se ocorrer dentro de uma só etapa da cadeia produtiva, propiciando economia de escala para a empresa; (ii) *vertical*, se a empresa "se expande para as diversas etapas da cadeia produtiva e exerce algum tipo de domínio sobre elas"; ou (iii) *diagonal* ou *transversal*, se "uma empresa passa a controlar atividades correlatas e complementares, mas que não se realizam dentro de um único mercado – é o que a literatura brasileira sobre a concentração na comunicação costuma chamar de *propriedade cruzada*." (2010, p. 47-48).[103] A cláusula antitruste que

---
103 Sobre essa última espécie de concentração, a propriedade cruzada, o autor acrescenta que: "Empresas de radiodifusão, quando reformatam seus produtos audiovisuais para serem transmitidos na TV paga, saem com uma grande vantagem: estão vendendo mercadorias que, muitas vezes, já tiveram seus custos cobertos quando da primeira transmissão, aferindo uma grande economia de escopo nas

a Constituição impõe à comunicação social há que ser interpretada de forma a impedir todas essas espécies de abuso.

Fato é, porém, que a literatura especializada tem sido bastante crítica com a eficácia do artigo 220, § 2º, da Constituição Federal, dado o estado fático de concentração da mídia no país. [104] O problema se relaciona, de qualquer forma, com o ponto de que se tratará no próximo subcapítulo, relacionado ao modelo de concessão adotado pelo constituinte para o setor de radiodifusão.

## II.3.6. Imunidade tributária dos periódicos

Além de tudo o que se disse, a Constituição, também com o escopo de prestigiar a atividade de comunicação social, ou ao menos uma parte importante dela, e o direito à informação, proibiu expressamente, no artigo 150, VI, "d", a instituição de impostos sobre livros, jornais e periódicos, como também sobre o papel destinado à sua impressão. Trata-se de uma regra que remonta à Constituição de 1946, que, pela primeira vez proibiu a tributação do chamado "papel d'água". A imunidade alcançou objetivamente livros, jornais e periódicos já na Constituição de 1967.

Além de haver, nessa disposição, um possível reconhecimento das externalidades positivas propiciadas pela disseminação do acesso ao conhecimento, trata-se de uma garantia política de que o Poder Público não se valerá da sua prerrogativa de tributar para cercear a liberdade da imprensa, nem mesmo pela via indireta, por meio de impostos que incidam sobre o suporte físico de livros, jornais e periódicos. A tributação pode, afinal, constituir uma forma travestida de censura. Em outras palavras, embora contida na seção do texto constitucional destinada a disciplinar as competências tributárias dos entes, assim como seus limites e normas fundamentais, a regra tem relevância também para o regime institucional dos meios de comunicação social.

---

transmissões seguintes. A lógica da concentração diagonal, contudo, vai além deste tipo de economia: mesmo em atividades nas quais o reuso ou o reposicionamento dos produtos é menos evidente (quando uma empresa tem um jornal impresso e uma emissora de TV, por exemplo), a concentração diagonal permite outras duas vantagens competitivas: a capacidade de realizar promoção cruzada (*cross-promotion*), pela qual um veículo de comunicação promove o outro do mesmo grupo, e a redução de riscos ao capitalista que opta por atuar em mercados diferentes. (KOLESKI, 2010, p. 48)

104  Nesse sentido, Cabral (2019) Marinoni (2015, p. 20) e Cabral (2017)

A Constituição não diferencia, nesse sentido, categorias de jornais ou periódicos que possam ser contemplados com a imunidade tributária – e a finalidade da norma reclama uma compreensão bastante ampla. Também não há margem para divisar campos de incidência de tributos nem mesmo em atividades acessórias ao jornalismo, como a veiculação de anúncios e propaganda. A imunidade tributária deve ser – e é – compreendida de forma extensiva no tocante aos objetos propriamente alcançados por ela (livros, jornais e periódicos). Um aspecto que suscita discussões, no entanto, é a referência do dispositivo ao *papel*, já que, nesse caso específico, trata-se de um insumo específico colocado a salvo da tributação (em razão de seu destino, a divulgação da informação).

A interpretação dessa referência é importante para o exame que será desenvolvido sobre as mudanças na comunicação social e sobre a consequente necessidade de se empreender uma leitura atualizada das disposições constitucionais concernentes ao assunto, já que o texto foi escrito numa época em que os meios digitais não tinham ainda alcançado projeção comparável à que atingiram nas últimas décadas. A alusão ao papel há, enfim, de ser lida de maneira cuidadosa, para não se incorrer em anacronismo. Será verdade, por um lado, que artigo 150, VI, "d", não tratou de outros insumos necessários desde sempre para a impressão de jornais e periódicos, a exemplo da tinta, cujo emprego é tão indispensável quanto o do próprio papel – e certamente não era diferente em 1988. Por outro lado, a dependência que livros, jornais e periódicos têm do papel é, cada vez mais, mitigada pelos avanços técnicos. Uma hermenêutica apurada da norma imunizante à luz das suas finalidades, como não onerar a difusão do conhecimento e não permitir ingerências políticas em veículos de comunicação social, torna necessário ver que a imunidade não pode ser interpretada como se ficasse restrita ao papel.

Nesse ponto específico, o STF atuou bem ao decidir, em regime de repercussão geral, pela impossibilidade de tributar livros digitais e seus componentes, conforme a Súmula Vinculante n. 57.[105] Na ocasião, o relator, em voto acompanhado pela unanimidade do Plenário da Corte, salientou que "o suporte das publicações é apenas o continente (*corpus mechanicum*) que abrange o conteúdo

---

[105] "A imunidade tributária constante do art. 150, VI, d, da CF/88 aplica-se à importação e comercialização, no mercado interno, do livro eletrônico (e-book) e dos suportes exclusivamente utilizados para fixá-los, como leitores de livros eletrônicos (e-readers), ainda que possuam funcionalidades acessórias."

(*corpus misticum*) das obras, não sendo ele o essencial ou o condicionante para o gozo da imunidade" (SUPREMO TRIBUNAL FEDERAL, 2017, p. 22). Na ocasião, o relator aludiu expressamente à necessidade de se adotar uma interpretação evolutiva que desconsiderasse a chamada *occasio legis*:

> Os fundamentos racionais que levaram à edição do art. 150, VI, d, da CF/88 continuam a existir mesmo quando se levam em consideração os livros eletrônicos (e-books), inequívocas manifestações do avanço tecnológico que a cultura escrita tem experimentado. Consoante a interpretação evolutiva da norma, conclui-se que eles estão inseridos no âmbito dessa imunidade tributária (IDEM, p. 27).

Remanescem ainda em aberto outras vias de tributação que têm incidido diferentemente nos meios físicos e digitais, como a veiculação de anúncios, que é protegida de impostos pela jurisprudência tradicional da Corte no caso dos jornais,[106] mas tem sido aplicada sobre anúncios publicitários em periódicos digitais não gratuitos, ao menos desde o advento da Lei Complementar n. 157, de 2016, que incluiu na lista da Lei Complementar n. 116, de 2003, o item 17.25.[107]

## II.4. Monopólio da União na exploração dos serviços de radiodifusão

Se a liberdade de imprensa é, pela disciplina constitucional, inequivocamente o padrão, no caso das mídias radiodifusoras há uma restrição particularmente forte: o regime de monopólio estatal, incluído entre as competências materiais da União no artigo 21, XII, "a" da Constituição. Com a mídia impressa ocorre precisamente o contrário. Segundo o artigo 220, § 6º, a publicação de impressos *independe de licença de autoridade,* de modo que a iniciativa nessa seara é totalmente livre. Já estações de rádio ou televisão simplesmente

---

[106] Essa atividade chegou a ser considerada intrínseca à dos periódicos pelo STF, ainda sob a égide da Constituição de 1967, ao julgar o RE n. 87.049. Em uma época em que os votos no STF costumavam ser bem mais sintéticos, disse o redator do acórdão, Min. Cunha Peixoto que "nenhum jornal pode viver sem anúncio. Então, se tributarmos os anúncios, tornaremos letra morta o dispositivo constitucional". (SUPREMO TRIBUNAL FEDERAL, 1978, p. 9)

[107] "Inserção de textos, desenhos e outros materiais de propaganda e publicidade, em qualquer meio (exceto em livros, jornais, periódicos e nas modalidades de serviços de radiodifusão sonora e de sons e imagens de recepção livre e gratuita)."

não podem ser abertas sem que a empresa responsável tenha anteriormente obtido a concessão, a permissão ou autorização, conforme o dispositivo já mencionado em conjunto com o artigo 223, *caput*.

Segundo a literatura, a razão de fundo para esse tratamento díspar para os veículos radiodifusores está na limitação das frequências disponíveis para transmissão. Ericson Scorsim resume a questão:

> O serviço de radiodifusão utiliza meios físicos para a transmissão de sons e imagem, ocupando o espectro eletromagnético. Porém, esse espaço de transmissão de ondas eletromagnéticas é limitado fisicamente. Daí a necessidade de controlar sua respectiva utilização. Nem todos os interessados poderão utilizar o espaço eletromagnético, sendo necessária a intervenção estatal a fim de disciplinar o uso desse bem público. (2000, p. 162)

A mesma justificativa, aliás, se encontra na doutrina de outros países em que vige o monopólio estatal do serviço de radiodifusão, que foi adotado prontamente pelos Estados nacionais por razões históricas.[108] Com base nessa

---

108 Explica George Codding Jr.: "Do ponto de vista técnico, a aplicação de uma certa forma de controle à radiodifusão foi uma necessidade inelutável em todos os países. (...) Os fenômenos físicos que acompanham a transmissão radioelétrica não permitem – sob pena de interferências insuportáveis – um número ilimitado de emissores na faixa de frequências compatíveis com as emissões de médio e longo alcance. O mecanismo de regulamentação da radiodifusão estava já pronto, no entanto, porque o rádio havia sido usado na telegrafia sem fio, e a telegrafia, ela própria havia sido quase sempre uma prerrogativa das administrações nacionais. Os estados automaticamente se apropriaram do monopólio dos novos meios de transmissão por ondas de Hertz. Assim, quem pretendesse fazer uso de uma frequência deveria obter uma concessão especial do Estado, que era livre para impor condições que parecessem indicadas." (CODDING JR, 1959, p. 42, tradução nossa) No caso francês, o monopólio estatal foi inicialmente fruto da extensão, em 1923, do regime vigente desde 1851 para as linhas telegráficas. (GAUDEMET, 1965, p. 33). Na Itália, Elisabetta Lanza constata que "a escolha originária de reservar ao Estado o monopólio radiotelevisivo fundava-se mesmo no reduzido número de canais à disposição, imposto pelos limites tecnológicos da transmissão aérea. De fato, as sentenças da Corte Constitucional n. 59, de 1960 e n. 225 de 1974 evidenciaram como a legitimidade do monopólio estatal se assentava na limitação dos canais utilizáveis. A atividade de radiodifusão televisiva aérea era inicialmente reservada ao Estado, enquanto serviço público essencial e em caráter de interesse geral proeminente, no sentido do artigo 43 da Constituição." (2012, p. 41, tradução nossa). Realmente, a sentença n. 59, de 1960, asseverou limitações técnicas, mas também observou que "não parece arbitrário que o legislador vislumbre na difusão televisiva as características de atividade 'de proeminente interesse geral', demandados pelo artigo 43 para que seja possibilitada a sua subtração à livre iniciativa. Está fora de discussão, de fato, a altíssima importância, que, na atual fase da nossa civilização, os interesses que a televisão tende a satisfazer (informação, cultura, lazer) assumem – e em altíssima escala – não apenas para os componentes unitários do corpo social, mas para ele na sua inteireza". (ITÁLIA, 1960). Da mesma forma, a Sentença n. 225 afirmou que "a radiotelevisão atende a tarefas fundamentais de informação, concorre para a formação cultural

razão técnica para o regime adotado na Constituição, Seabra Fagundes – lembrado também por Scorsim –, preocupado com a perspectiva de aplicação de penalidades administrativas desproporcionais, como a suspensão temporária dos direitos de transmissão, sustentava, sob a égide da Constituição de 1946, que o fato de tratar-se de um monopólio não autorizava uma ampla margem de controle para o poder concedente:

> O monopólio outorgado à União é menos inspirado por motivos políticos, do que técnicos. Estando a disponibilidade dos canais na dependência de convenções entre diversos países, impõe-se a centralização, no âmbito nacional, do poder de usá-los ou concedê-los. (...) Aqui o instituto da concessão será o mesmo em nome, porém o significado particular, especialíssimo, do objeto ao qual se aplica, impõe entendê--lo em termos novos e próprios. É manifesto que encampar uma empresa de bondes, ou cassar a licença de exploração de um local ou box em mercado público, não envolve as repercussões da cassação do direito de irradiar de uma estação emissora. Ali o dano é material e do empresário, até porque a Administração, pelo princípio da continuidade de prestação dos serviços públicos, fará funcionar o sistema de transportes, ou o substituirá de imediato por outro. Ali os interessados socorrer-se-ão de outros fornecedores de secos e molhados. Aqui se priva toda uma imensa comunidade dos elementos de conhecimento e informação de determinado pensamento político, por isto que, vedado ele numa emissora, o será nas demais (1961, p. 51-52)

A ideia, em outras palavras, era a de que, apesar de se tratar juridicamente de um monopólio da União por razões estritamente técnicas, os serviços de radiodifusão de sons e imagens teriam características distintas de qualquer outro serviço público concedido, permitido ou autorizado a particulares, dada a sua relação com a liberdade de manifestação do pensamento e do risco de que a censura – ou mesmo a punição exagerada – a um determinado veículo levasse, pela via do exemplo, à privação de toda a sociedade daquele ponto de vista. (SEABRA FAGUNDES, 1961, p. 52-53).

A despeito da sensibilidade desse último aspecto, fato é que, seja jurídica, seja política a razão para a escolha do constituinte pelo monopólio, a opção

---

do país, difunde programas que de várias maneiras incidem sobre a opinião pública e portanto é necessário que ela não se torne um instrumento particular: só a avocação pelo estado pode e devo impedi-lo" (ITÁLIA, 1974, p. tradução nossa).

por esse regime poderia fornecer, em tese, uma justificativa adicional para o estabelecimento de diretrizes obrigatórias de conteúdo na radiodifusão. Se se trata de um serviço exercido por obra de concessão pública, é legítimo que o concessionário exerça suas prerrogativas de acordo com os objetivos previamente delimitados para esse serviço.

Não se trata, porém, da principal razão para que a transmissão aérea de sons e imagens seja submetida a certos princípios e restrições. A razão primária para que sejam regulados os meios de comunicação em massa, sejam eles concedidos pelo Poder Público Federal, sejam eles publicados independentemente de licença prévia, é o seu peculiar potencial de influência política na sociedade. Evidentemente, o grau com que o controle é exercido varia conforme o potencial técnico de transmissão. Como se viu acima, em parte dos meios, o acesso ao conteúdo transmitido é parcialmente rivalizado, como no caso dos jornais físicos, que demandam um suporte impresso. Em outros casos, porém, a capacidade de propagação é praticamente ilimitada, como no caso da televisão e do rádio. Ainda que se superem, então, as razões de ordem técnica que determinam o regime de monopólio na radiodifusão, com o fim da limitação das faixas de frequência utilizáveis, essa circunstância não justificaria uma maior leniência constitucional em relação ao conteúdo das transmissões.[109]

Os critérios de concessão, permissão e autorização de uso dos serviços de radiodifusão, atualmente, são definidos de maneira bastante superficial pela Lei n. 4.117, de 1962, e, de maneira mais detalhada, pelo Decreto n. 52.795, de 1963,[110] que foi objeto de importantes reformulações carreadas pelo Decreto n.

---

109 A rigor, para o STF, a alteração da técnica de transmissão pode não mudar nem mesmo o regime de monopólio, já que, no julgamento da ADI 3.944, o relator, acompanhado pela maioria, relativizou expressamente as consequências da transição do sistema analógico para o digital: "(...) não considero a televisão digital um novo serviço ante a TV analógica. Trata-se ainda de transmissão de sons e imagens por meio de ondas radioelétricas (radiodifusão). Transmissão, é verdade, que passa a ser digitalizada e a comportar avanços tecnológicos, mas sem perda de identidade jurídica (o mesmo acontecendo, recentemente, com a telefonia móvel e os chamados celulares de terceira geração)." (SUPREMO TRIBUNAL FEDERAL, 2010, p. 22)

110 É o Decreto n. 52.795, de 1963, que diferencia também, de maneira bastante objetiva e simples, os casos de concessão, permissão e autorização do serviço de radiodifusão. Segundo seu artigo 5º, a *concessão* é outorgada "a entidades executoras de serviços de radiodifusão sonora de caráter nacional ou regional e de televisão"; a *permissão* é outorgada "para execução de serviço de radiodifusão de caráter local". Já a autorização seria, pela terminologia do decreto, a expressão mais genérica para se referir a ambas: seria "o ato pelo qual o Poder Público competente concede ou permite a pessoas físicas ou jurídicas, de direito público ou privado, a faculdade de executar e explorar, em seu nome

2.108, de 1996, pelo Decreto n. 7.670, de 2012, e pelo Decreto n. 9.138, de 2012. Assim, o artigo 10 do referido decreto, na redação atual, vigente desde 1996,[111] preconiza que a outorga seja precedida do devido procedimento licitatório, de forma a adequá-lo ao disposto no artigo 37, *caput*, e no artigo 173, *caput*, da Constituição de 1988. A fim de atender à proibição do oligopólio, o decreto prevê algumas cautelas, como a declaração, pelo licitante, de que nenhum de seus sócios ou dirigentes tenha participação em outras empresas adjudicatárias do serviço de radiodifusãona mesma localidade ou, no caso de outras localidades, até os elásticos limites estabelecidos no artigo 12 do Decreto-Lei n. 236, de 1967[112] – cuja compatibilidade com o artigo 220, § 5º, da Constituição, é bastante discutível. O dispositivo permite que a mesma entidade seja detentora de até 10 estações radiodifusoras de sons e imagens, desconsiderando-se as estações repetidores e retransmissoras. Conforme já se salientou, entre os critérios de classificação das propostas de concessão, serão avaliados o tempo destinado à programação educativa, jornalística e cultural, e, de maneira especial, o tempo dedicado à exibição de conteúdo produzido por entidades que não detenham serviços de radiodifusão, além do próprio valor da outorgante.

---

ou por conta própria, serviços de telecomunicações, durante um determinado prazo". É o que se depreende também do artigo 17 da Lei, que, ao abrir o capítulo IV ("Das autorizações", esclarece que "A outorga de autorizações para a execução de serviço de radiodifusão será feita através de concessões ou permissões."

111 Até o advento do Decreto n. 2.108, de 1996, a redação do artigo 10 previa um procedimento simplificado de outorga, mediante iniciativa do órgão federal encarregado ou requerimento da entidade interessada em obter a outorga.

112 "Art 12. Cada entidade só poderá ter concessão ou permissão para executar serviço de radiodifusão, em todo o país, dentro dos seguintes limites:

I) Estações radiodifusoras de som:

a - Locais: Ondas médias – 4 Frequência modulada - 6

b - Regionais: Ondas médias – 3 Ondas tropicais – 3, sendo no máximo 2 por Estados

c - Nacionais: Ondas médias – 2 Ondas curtas - 2

2) Estações radiodifusoras de som e imagem - 10 em todo território nacional, sendo no máximo 5 em VHF e 2 por Estado.

§ 1º - Cada estação de ondas curtas poderá, fora das limitações estabelecidas no artigo, utilizar uma ou várias frequências, que lhe tenham sido consignadas em leque.

§ 2º - Não serão computadas para os efeitos do presente artigo, as estações repetidoras e retransmissoras de televisão, pertencentes às estações geradoras."

A fim de garantir que o modelo de monopólio da União não se convertesse em um instrumento de manipulação da imprensa de TV e rádio ao arbítrio dos ocupantes do Poder Executivo Federal, a Constituição previu ainda mecanismos de controle pelos demais poderes. A outorga ou a renovação da concessão ou permissão dependerá de deliberação do Congresso Nacional, por decreto legislativo; já a não renovação dependerá de aprovação de dois quintos do mesmo Congresso Nacional. Para se cancelar a concessão ou permissão antes do prazo, que é de dez anos, por sua vez, exigir-se-á decisão judicial, o que constitui uma garantia notável para as empresas permissionárias ou concessionárias contra pressões políticas governamentais, garantia destinada a contrabalancear a precariedade decorrente do monopólio federal.[113] A Constituição garantiu, assim, que os três poderes atuassem de maneira complementar na outorga do serviço público de radiodifusão.

---

113 De fato, ao assegurar que apenas por decisão judicial possa-se cancelar a concessão ou a permissão, protege-se a independência da imprensa radiodifundida de pressões políticas tanto do Poder Executivo quanto do Poder Legislativo.

# Capítulo III. Novos Agentes de Comunicação

A comunicação social, especificamente, e a comunicação como um todo estão em franca evolução (sem que, com o emprego desse termo, se conote necessariamente um *progresso*, mas uma alteração relacionada às transformações sociais mais profundas). No espectro mais amplo da comunicação em geral, ao lado dos meios tradicionais, têm surgido outros, distintos em muitos aspectos, mas que ao mesmo tempo dividem com eles traços essenciais. É lícito supor que as divergências técnicas tendem a aprofundar-se à medida que o avanço da ciência traz à luz mecanismos ainda mais eficientes de transmissão de dados. Por outro lado, características fundamentais da comunicação humana, como o emprego de códigos linguísticos ou expressões faciais (ainda que simplificadas na forma de símbolos), ainda seguem presentes seja qual for o meio pela qual ela seja possível.

A evolução da técnica parece afetar as formas pelas quais a informação chega às massas. Se antes os jornais e revistas de papel, a televisão e o rádio eram os meios exclusivos de transmissão de notícias e opiniões de maneira massificada, atualmente proliferam terminais eletromagnéticos pelos quais os indivíduos têm acesso a conteúdo noticioso ou de opinião. Não necessariamente, porém, essa informação transmitida aos indivíduos é apresentada no formato que marcava os veículos de comunicação social. É certo que portais de notícias conservam muitas das características dos jornais, por exemplo. Assim, por exemplo, parte importante desses portais, constitui justamente uma adaptação de antigos periódicos ou estabelece parceria com esses veículos.[114] Em outros casos, a comunicação assume novos formatos.

A transformação não se dá apenas ao se transitar do meio físico para o meio virtual, ou seja, não se trata apenas de uma mudança do papel para as

---

114  No ranking Alexa, o portal de notícias brasileiro mais acessado é o UOL - 4º site mais acessado do país -, que pertence ao Grupo Folha, da Folha de S. Paulo, com a qual mantém uma parceria na produção de conteúdo. Entre os mais acessados está também o Globo.com, ligado às Organizações Globo, como 7º colocado. Outros portais importantes são o Metropoles (um serviço nativo da internet, 5º do ranking), o Yahoo (versão local do portal norte-americano de mesmo nome, 8º), MSN (o serviço de notícias da Microsoft, em 16º), o próprio portal da Folha de S. Paulo (37º), o Terra (nativo da internet, 42º) e o IG (nativo da internet, 46º). (ALEXA, 2021)

telas dinâmicas de LED, como ilustra bem o fato de que os portais de notícias, sucessores diretos dos antigos jornais em muitos aspectos, não sejam considerados pelos usuários da internet os meios preferenciais de acesso direto à informação. Em seu lugar, os usuários passam a informar-se diretamente por meio das mídias sociais [115], com implicações políticas da mais alta relevância.[116] Os próprios cidadãos percebem essa influência.[117] A emergência dessas plataformas, em que o cidadão assume o papel de editor (ZUCKERMAN, 2019, p. 7-8), determinou mudanças complexas na relação da sociedade com as fontes de informação, com impacto significativo, inclusive, nas práticas jornalísticas e no mercado de notícias (MARTIN, 2017, p. 43), que se retroalimentam do próprio conteúdo gerado de forma difusa (MARTIN, 2014) (BUCHER, 2018, p. pos 3254). O jornalismo, longe de deixar de ser importante, reinventa-se com uma função crítica de enfrentamento e verificação da torrente de informações disponíveis no ritmo intenso das novas redes de

---

115 O recurso às mídias sociais para obter notícias é um fenômeno bem documentado. Pesquisa anual do Pew Research Center, por exemplo, mostra que o número de adultos americanos que se informam frequentemente ou às vezes pelas mídias sociais cresceu de maneira consistente de 2016 (44%) a 2019 (55%). A maioria usa o Facebook como caminho para as notícias (52%), mas o YouTube também foi detectado como uma fonte importante. (PEW RESEARCH CENTER, 2019). No caso brasileiro, os números podem ser ainda mais expressivos: outro relatório anual, o Digital News Report, produzido pelo Reuters Institute, mostrou que, em 2019, 53% dos brasileiros com acesso à internet valiam-se do Whatsapp para notícias – um aumento de cinco pontos percentuais em relação ao ano anterior e o maior índice dos 12 países pesquisados. Já 53% reportaram o uso do Facebook. O relatório ainda projeta que 64% usam as redes sociais como fontes de notícias. (REUTERS INSTITUTE, 2019). Pesquisa mais recente, do DataSenado, apontou o Whatsapp como principal fonte de informação dos brasileiros, com 93% dos usuários reportando seu uso *sempre* ou *às vezes*. Em seguida, o Youtube com 88%, a televisão com 86%, os sites de notícias com 84%, e o Facebook com 79%, entre outros. Embora o Instagram ostente números mais modestos na comparação (60%), entre pessoas de 16 a 20 anos atinge um patamar de 74%. (DATASENADO, 2019)

116 "O relatório Social Media Today sugere que 49% das pessoas nos Estados Unidos assistiram a notícias de última hora pelas mídias sociais que se revelaram falsas. Durante a Primavera Árabe, em 2011, por exemplo, vários atores inundaram o Twitter e o Youtube com falsas informações. Também houve uma quantidade de casos bem-documentados em que fotos manipuladas ou histórias inverídicas espalhadas via mídias sociais foram colhidas e distribuídas por agências de notícias" (BRANDTZAEG et al., 2016). A pesquisa do DataSenado mostrou que 45% considerou informações recebidas de redes sociais para decidir seu voto. (DATASENADO, 2019)

117 Segundo os números do DataSenado, 83% dos entrevistados considera que o conteúdo das redes sociais influencia muito a opinião das pessoas. Entre os que têm ensino superior incompleto ou maior nível de instrução, o percentual chega a 90% (DATASENADO, 2019).

interação. (MARTIN, 2017, p. 50-51).[118] Há, enfim, um novo encadeamento de fontes, meios de transmissão e consumidores da informação. O sentido convencional desse fluxo, que vai da fonte ao consumidor, passando pelo jornalista, parece agora inverter-se em muitas ocasiões. O fluxo, porém, ainda que muito mais dinâmico, não deixa jamais, de ser intermediado. Essas instâncias de intermediação são justamente as novas mídias, cada vez mais sofisticadas e mais vistas atenção como potencial objeto de regulação estatal:

> Na segunda década do século XXI, as mais poderosas empresas de mídia são plataformas como o Google e o Facebook. Essas plataformas não são primariamente desenhadas para publicar o que o dono da plataforma cria. Em vez disso, criam oportunidades para os usuários finais publicarem (Blogger, Tumblr, Twiter), enviarem e-mails e mensagens privadas (Gmail, Yahoo! Mail), carregarem conteúdos (Youtube, Pinterest), compartilharem conteúdo (Facebook); também facilitam, aos usuários finais, encontrar conteúdo criado por outros. As audiências de massa ainda existem, mas agora muitas delas também são usuárias finais que compartilham e transformam conteúdo; em muitos casos, são criadoras ativas de conteúdo. A mudança dos editores para as plataformas é tanto um efeito como uma causa da revolução na infraestrutura da livre expressão e complica o problema da regulação do discurso. (...) Como a infraestrutura da livre expressão é mantida largamente em mãos privadas, torna-se crucial para os governos recrutar partes privadas – de forma voluntária ou involuntária – nos seus esforços para controlar e monitorar. Infraestruturas de monitoramento e

---

118 "A verificação é importante para toda forma de jornalismo, mas o que torna diferentes as práticas de verificação relacionadas às mídias sociais? As mídias sociais são caracterizadas pelo conteúdo gerado pelo usuário [user-generated content]; tal conteúdo pode ser alterado, manipulado e tirado de contexto. A quantidade potencialmente falsa ou manipulada de conteúdo gerado pelo usuário torna mais difícil filtrar e discernir a acurácia de diferentes conteúdos e fontes. A verificação bem-sucedida de conteúdos e fontes, portanto, resulta de usos e conhecimentos efetivos sobre novas tecnologias e de compromissos com critérios atemporais de acurácia. Assim, as características ligadas às mídias sociais podem alterar as estratégias dos jornalistas no sentido da verificação, de forma a se apoiarem mais na tecnologia e no conhecimento sobre os efeitos das mídias sociais. Mais ainda, a aceleração do ciclo de notícias e a proliferação de notícias e de informações dentro das mídias sociais vem levantando preocupações sobre a erosão da disciplina de verificação entre jornalistas. (...) De acordo com Hylland Eriksen (2001), o acesso ilimitado à informação pode levar à confusão ao invés de levar ao esclarecimento, e a uma 'tirania do momento", que é também relevante para os jornalistas dos quais se espera a disseminação de notícias praticamente em tempo real. O ritmo de notícias 24 horas por dia, 7 dias na semana, em combinação com as mídias sociais, demanda que os jornalistas façam escolhas sobre se a informação é suficientemente verificada. (BRANDTZAEG et al., 2016, p. 324)

regulação do discurso demandam novas formas de cooperação e cooptação público-privadas. (BALKIN, 2014, p. 2304-2305, tradução nossa)

Entre todos esses fenômenos que marcam as mudanças mais recentes na comunicação social, portanto, destacam-se, primariamente, a emergência de novas mídias, dotadas de funcionalidades técnicas inovadoras, inclusive na produção e difusão de seu conteúdo. Em meio a esses novos atores, também as mídias tradicionais são transformadas em alguma medida, incorporando esses novos intermediários na sua relação com as fontes e com o público. Por isso, o escopo primordial deste capítulo é distinguir algumas categorias entre esses atores do novo cenário midiático, a partir da identificação dos elementos principais a respeito de como se organizam e como organizam a informação. Tem-se essa apresentação como um passo indispensável para se proceder a um exame mais apurado da adequação das ferramentas jurídico-constitucionais concebidas para disciplinar a distribuição informacional em um contexto antecedente ao advento dessa mudança de paradigma. As mídias que operam no ambiente eletrônico serão designadas neste trabalho genericamente como mídias digitais. Elas se subdividem em várias categorias, das quais se tratará uma a uma.

Primeiro se tratará das mídias sociais e dos atributos que as definem, e proceder-se-á a uma tentativa de subclassificação, a partir da sua lógica interna, que seja relevante para o escopo de se divisar princípios aplicáveis a algumas dessas categorias. A seguir, serão tratadas as espécies de mídia digital cujo elemento preponderante não seja o de permitir a interação direta do usuário com os demais, mas, ainda assim, operam como intermediários nos fluxos de informação digital.

## III.1. Mídias sociais

Como se disse antes, o cenário da comunicação social contemporânea está marcado pelo aparecimento de uma miríade de veículos denominados genericamente como *mídias sociais*, uma expressão abrangente que, à primeira vista, confunde-se com outras correlatas, como *rede social*, ou *microblog*. Para proceder a uma avaliação adequada das normas jurídicas aplicáveis a esse segmento, é indispensável, inicialmente, proceder a um exame crítico das definições disponíveis, de modo a se chegar a um conceito coerente para as principais expressões relacionadas, notadamente mídia social (no inglês, *social media*) e rede social (*social network*). Ainda que esses conceitos não tenham relevância jurídico-constitucional por si sós, a classificação entende-se útil para que seja possível distinguir as regras jurídicas aplicáveis a certas categorias, considerando suas funcionalidades técnicas e a forma como particularmente interagem com o público.

### III.1.1. Elementos distintivos e definições

Conquanto a ideia de *mídia social* seja até certo ponto intuitiva – sabe-se que os serviços oferecidos por sites como o Facebook, por exemplo, incluem-se no conceito –, a análise científica não prescinde de definições rigorosas. Esse não tem sido, porém, o caso das definições de mídia social, expressão que é empregada de maneira vaga na literatura, em várias frentes de conhecimento.[119] Não por acaso, Marina Simon propõe o enquadramento das mídias sociais na ideia de conceitos fluídos (*concepts mous*, na expressão original), expressão cunhada por Dominique Wolton para definir os conceitos "que aparentemente são senso comum, mas que abrigam contradições e carecem de definições". (SIMON, 2018, p. 33)

Andreas Kaplan e Michael Haenlein estão entre os primeiros que definiram as mídias sociais. Para eles, trata-se de "um grupo de aplicações baseadas na internet que se desenvolvem sobre os fundamentos ideológicos e tecnológicos da Web 2.0 e permitem a criação e o intercâmbio de conteúdo gerado pelo usuário [*User Generated Content*]". (KAPLAN ; HAENLEIN, 2010, p. 61). A alusão à Web 2.0 remete ao conjunto de inovações técnicas que afluíram à internet a partir dos anos 2000 e possibilitaram novas formas de interação entre emissores e receptores de mensagens.[120] As novas funcionalidades, aliadas a

---

[119] Sobre o conceito específico de mídia social – e de modo mais abrangente, Bernardo Galegale nota que: "[a] utilização do termo mídia social, enquanto rede social digital, é bastante frequente e ocupa um espaço crescente nas organizações. Em princípio, ele parece servir a dois fins: primeiro, configurar o espaço comunicacional num mundo interconectado no qual se produzem formas diferenciadas de ações coletivas, de expressão de identidades, de geração de conhecimento, de circulação de informações e práticas culturais; segundo, indicar mudanças e permanências nos modos de comunicação e transferência de informações, nas formas de sociabilidade, aprendizagem, autorias, escritas e acesso aos patrimônios culturais e saberes da sociedade." (2017, p. 40)

[120] "Web 2.0 é um termo usado pela primeira vez em 2004 para descrever um novo modo como desenvolvedores de software e usuários finais começaram a usar a internet – uma plataforma

uma mudança reputada ideológica na postura dos usuários diante do conteúdo, estabeleceram um ambiente mais dinâmico em que o conteúdo é atualizado e incrementado de maneira difusa pelos vários atores.[121] O "conteúdo gerado pelo usuário", conhecido pela sigla inglesa *UGC*, de outro lado, por ser a matéria compartilhada por meio desse tipo de página, isto é, a própria mensagem que atrai a atenção do público que a frequenta, seria o outro elemento característico das mídias sociais. O déficit de geração de conteúdo tem sido responsável, inclusive, pelo esvaziamento de mídias sociais relegadas à decadência, como o MySpace e o Google+. (OBAR ; WILDMAN, 2015, p. p. 7) [122]

Assim, as mídias sociais seriam processos marcados pela interação entre usuários por meio de técnicas de programação aprimoradas a partir de meados dos anos 2000, pelas quais não apenas o conteúdo é gerado de maneira difusa como é reproduzido e evolui por meio da participação de vários atores conectados em rede. Nesses canais, o conteúdo é criado, adequado aos parâmetros do veículo no formato e no tamanho e difundido por meio da interferência de outros usuários. Na mesma linha, Galegale assenta que as mídias sociais seriam, enfim, "sistemas projetados para possibilitar a interação social a partir do compartilhamento e da criação colaborativa de informação em diversos formatos" (2017, p. 42).

Essas são definições, em síntese, o que Caleb Carr e Rebecca Hayes classificaram de *indutivas e "tecnocêntricas"*, que têm o sério inconveniente teórico de contar com alcance limitado ao estado da arte da tecnologia. [123] (2014, p.

---

pela qual o conteúdo e os processos não são mais criados pelos indivíduos, mas, em vez disso, são continuamente modificados pelos usuários de uma forma participativa e colaborativa." (KAPLAN ; HAENLEIN, 2010, p. 60-61, tradução nossa)

121 Como Jonathan Obar e Steve Wildman, salientam a respeito, "Se alguém usou a internet no fim dos anos 1990, provavelmente despendeu a maior parte do seu tempo na web lendo o que outros usuários haviam escrito e consumindo clipes de áudio e vídeo que estavam frequentemente presentes nas mídias comerciais. As aplicações da Web 2.0 alteraram a forma como interagimos com o mundo online e com os outros usuários com os quais nos conectamos, porque a Web 2.0 fez a internet mais interativa." (OBAR ; WILDMAN, 2015, p. 6, tradução nossa)

122 Obar e Wildman agregam outros elementos definidores das mídias sociais, como o desenvolvimento, pelos usuários, de perfis de apresentação e identificação e a conexão a uma rede de contatos de outros indivíduos e/ou grupos. (OBAR ; WILDMAN, 2015, p. 9)

123 "Essa abordagem tecnocêntrica e indutiva na definição deixa o pensamento sobre as mídias sociais limitado às possibilidades específicas atualmente existentes e deixa passar muito do que faz as mídias sociais únicas como tecnologia e como constructo. Como resultado, essa definição

48-49). O argumento indutivo é, de fato, um problema lógico elementar de algumas propostas de definição que não se preocupam em identificar a *relevância* das características que estruturam as categorias, mas em observar a realidade e encontrar pontos mais ou menos prevalentes em determinados grupos.[124] Já em relação ao tecnocentrismo, a limitação é particularmente sensível em uma área de estudo em permanente evolução técnica. A superação das funcionalidades à disposição atualmente é uma questão de tempo, e a conceituação deve se concentrar, portanto, nos elementos distintivos realmente relevantes do processo

---

traz problemas para os teóricos por contaminar os fundamentos da pesquisa e reduzir a teoria às tecnologias, aos serviços e às práticas atuais." (CARR ; HAYES, 2014, p. 49, tradução nossa)

124 Sobre o raciocínio do tipo indutivo, na sua formulação clássica Steven Sloman e David Lagnado explicam que: "é uma atividade da mente que nos leva do observado ao não observado. Do fato de que o sol ascende todo dia até tal altura, concluímos que ele ascenderá novamente amanhã; do fato de que o pão nos nutriu no passado, concluímos que ele nos nutrirá no futuro. A essência do raciocínio indutivo repousa na sua capacidade de nos levar para além da evidência ou dos conhecimentos atuais para novas conclusões sobre o incerto. Essas conclusões podem ser particulares, como quando inferimos que o próximo cisne será branco, ou gerais, como quando inferimos que todos os cisnes são brancos. Elas podem dizer respeito ao futuro, como na previsão de chuva a partir de uma nuvem escura, ou ao passado, como no diagnóstico de uma infecção pelos sintomas atuais." (SLOMAN ; LAGNADO, 2005, p. 95, tradução nossa. ) A história elementar da taxonomia é ilustrativa. Sobretudo antes do advento da taxonomia de Lineu, por exemplo, podiam-se dividir os animais em diferentes grupos. Entre os animais, era comum discernir entre "bípedes" e "quadrúpedes". Esse tipo de classificação, ainda que teoricamente perfeita, sob um raciocínio indutivo, falha quanto à sua aplicabilidade científica na maior parte dos casos. O homem, por exemplo, classificado como "bípede", está enquadrado em um conceito que compreenderia as aves, e excluído de outro que compreende a maior parte dos símios. Embora as categorias possam ser úteis para o estudo específico da locomoção, são enganosas para a maior parte das pesquisas comparativas que se pretenda empreender sobre os animais. Nesse sentido, outras características distintivas, como a homeostase corporal e a presença de glândulas mamárias provaram-se critérios mais adequados para a classificação. Tratando especificamente das categorias jurídicas, às quais vai se chegar mais à frente, é irretocável o raciocínio de José Juan Moreso, para justificar exatamente o emprego da *relevância* como critério de classificação: "Esses casos individuais devem classificar-se em classes (em casos genéricos), isto é, em circunstâncias ou situações que permitam averiguar a consequência normativa que o legislador lhe atribui. Para conseguir tal fim, deve-se começar selecionando as propriedades que o legislador considerou relevantes, já que lhes atribuiu consequência normativa distinta. Não fosse assim, seria fácil conseguir classificações formalmente corretas, mas irrelevantes (por exemplo, uma divisão dos comportamentos de dar morte a um ser humano, dividindo-os entre aqueles que têm como resultado a morte de uma criança, aqueles que têm como resultado a morte de um jovem ou de uma jovem e aqueles que têm como resultado a morte de um ser humano adulto. (...) É a tese de relevância que faz uma classificação da ciência jurídica materialmente adequada se, e apenas se, as propriedades selecionadas para construir os casos genéricos são propriedades relevantes (identificadas a partir da tese de relevância), ou então se, e apenas se, o universo de casos em questão é relevante. Uma classificação da ciência jurídica será, então, materialmente adequada se, e apenas se, seleciona um universo de casos relevantes." (1995, p. 377, tradução nossa)

de comunicação e interação que caracteriza essas mídias. Poder-se-iam acrescentar como um problema da definição tecnocêntrica as dificuldades interdisciplinares de compreensão que podem emergir da sua transposição para áreas do conhecimento pouco habituadas a termos como "Web 2.0". Esse ponto, aliás, é particularmente importante para o campo específico do direito.

Propõem os autores, sob a ótica da teoria da comunicação, definir mídias sociais como "canais baseados na internet, assíncronos[125] e persistentes[126] de comunicação pessoal em massa, que facilitam as percepções de interação dos usuários e extraem valor primariamente do conteúdo gerado pelo usuário", ou alternativamente, de forma mais simplificada e analítica, como "canais baseados na internet que permitem aos usuários interagir oportunisticamente ou apresentar-se seletivamente, seja em tempo real, seja de forma assíncrona, com audiências tanto amplas quanto estreitas e que extraem valor do conteúdo gerado pelo usuário e da percepção de interação com os demais." (CARR ; HAYES, 2014, p. 49-50, tradução nossa). Essa definição, sofisticada a ponto de diferenciar a efetiva interação da "percepção" de interação, é a mais adequada exatamente por não se reportar a tecnicalidades nem desprezar o papel do próprio veículo na distribuição das mensagens geradas pelos usuários. Afinal,

> [à] medida que programas computacionais e agentes virtuais tornam-se mais complexos, os indivíduos mandarão e receberão mensagens por algoritmos – programas com capacidade aumentada de correspondência que mimetizam a atividade real pela adaptação a estímulos e mensagens. (CARR ; HAYES, 2014, p. 51, tradução nosa)

Nesse tipo específico de canal – mantido por grandes conglomerados de tecnologia – a que o usuário tem acesso usualmente por meio de um cadastro pessoal, as informações podem ser exibidas de maneira personalizada, de acordo com padrões que diferem muito de um veículo para outro. Fatores como as pessoas ou empresas com as quais esse usuário interage, as preferências pessoais expressas pela interação com subpáginas específicas e até o

---

[125] Em inglês, *disentrained*. O significado é o de um canal que permite que a comunicação seja feita sem que haja um necessário alinhamento simultâneo entre emissor e receptor.

[126] A persistência, por sua vez, é o atributo que permite o desalinhamento. Independentemente da situação ativa ou inativa do usuário, em um momento específico, o conteúdo das mídias sociais segue vivo e disponível para o público. (CARR ; HAYES, 2014, p. 50-51)

histórico de localização podem influenciar o conteúdo exibido ao usuário, em conjunto, evidentemente, com os eventuais algoritmos aplicados pelos mantenedores desses canais de acordo com seus interesses corporativos específicos (DEVITO, 2017, p. 756). Os elementos ubíquos são justamente a extração de valor do conteúdo gerado de maneira difusa,[127] a comunicação em múltiplos vetores e a percepção ou a sensação do usuário de que interage com os demais. Com relação à interação, especificamente, pode ser total ou parcialmente putativa, a depender do tipo de mídia, do veículo específico e do momento em que se dê a experiência, vez que mesmo veículos específicos podem desenvolver alterações relevantes ao longo do tempo. O que, de fato, não muda é o oferecimento da sensação de interagir, que constitui, aliás, a maior utilidade desse conceito, construído não de forma indutiva, a partir da extração do mínimo comum nas diversas espécies de mídia social observadas, mas a partir do elemento mais relevante para delimitar esse grupo de canais.

Essas definições, desenvolvidas no âmbito da teoria da comunicação, são suficientes para caracterizar as mídias sociais para o efeito de proceder ao exame das normas constitucionais que lhes são aplicáveis. A ausência de normas jurídicas que tratem especificamente das mídias sociais – seja qual for o termo que se refira ao mesmo conjunto de canais – impede, e ao mesmo torna inócuo, que se proceda, por ora, à construção de um conceito propriamente *jurídico* de mídia social.[128] Como não se pode inferir de normas jurídicas "os conteúdos conceituais que elas têm o objetivo de transmitir" (SARTOR, 2009), não há conceito jurídico. O importante é identificar o fenômeno concreto que se tem como objeto, para avaliar, então, as normas jurídicas que, a despeito de não serem vocacionadas originalmente a disciplinar esse fenômeno, possa ter efeitos sobre ele. Mais ainda, é possível que determinados canais que não se enquadrem na definição de mídia social possam ser afetados igualmente por essa disciplina jurídica.

---

127 Note-se bem, nem sempre o conteúdo em si é produzido pelos próprios usuários, que usualmente compartilham textos e imagens de terceiros, inclusive das mídias tradicionais, nas mídias sociais. No entanto, o valor é extraído justamente da interação do usuário que replica esse texto ou essa imagem.

128 Como resume Pietro Falletta, há quem defenda que as novas plataformas constituam uma estrutura em parte pública, integrante da "infraestrutura democrática imaterial" (2020, p. 147-149, tradução nossa). No entanto, essa é uma perspectiva que não será aqui abordada, eis que o foco do trabalho é avaliar da perspectiva do direito constitucional positivo, as regras relativas à comunicação social extensíveis à comunicação social contemporânea.

O conceito de *mídia social* é entendido como mais amplo, por sua vez, do que o de *rede social*.[129] Em outras palavras, uma rede social constitui uma espécie do gênero mídia social, no qual se incluem ainda outras espécies, como os blogs, os jogos de mundo virtual e as páginas de conteúdo "wiki". Todas essas espécies enquadram-se, apesar de suas notáveis diferenças, no conceito proposto por Caleb e Hayes. São veículos em que a produção de conteúdo é descentralizada e nos quais o usuário tem a sensação de interagir com os demais, ainda que de maneira desalinhada no tempo. Por outro lado, algumas funcionalidades, a exemplo dos serviços de mensagem instantânea desempenhado por plataformas importantes como o Whatsapp, não têm a característica de promover a comunicação pessoal em massa, entendida como a que possibilita uma percepção de interação não diádica, como se verá em detalhes mais à frente. [130]

O conteúdo exibido nas mídias sociais é produzido normalmente de forma difusa. Usuários e empresas, apesar de certas restrições que costumam estar descritas em políticas das próprias mantenedoras, têm liberdade para tornar públicos textos, imagens, sons e vídeos feitos por si ou por outrem. O que, no entanto, os usuários não podem controlar totalmente são os critérios pelos quais esses conteúdos vêm a ser exibidos, especialmente nas redes sociais. Os filtros são controlados pelas próprias empresas mantenedoras, salvo opções pontuais de ajuste reservadas aos usuários, segundo a conveniência corporativa. Em outras palavras, *o que é ou não é exibido* – ou ainda *o que é mais ou menos exibido* – define-se por uma variedade de fatores que incluem não só a preferência pessoal do usuário como o interesse direto de anunciantes que pagam pela promoção de mensagens personalizadas. Inclui ainda a intenção da mantenedora de conservar pelo maior tempo possível a atenção do usuário, além de qualquer outra utilidade comercial que se possa encon-

---

129 Para Boyd e Ellison, as redes sociais seriam "serviços baseados na internet que permitem aos indivíduos (1) construir um perfil público ou semipúblico dentro de um sistema vinculado, (2) articular uma lista de outros usuários com os quais compartilhem uma conexão, e (3) ver e examinar a lista de conexões desses usuários conectados e aquelas feitas por outros dentro do sistema. A natureza e a nomenclatura dessas conexões podem variar de site para site." (2008, p. 211). Segundo os autores, "o que faz únicos os sites de redes sociais não é permitir aos indivíduos que conheçam estranhos, mas sim dar-lhes a possibilidade de articular e tornar visíveis suas redes sociais". (2008, p. 211, tradução nossa)

130 A bem da verdade, o Whatsapp conta também com funcionalidades que se assemelham mais à ideia de mídia social, como os chamados *stories*, em que mensagem é distribuída de maneira difusa entre as conexões do usuário, mas o serviço de mensagem instantânea, em si, não.

trar no despejo, aos frequentadores da página, de determinadas informações numa determinada ordem.

É seguro dizer que essas mídias sociais oferecem uma sensação de interatividade, na comparação com as mídias tradicionais. O telespectador sempre pode transitar pelos vários canais de televisão, inclusive durante o intervalo comercial, assim como o leitor de periódicos sempre teve a faculdade de escolher as publicações que mais lhe interessassem, e, dentro delas, as páginas que lhe aprouvessem. Ou seja, sempre houve algum grau de escolha no consumo de informações. Ainda assim, o advento das mídias sociais intensifica a personalização do conteúdo exibido ao usuário, de modo a criar experiências e grades completamente distintas de um indivíduo para outro a partir dos vários fatores já mencionados e tantos outros aos quais nem sequer se tem acesso. Esses fatores costumam ser reservados.

Outro atributo frequente das mídias sociais é a possibilidade de criar uma identidade virtual. Elas dificilmente exigem do usuário que indique a sua identidade real, com dados que permitam discernir a pessoa que cria ou gerencia um determinado perfil. Há, de modo geral, uma espécie de estímulo à construção de um perfil projetado da própria personalidade, consolidado na escolha, bastante simbólica, de um nome de usuário para representar essa projeção:

> A batalha sobre ter uma identidade online "real" tem acontecido desde que a internet está aí. Mesmo as formas primordiais de mídia social permitiam, e até demandavam, que seus usuários criassem um nome de usuário em vez de usar seu nome legal. Parece que muitos sites de mídia social, na verdade, encorajam o anonimato de seus usuários no processo de registro. A sugestão de um nome de usuário, em contraposição a um nome real, indica que os sites de mídia social querem que seus usuários sejam conhecidos por algo diverso de sua real identidade. (ROGAL, 2013, p. 62, tradução nossa)

A produção do conteúdo raramente é da própria mantenedora da mídia social, como já se mencionou.[131] Em vez disso, o material, via de regra, é produzido de maneira descentralizada pelos próprios usuários, incentivados a se

---

131 Uma parte do conteúdo pode ser desenvolvido, sim, pela própria plataforma de mídia social, como no caso dos jogos virtuais que mesclam interações dos usuários com cenários e tramas previamente formulados pela própria empresa mantenedora.

expressar das formas mais diversas possíveis.[132] Em boa parte dos casos, uma vez produzido um material heterogêneo o suficiente para cobrir as opiniões mais inusitadas, independentemente de ser baseado em dados falseados, é reproduzido consoante as diversas variáveis de cada página. Esse tipo de mídia social resgata a origem etimológica do termo *mídia*, porque opera como verdadeira instância *mediadora* da informação.

Na doutrina brasileira sobre o assunto, desenvolvida sobretudo no âmbito do direito privado a partir dos anos 2000, as empresas de mídia social têm sido classificadas como "provedores de hospedagem", na trilha do que se compreende na União Europeia, especialmente por conta da Diretiva 2000/31.[133] O conceito se reporta à "pessoa jurídica que fornece o serviço de armazenamento de dados em servidores próprios de acesso remoto, possibilitando o acesso de terceiros a esses dados, de acordo com as condições estabelecidas com o contratante do serviço". (LEONARDI, 2005, p. 27). Um dos elementos característicos de um provedor de armazenagem seria exatamente o fato de que "não exerce controle sobre o conteúdo armazenado em seus servidores, o qual é efetuado, em regra, exclusivamente pelos provedores de conteúdo" (IDEM, 2005, p. 28). Erica Barbagallo ressalta que os provedores de hospedagem não pode ser responsabilizados pelo conteúdo dos sites, porque não têm "ingerência sobre o conteúdo destes, não lhe cabendo o controle editorial das páginas eletrônicas" (2003, p. 358).[134] Para Marcel Leonardi, a hospedagem oferecida por essas empresas seria, na verdade, "locação de espaço em disco rígido de acesso remoto" (2005, p. 107).

Como se verá em detalhes a partir do próximo tópico, ainda que as mídias sociais não exerçam um controle prévio das publicações dos usuários, fato é que a essência da sua atividade se dá pela agregação de conteúdo segundo critérios personalizados de filtragem para otimizar seu interesse comercial. Ainda que não sejam diretamente responsáveis pela criação do conteúdo exibido aos seus

---

132 As mídias sociais incentivam o usuário a expressar-se de diversas formas, incluindo desde o uso de mensagens como "Como você está se sentindo?" até, em alguns casos, a remuneração de acordo com o número de visualizações de uma determinada imagem ou vídeo.

133 V. item IV.2.1.1.

134 Como, àquela altura, os provedores de hospedagem, em regra, apenas ofereciam espaço para que os usuários dele se valessem da forma mais conveniente. Não exerciam nenhum controle editorial. Isso não significa que não lhes *coubesse exercê-lo,* como afirmava Barbagallo, mas que, se o exercessem, estariam descaracterizados como meros serviços de hospedagem.

usuários, exercem um controle capaz de amplificar ou praticamente suprimir determinados tipos de mensagem dos fluxos de informação que transmitem. Exercem plenamente o controle da informação armazenada. A valer o conceito lapidado pela doutrina de "provedores de hospedagem", essas empresas não poderiam ser enquadradas nessa categoria como simples locadoras de acesso aos discos rígidos, porque realizam atividade de curadoria das publicações de terceiros. É sobre essa função adquirida pelas empresas de mídia social, sobretudo a partir da segunda metade dos anos 2000, que se passará a tratar, com o objetivo de entender como essa transição justifica um tratamento jurídico distinto, relacionado mais com a atividade de comunicação em massa desempenhada por esses provedores do que propriamente com a responsabilidade privada ou civil decorrente do simples armazenamento das mensagens de autoria dos seus usuários ou do aluguel de espaço em disco para a sua guarda.

## III.1.2. Curadoria automatizada de conteúdo nas mídias sociais

Os padrões de exibição de conteúdo aos usuários variam sensivelmente de acordo com a mídia social. Enquanto as mídias do tipo *wiki*, como a *Wikipedia*, e os *blogs* costumam contar com grade fixa, ainda que permitam algum grau de personalização conforme as preferências do usuário, as redes sociais modulam as mensagens de acordo com algoritmos próprios, que combinam variáveis como as definições do usuário, suas interações, seu histórico pessoal e de localização, o potencial de atenção que cada mensagem pode suscitar, entre outras. Antes de se proceder a uma interpretação sintética e comum sobre a modulação de conteúdo nessas plataformas, será preciso examinar a literatura sobre os casos individuais das aplicações mais importantes atualmente. Essa providência é necessária em função da especificidade de cada uma dessas mídias, que não ocupam, em regra, os mesmos nichos, nem adotam os mesmos procedimentos. O objetivo não é apresentar as plataformas em si, nem esgotar o modo de funcionamento de seus algoritmos, mas oferecer uma ilustração sobre a interferência de suas fórmulas de programação na maneira como é definida a grade de exibição aos usuários finais e, por consequência, sua influência sobre a informação que será consumida pela parcela da sociedade que as utiliza para informar-se. Sabe-se, afinal, que o funcionamento dessas aplicações está em contínua transformação e, como se verá, mesmo as mídias hegemônicas são frequentemente desafiadas por novos agentes. O importante é descobrir o contínuo por trás do descontínuo.

## III.1.2.2. O YouTube e a sequência de vídeos recomendados

Entre as plataformas de mídia social mais relevantes, está o YouTube, um serviço de compartilhamento de hospedagem e apresentação com foco exclusivo em vídeos. A plataforma, presente em versões locais em mais de 100 países e 80 diferentes idiomas, segundo seu próprio portfólio, conta atualmente com *dois bilhões* de usuários que acessam mensalmente seu site, com cerca de um bilhão de horas de vídeos diariamente visualizadas pelos seus usuários[135]. Não é permitido na China, onde foi bloqueado definitivamente em 2009 (LESKIN, 2019). O usuário cadastrado no site tem liberdade para publicar vídeos sobre os assuntos que desejar. Segundo, porém, as políticas oficiais do serviço, de natureza orientadora, alguns conteúdos podem ser removidos se incorrerem em hipóteses como "conteúdo perigoso ou nocivo", "de incitação ao ódio", "explícito ou violento", entre outros. (YOUTUBE). Atendendo critérios mínimos de alcance, os autores de vídeos podem afiliar-se a um programa que lhes permite receber recursos de acordo com o sucesso de suas publicações. (YOUTUBE). Ao contrário das demais plataformas, para ter acesso ao conteúdo regular do YouTube não se exige nenhum tipo de cadastro prévio.

O espectador, após assistir a um dos vídeos na plataforma, recebe uma lista de sugestões em que se recomendam outros vídeos, que podem, inclusive, reproduzir-se na sequência, independentemente de qualquer comando pelo espectador. Os vídeos são recomendados segundo diversos parâmetros empregados pela empresa. Pelas diretrizes publicadas na sua página, é possível ter apenas uma ideia genérica dos dados considerados para que um determinado conteúdo seja exibido a um usuário:

---

[135] "Alcance global: Mais de dois bilhões de usuários conectados ao YouTube acessam a plataforma todos os meses. Diariamente, as pessoas assistem mais de um bilhão de horas de vídeo e geram bilhões de visualizações. Mais de 70% do tempo de exibição do YouTube ocorre em dispositivos móveis. O YouTube lançou versões locais em mais de 100 países. Você pode navegar no YouTube em até 80 idiomas diferentes." (YOUTUBE)

> Os vídeos sugeridos são uma coleção personalizada de vídeos que um espectador pode ter interesse de assistir em seguida, com base no histórico de atividades.
>
> Eles são mostrados aos espectadores do lado direito da página de exibição na seção "Próximo", abaixo do vídeo no aplicativo para dispositivos móveis e como o próximo vídeo na reprodução automática.
>
> Estudos sobre consumo do YouTube demonstraram que os espectadores tendem a assistir muito mais quando recebem recomendações de vários canais. É isso que os vídeos sugeridos fazem. Os vídeos sugeridos são classificados para aumentar o envolvimento do espectador. Os sinais que contribuem para essas recomendações são:
>
> • vídeos que os espectadores assistem junto com o vídeo atual ou vídeos com tópico relacionado. Podem ser vídeos do mesmo canal ou de um canal diferente;
> • vídeos do histórico de exibição do espectador. (YOUTUBE, 2017)

Segundo artigo publicado por pesquisadores da empresa proprietária do YouTube, a Google, o sistema de ranqueamento é estruturado em duas redes que se combinam: uma para a "geração de candidatos" e outra para o "ranqueamento". Na primeira fase do ranqueamento, o material de todo o site é afunilado num universo mais singelo de vídeos que possam ser interessantes para o usuário, segundo relações como o histórico de vídeos assistidos por ele;[136] na segunda fase, esse universo é ainda mais reduzido, considerando-se indicadores que permitam uma comparação entre os candidatos colhidos na fase anterior. O objetivo final do ranqueamento é descrito como "uma função simples do tempo esperado de audiência por impressão".[137] Desprezam-se os cliques; o importante é o envolvimento com o material recomendado. (COVINGTON, ADAMS ; SARGIN, 2016, p. 5)

O algoritmo do YouTube tem um papel fundamental no conteúdo consumido pelos espectadores, muito mais poderoso do que os critérios de seleção tradicionalmente empregados na busca por informação:

---

136 Entre outros fatores considerados para a geração de conteúdo, estão "o histórico de buscas, a informação demográfica (idade, gênero, localização), dispositivo usado, tempo, contexto, classe do vídeo, frescor do vídeo, etc." (FAKHFAKH, AMMAR ; AMAR, 2017, p. 66-67)

137 *Impressão*, nesse caso, é a unidade de contagem da quantidade de vezes em que um determinado conteúdo é exibido na tela do usuário. Ou seja, a função a que o excerto se refere busca maximizar, a cada vídeo sugerido, o tempo de audiência esperado.

> Tradicionalmente, as pesquisas explicavam a probabilidade de encontrar informação pelo paradigma da exposição seletiva. De acordo com o paradigma, nós usualmente selecionamos informação consistente com a atitude. No entanto, em ambientes de mídia digital, recomendações de outras entidades, como amigos ou algoritmos, também têm uma importante influência nas decisões de seleção. Por exemplo, no YouTube, os algoritmos exercem uma função importante de organização e gatekeeping. Eles "não apenas transmitem conteúdo, mas filtram-no, tornando (...), portanto, o conteúdo mais relevante para seus consumidores potenciais". Ao fazê-lo, eles definem relações putativas entre vídeos e automaticamente os vinculam, com base em bordões similares, e proporcionam endosso a uma relação. (SCHMITT et al., 2018, p. 781, tradução nossa)[138]

Em 2019, o algoritmo de recomendação de vídeos do YouTube foi objeto de uma longa reportagem do New York Times baseada em pesquisa de Jonas Kaiser e Yasodara Córdova, do Berman Klein Center, da Universidade de Harvard. Como o sistema é estruturado para aumentar o envolvimento, segundo suas próprias diretrizes, e "é desenhado para levar os usuários a novos tópicos para despertar novo interesse", o algoritmo, segundo a pesquisa, "sugere vídeos mais provocativos para manter os usuários assistindo". (FISHER ; TAUB, 2019)

### III.1.2.1. O Facebook e o "feed de notícias"

O Facebook está entre as empresas de mídia social mais utilizadas do mundo, com cerca de 2,6 bilhões de usuários ativos mensais e 1,7 bilhões diários (STATISTA, 2020). No Brasil, o número de usuários, segundo algumas estimativas, chega a 120 milhões (CLEMENT, 2020). A empresa tem presença ubíqua no mundo, com a notável exceção da China, que bloqueou o acesso à plataforma em 2009, depois de haver detectado seu uso em protestos relacionados às tensões na região tibetana. Desde então, não voltou a permitir o uso da rede dentro do seu território (LESKIN, 2019).

O usuário do Facebook, ao abrir a página principal da plataforma, tem acesso ao chamado "*feed* de notícias", também conhecido pela expressão em inglês *news feed* ou ainda pela expressão "linha do tempo". Nessa grade, que

---

[138] Shannon McGregor e Logan Molyneux definem *gatekeeping* como "as decisões dos jornalistas sobre as notícias que vão deixar passar pelos portões" (MCGREGOR ; MOLYNEUX, 2020, p. 599)

é personalizada para cada usuário, se reproduzem mensagens numa sequência sobre a qual se tem pouco controle à primeira vista. Incluem-se no *feed* textos, *links,* imagens, vídeos, combinados ou não, inicialmente postados ou retransmitidos por outros usuários e empresas aos quais o usuário optou por estar diretamente conectado.[139] O site também pode transmitir, a depender das preferências pessoais do usuário, notificações de atualização que seguem, por padrão, alguns critérios. A partir desses avisos, que são exibidos em aparelhos celulares, computadores e e-mails, o usuário pode ter acesso à mensagem notificada, incluída também no *feed* de notícias.

A linha do tempo é uma funcionalidade nuclear do serviço oferecido pelo Facebook. O seu propósito, à semelhança dos mecanismos de seleção de notícias na mídia tradicional, é filtrar o que é publicado, em função da limitação da atenção disponível. Esse mecanismo atua de forma muito diferente dos tradicionais, que operam com valores dos editores para determinar a relevância de cada conteúdo para o público, e tem assumido um grande protagonismo nos fluxos de informação graças à sua integração à vida cotidiana dos milhões de usuários da plataforma (DEVITO, 2017, p. 753;755-756). "As fontes de notícia agem como *gatekeepers* da informação. O *feed* de notícias do Facebook emprega como *gatekeeper* um algoritmo alimentado por *machine learning* para ranquear informações de postagens e opiniões". (MORGAN, 2019, p. 4)Essa linha do tempo e os critérios por ela empregados determinam, em outras palavras, o tom da informação consumida diariamente por milhões de pessoas. São, assim, um componente fundamental na formação da opinião pública contemporânea.[140] A automação substitui, em muitos aspectos, os jornalistas, no papel de mediação e curadoria.

---

[139] No Facebook, a forma primária de conexão entre os usuários são as "amizades", estabelecidas a partir do convite de um usuário aceito por outro. O aceite cria um vínculo entre os perfis de ambos os usuários, que passam a receber, no seu "feed" de notícias, as mensagens um do outro. É possível também que os usuários apenas "sigam" outros usuários, isto é, recebam o conteúdo por ele produzido independentemente da aceitação recíproca. As páginas, que podem ser criadas por usuários ou empresas, têm configuração distinta. Não estabelecem "amizades", mas são "seguidas".

[140] Pesquisa do DataSenado que mostrou que 45% dos entrevistados afirmaram ter considerado informações de redes sociais para decidir o voto apontou o Facebook como a principal fonte de consulta pré-eleitoral entre as mídias examinadas, com 31% (DATASENADO, 2019).

A própria empresa proprietária do Facebook procura esclarecer, em linguagem comercial, as diretrizes abstratas que, segundo ela, norteiam atualmente essa grade de exibição:

> Sempre que você abre o Facebook, o Feed de Notícias passa por um conjunto de quatro etapas para responder à pergunta: Quais histórias provavelmente são mais importantes para os seus leitores? O Feed de Notícias é um algoritmo, ou seja, é uma fórmula ou um conjunto de etapas para resolver um problema. Estas são as quatro etapas essenciais do algoritmo do Feed de Notícias:
>
> Inventário - Que histórias foram publicadas por amigos e publishers?
>
> O inventário é o conjunto das histórias compartilhadas por seus amigos e pelas Páginas que você segue. Seu Feed de Notícias é formado principalmente pelo conteúdo compartilhado por suas conexões.
>
> Sinais - Quem publicou esta história?
>
> Nessa etapa, consideramos centenas de milhares de sinais como "Quem publicou esta história?" e "Quando foi publicada?", assim como pequenos detalhes que podemos distinguir sobre o ambiente de visualização, tais como "Que horas são?", "Qual é a velocidade da conexão de internet?" etc.
>
> Previsões - Qual é a probabilidade de você comentar nessa história?
>
> Analisamos todas as histórias e tentamos avaliar qual delas acreditamos que terá mais significado para você como indivíduo. Então, o algoritmo utiliza todos esses sinais para tentar prever qual a probabilidade de você interagir com uma publicação, que é uma maneira de nós avaliarmos se você vai considerar, ou não, essa publicação interessante. Fazemos previsões como "Qual é a probabilidade de você comentar em uma história?", "Qual é a probabilidade de você passar um tempo lendo essa história?", "Quanto tempo acreditamos que você passará lendo essa história?", "Você assistirá ao vídeo inteiro?" e algumas previsões qualitativas, tais como "Qual é a probabilidade de você afirmar que considera essa história informativa?".
>
> Pontuação - Pontuação de relevância
>
> Em seguida usamos todos os sinais consolidados para desenvolver uma pontuação de relevância, um número que representa o interesse que os usuários terão na história. Vamos supor que alguém goste da Página de um publisher de notícias locais e que a Página tenha acabado de publicar um artigo. Analisamos vários sinais, como quem o publicou (uma das Páginas com que você mais interage), outras interações no story (este envolve muitas reações) e muitos outros detalhes. Em seguida, usamos todas essas informações, fazemos algumas previsões e calculamos algumas probabilidades.

Probabilidade de clicar
Probabilidade de passar tempo com a história
Probabilidade de curtir, comentar ou compartilhar
Probabilidade de você achar a história informativa
Probabilidade de ser uma isca de cliques
Probabilidade de encaminhar para uma página da web de baixa qualidade
Adicionamos essas previsões a uma pontuação de relevância, que é nosso melhor palpite sobre o seu interesse nessa história. Fazemos isso com todas as histórias, para todas as conexões, sempre que você abre o Feed de Notícias. Repetimos esse processo indefinidas vezes e chegamos ao nosso melhor palpite sobre o quão interessado achamos que você ficará em cada uma. Em seguida, ordenamos as histórias por pontuação.
E basicamente é assim que funciona o Feed de Notícias. (sic) (FACEBOOK)

Em resumo, segundo a manifestação da própria empresa, atribui-se uma "pontuação de relevância" para cada uma das publicações na rede, chamadas de "histórias" pela plataforma, segundo indicadores de interesse e potencial de interação de cada usuário. O algoritmo, que foi patenteado em 2012 por Aaron Sittig e Mark Zuckerbeg,[141] exibe as publicações de acordo com esse ranqueamento automático, que se vale de relações do usuário que visualiza a linha do tempo, relações estas extraídas dos dados que a plataforma tem sobre ele. "Qualquer tipo de dado e qualquer processo podem ser empregados para gerar a linha do tempo social, de acordo com algumas apresentações". (SITTIG ; ZUCKERBERG, 2012, p. tradução nossa). O algoritmo combina e valora informações sobre o usuário e suas publicações na plataforma e, a partir dessas combinações, cria uma ordem de exibição das mensagens na sua grade.

No *feed* de notícias ainda se misturam postagens patrocinadas, que são introduzidas em meio à sequência de conteúdo exibida ao usuário com um singelo aviso de que se trata de conteúdo pago, que pode ser percebido pelos respectivos usuários como mensagens regulares da sua linha do tempo. (KIM *et al.*, 2018, p. 519). Esses anúncios com aparência de postagens podem ter fi-

---

141 Segundo a descrição dos autores a invenção "fornece um sistema e um método para gerar uma linha do tempo social. É recebida uma pluralidade de itens de dados – cada um com um tempo associado – associados com ao menos uma relação entre usuários associados com uma rede social. Os itens de dados são ordenados de acordo com ao menos uma relação. Uma linha do tempo é gerada conforme os itens de dados ordenados" (SITTIG ; ZUCKERBERG, 2012, p. tradução nossa)

nalidades comerciais ou até mesmo políticas. No Brasil, a Lei n. 9.504, de 1997, que estabelece normas para as eleições, com a redação conferida pela Lei n. 13.488, de 2017, dá a essa ferramenta o nome de "impulsionamento de conteúdo" e permite que seja usada pelos próprios candidatos ou suas campanhas, desde que o serviço seja prestado pela própria plataforma. Depois de publicada a mensagem patrocinada, os usuários podem republicá-la nas suas próprias redes e ampliar seu alcance da forma que o Facebook denomina de *orgânica*.

De todo modo, há escasso conhecimento documentado sobre a formulação atualizada do algoritmo do *feed* de notícias do Facebook. Seria equívoco, inclusive, supor que essa metodologia de ranqueamento seria estanque ao longo do tempo.[142] Inicialmente, a exibição era pautada pelo chamado *EdgeRank*, baseado na afinidade entre o visualizador e o criador do item, medida de acordo com uma hierarquia pré-estabelecida e com o tempo de exaurimento. Essa fórmula original, no entanto, já havia sido superada por volta de 2012, e há uma dificuldade considerável para se acessar a sua atual estrutura, já que, em razão dos interesses corporativos, nem mesmo os colaboradores da empresa têm informações abrangentes a seu respeito (DEVITO, 2017, p. 758-9). Ou seja, uma análise dos critérios reais que baseiam o *feed* de notícias é virtualmente impossível, pela sua dinâmica[143], em permanente experimentação, e, por outro lado, pelas próprias cautelas de proteção ao segredo industrial; "são feitos para serem opacos" (BUCHER, 2018, p. pos. 1162).[144] A partir da exploração de documentos públicos do Facebook, DeVito identifica nove possíveis valores algorítmicos em ordem decrescente de importância: os relacionamentos de amizade; os interesses explicitamente expressados pelo usuário; o prévio engajamento; os interesses implicitamente expressos pelo usuário; a idade da postagem; as prioridades da plataforma; as relações de página; as preferências expressas negativamente e a qualidade do conteúdo (2017, p. 766).

---

142 Há trabalhos que não se atentam a essa evolução do algoritmo ao longo do tempo. (MORGAN, 2019, p. 3-5)

143 "O Facebook é rotineiramente descrito como um trabalho em progresso. Isso não pode ser entendido apenas como uma fala de inovação, mas, literalmente, como um plano de negócios integrado para reter os seus usuários." (BUCHER, 2018, p. pos. 1342)

144 Frank Pasquale usa a metáfora da caixa preta para se referir aos códigos algorítmicos secretos das empresas de tecnologia. (2015)

No Facebook, como mostra a escala de DeVito, ao contrário do que ocorre em outras plataformas de mídia social, as mensagens exibidas ao usuário, em regra, provêm das próprias conexões por ele estabelecidas. Ou seja, em princípio, a propagação de uma dada mensagem depende da intermediação de várias instâncias – outros usuários ou páginas –, que eventualmente a redistribuem (compartilham), por sua vez, às suas próprias redes de conexões. Essas conexões, porém, não são estabelecidas totalmente segundo a iniciativa do usuário, já que a plataforma ativamente lhe propõe novas interações com base em outros algoritmos, como o das "páginas sugeridas" e o do célebre "pessoas que você talvez conheça", na sigla em inglês *PYMK*, de *People You May Know*.[145] Se, por um lado, essa característica reduz o potencial orgânico de propagação de uma mensagem pelos simples critérios eleitos de forma automatizada, por outro, favorece uma dinâmica de personalização que pode levar ao fenômeno chamado "bolhas de filtragem", que reduz a interação do usuário com opiniões divergentes. (DEVITO, 2017, p. 767). Há evidências de que essas bolhas não afetam de maneira isonômica os adeptos de diferentes polos do espectro político: enquanto adeptos de posições de centro recebem informações mais variadas, inclusive mais extremistas, os entusiastas de visões mais extremistas não receberiam conteúdo de centro.[146] Uma possível hipótese explicativa para tanto é que o algoritmo da linha do tempo, ao favo-

---

[145] O PYMK é mais antigo no Facebook e particularmente obscuro quanto à sua estrutura algorítmica. Além de dados de contatos a que a plataforma tem acesso, chegou adotar – segundo a companhia, a título experimental – dados de localização dos usuários para fazer as recomendações. A companhia nega usar atualmente esse tipo de dado, mas não se sabe ao certo se não são empregados indicadores indiretos de localização, como dados de outros aplicativos. O PYMK tem ocasionado uma série de constrangimentos aos usuários (TAIT, 2019, p. tradução nossa). A diretriz abstrata do algoritmo de sugestão de amizades foi patenteada pela empresa do Facebook. Entre as diversas variáveis utilizadas, destaca-se a de "determinar uma possível mudança de engajamento do usuário com a rede social que seria causada por uma amizade bem-sucedida entre o usuário e o potencial contato" (SCHULTZ et al., 2020). Em outras palavras, o algoritmo procura sugerir conexões que resultem em aumento da atividade do usuário na rede social, o que é indicado, por exemplo, pelo número de "logins" diários, já que a plataforma se alimenta justamente da atenção que os usuários lhe dispensam.

[146] . Estudo de campo realizado por Mette Leipart encontrou evidências de que usuários que interagiam com partidos extremistas recebiam consideravelmente mais conteúdo político no seu Feed de Notícias do que aqueles que se engajavam com partidos mais centristas e que, no caso específico dos extremistas de direita, recebiam uma proporção maior de conteúdo relacionado aos partidos da sua preferência também na comparação com entusiastas de partidos ao centro, que recebiam menos informação relacionada à sua preferência (2019, p. 75-80). De uma forma geral, como as amizades virtuais criam comprometimento, o Facebook interfere também para estimular que os usuários invistam nos seus relacionamentos, por exemplo, por meio de lembretes de aniversário. (BUCHER, 2018, p. pos. 237)

recer a interação entre os usuários da plataforma, acabe promovendo publicações capazes de engajar os usuários em polêmicas que levem a comentar e, portanto, a retroalimentar o repositório de conteúdo da plataforma (MARTINEZ, 2018)[147] – "histórias relevantes".

A despeito de todas essas considerações sobre o funcionamento do algoritmo do *feed* de notícias do Facebook, sua relevância neste trabalho é meramente contextual. O importante, independentemente da sua fórmula real, que, como se disse, está em constante evolução por empregar mecanismos de *machine learning*, é perceber que esse algoritmo não é neutro e impacta de uma maneira nada desprezível as notícias que são disponibilizadas aos usuários. Muitas vezes pode ceder espaço a decisões humanas dos diretores da empresa sobre maximizar ou reduzir a visibilidade de determinadas mensagens ou de determinados temas pontuais.[148] Ele opera como um curador automático do conteúdo, exibido de maneira personalizada. Como sintetiza Leipart:

> Pode-se argumentar que o algoritmo do feed de notícias pode ser poderoso tanto no nível pessoal quanto no da sociedade, porque pode moldar a participação dos usuários nos debates políticos. Quando isso acontece com grandes grupos de pessoas, pode causar problemas para a sociedade como um todo. (...) Isso significa que, implícita na moldagem dessa plataforma algorítmica, no modo como é ordenada e moldada, está uma lógica política.(...) Quando se combina a forma como o algoritmo do feed de notíciascontrola a visibilidade do conteúdo com a forma como novas páginas e novos atores podem usar esse conteúdo para mirar audiência e eleitores, pode-se apontar uma tendência que

---

147 Sintomaticamente, governantes e figuras públicas mais associados a polêmicas, como Donald Trump, nos Estados Unidos, e Bolsonaro, no Brasil, contam com mais exposição e maior engajamento. "Desde março, no auge da pandemia na Europa, até 9 de julho, o presidente americano Donald Trump fez 5.328 posts nas redes. Eles conseguiram 528 milhões de interações ("curtir", compartilhar, comentar e retuitar, por exemplo). Bolsonaro não atingiu metade desse volume. Postou 2.325, com 282 milhões de interações. Isso não é pouco. Considere o presidente francês, Emmanuel Macron. Ele registrou 585 posts, com 10 milhões de interações. (...). Lula, só para dar um exemplo local, postou 1.099 vezes, com 21 milhões de interações." (RYDLEWSKI, 2020)

148 Um exemplo dessa dinâmica é o relato, pelo Wall Street Journal, de que o diretor-executivo e fundador do Facebook, Mark Zuckerberg, e a diretora operacional da empresa, Sheryl Sandberg, teriam discordado sobre a medida a tomar em relação a um vídeo da presidente da Câmara dos Estados Unidos Nancy Pelosi. Na filmagem que passou a circular no feed de notícias, a imagem da congressista havia sido adulterada para fazer parecer com que ela estivesse alcoolizada. A Sra. Sandberg teria defendido a supressão do vídeo, enquanto o Sr. Zuckerberg teria preferido reduzir a sua visibilidade na plataforma. (SEETHARAMAN ; GLAZER, 2020)

pode causar danos ao debate político público e à democracia. (LEI‑PART, 2019, p. 102, tradução nossa)

Outra funcionalidade automatizada do Facebook, introduzida mais recentemente, é a modulação dos comentários exibidos em postagens com maior engajamento. A cada publicação na plataforma, os usuários podem acrescentar comentários – uma interação que é estimulada pela empresa. Nos casos em que a publicação recebe muitos comentários, a plataforma exibe apenas os dois principais ("Mais relevantes"), segundo seus parâmetros automáticos. O usuário tem então a opção de clicar em "Ver Mais Comentários" para ter acesso a mais 10 dos comentários selecionados pelo algoritmo. Embora essa seja uma função recente, é possível presumir que seu objetivo seja similar ao do *feed* de notícias, isto é, balancear fatores que projetem a probabilidade de engajamento de quem visualiza a mensagem – as relações com o responsável pelo comentário; a idade do comentário; o número de interações já geradas, como curtidas ou respostas; e finalmente, o conteúdo do próprio comentário.

O Facebook também conta com uma fórmula de recomendação de vídeos, que se sucedem de maneira automática segundo padrões algorítmicos. Se o usuário assiste a um primeiro vídeo, este dissocia-se do *feed* de notícias e é direcionado para uma trilha de vídeos, numa ordem obscura e não adstrita às conexões já estabelecidas pelo usuário (FACEBOOK, 2019). Sendo, porém, uma funcionalidade nova, há poucos estudos a respeito.

De toda sorte, porém, como já se salientou, muito mais importante do que entender exatamente os mecanismos pelos quais operam estes algoritmos é entender os resultados que produzem. Na comunicação social tradicional, antes da introdução dos sistemas automatizados de filtragem e seleção de conteúdo, a curadoria das notícias era feita por agentes humanos – normalmente jornalistas. Nunca foi necessário entender as variáveis psicológicas que levavam esses profissionais a dar preferência a uma ou a outra notícia para se estabelecerem regras jurídicas relacionadas à responsabilidade editorial dos veículos. Da mesma forma, não é preciso entender os algoritmos que norteiam a grade de exibição do Facebook nem as interações recomendadas aos seus usuários para saber que eles *não são neutros* e que operam segundo finalidades pré-estabelecidas, no interesse da empresa que os forjou. Ao mesmo tempo, ignoram outras preocupações. Têm, então, como define Taina Bucher, *agency* (2018, p. pos. 1423), termo que pode ser traduzido como *agência.*[149] Se o mérito dos algoritmos é oferecer a essas empresas a possibilidade de obter maior engajamento dos usuários com a plataforma, e, consequentemente, mais lucro, é natural que as responsabilidades sejam alocadas de acordo com o que esses sistemas automatizados, como instrumentos forjados sob a conveniência dessas plataformas, trazem como resultado na seleção de notícias.[150]

### III.1.2.3. O Twitter, os "tweets em destaque" e os "trending topics"

O Twitter é significativamente menos utilizado globalmente do que o Facebook. Em 2019, contava 126 milhões de usuários ativos por dia, contra 1,2 bilhão de usuários diários da outra rede social (SHABAN, 2019).[151] Se o YouTube constitui uma plataforma especializada em vídeos, pode-se dizer que o Twitter, ao contrário, foi criado como uma plataforma específica para textos – e textos curtos, de até 140 caracteres (depois expandidos para 280), conhecidos como *tuítes*.[152] Com o tempo, outras formas de mensagem foram admitidas, como imagens e vídeos. Por conta da limitação de caracteres, o seu serviço é chamado também de microblog, em uma comparação com os serviços de *blog*, que já foram ubíquos na internet, mas tinham padrões de exibição de conteúdo mais estanques do que os das redes sociais atuais. Cada tuíte pode ser retransmitido pelos usuários que o acessam – ato que se chama, no jargão da plataforma, *retuitar*.[153] Os tuítes podem contar ainda com palavras-chave

---

149 Embora não seja usual o emprego da palavra com esse significado, o sentido original de "agência" na língua portuguesa é exatamente, segundo o Houaiss, a "capacidade de agir, de se desincumbir de uma tarefa; diligência, atividade, indústria", que proviria do latino *agentia*, de *agere*, no sentido de "fazer". (HOUAISS, 2001). O significado aqui é a capacidade independente do algoritmo de atuar por si próprio. Neste trabalho, a palavra "agência" será grafada em itálico sempre que estiver usada nesse sentido.

150 Como Oremus esclarece, aliás, o *feed* de notícias do Facebook conta com a interferência direta de humanos selecionados para compor um painel de qualidade do *feed*. (2016)

151 O Twitter também é teoricamente impedido de operar na China, mas cerca de 10 milhões de usuários chineses o utilizam por VPN. (LESKIN, 2019)

152 O termo - e seus derivados - será utilizado sem aspas, por ter sido já aceito por dicionários como o Houaiss. Trata-se, de qualquer forma, de um aportuguesamento do termo em inglês "tweet", que significa, em uma tradução literal, "gorjeio", "piado", ou seja, o som típico de algumas aves. Na plataforma, os termos são redigidos na forma inglesa.

153 Também do inglês, *retweet*

especialmente indicadas pelo usuário, integradas ou não ao texto principal, para identificar sua temática ou motivação – as chamadas *hashtags* – que são sempre grafadas sem espaços, antecedidas por um sustenido ("#").[154]

O usuário, ao acessar a página inicial do Twitter tem acesso também a um fluxo de conteúdo, ou seja, de tuítes, produzidos pelas conexões que o usuário "segue".[155] A sequência de tuítes, chamada de *top tweets* ou, na versão brasileira, "*tweets* em destaque", é definida de maneira personalizada por um algoritmo que determina sua ordem de exibição segundo indicadores de interesse do usuário. O usuário pode alterar, porém, o critério de exibição do fluxo para o cronológico ao selecionar, cada vez que acessa, "ver *tweets* mais recentes". A preferência padrão, porém, é a dos *top tweets*. Os critérios de personalização podem incluir dados extraídos dos dispositivos utilizados pelos usuários, inclusive dados de localização. A definição a seguir é fornecida pela própria plataforma:

> Ao entender melhor como os navegadores e dispositivos se relacionam, podemos usar informações de um navegador ou dispositivo para personalizar a experiência do Twitter em outro. Por exemplo, se você usa o Twitter para Android, por volta do mesmo horário e na mesma rede onde costuma navegar por websites de esportes, com tuítes integrados em um computador, podemos inferir que seu dispositivo Android e o notebook estejam relacionados e, mais tarde, sugerir tuítes e publicidade relacionados a esportes em seu dispositivo Android. Também podemos inferir outras informações sobre sua identidade para ajudar a personalizar sua experiência no Twitter. Por exemplo, se o endereço de e-mail associado à sua conta compartilha componentes com outro endereço de e-mail, como um nome compartilhado, ou iniciais, podemos inferir que sua conta esteja associada a códigos hash de outros endereços de e-mail que contenham esses componentes e, mais tarde, fazer publicidade de anunciantes que estavam tentando alcançar endereços de e-mail que tivessem esses componentes. (TWITTER)

---

154 O termo hashtag é aceito pelo Houaiss desde 2014. Seu uso, com o tempo, passou a transcender o Twitter, onde teve origem, e passou a ser possibilitado em outras redes como o Facebook e o Linkedin.

155 Ao contrário do que acontece como regra no Facebook, porém, essa conexão independe de uma concordância recíproca. Um usuário simplesmente opta por "seguir" os outros usuários cujo conteúdo considera relevante, ou seja, opta por receber o conteúdo produzido por esses outros usuários, que podem, por sua vez, seguir ou não os seus seguidores. Daí porque, na página do perfil de casa usuário, discriminam-se o número de usuários que o seguem ("seguidores") e o número de usuários que por ele são seguidas ("seguindo").

> O Twitter sempre usa informações como o local onde você estava quando entrou e a sua localização atual, para ajudar a mostrar conteúdo relevante. Quando essa preferência está marcada, o Twitter pode também personalizar sua experiência com base em outros lugares em que você tenha estado. (TWITTER)

A despeito de ser menos utilizado quantitativamente do que outras plataformas de mídia social, o Twitter tem funcionalidades muito peculiares que lhe conferem centralidade na definição da agenda do debate público. O emprego generalizado das *hashtags*, por exemplo, permite que o serviço mensure em tempo real o estado de uma determinada discussão na rede como um todo. A partir de critérios relacionados sobretudo ao uso dessas palavras-chave, a plataforma é capaz de avaliar tópicos que constituam tendências, os chamados *trending topics* (ou, na versão brasileira "assuntos do momento"), que são cada vez mais empregados como parâmetro, inclusive pelas mídias tradicionais, das discussões públicas mais significativas em cada momento. Essas tendências são apresentadas, atualmente, em uma seção da página denominada "Explorar". Ao adentrá-la, o usuário tem acesso a outro repertório de mensagens, sem relação necessária com suas conexões prévias. Em uma das guias dessa seção, chamada "pra você", os assuntos ainda são selecionados segundo um algoritmo que considera tanto os dados do usuário quanto a repercussão objetiva de cada tópico naquele momento. Já na guia "assuntos do momento" propriamente dita, ou *trending topics*, a exibição ocorre de forma objetiva, a partir das tendências temáticas rastreadas pela plataforma na região do usuário num ranqueamento que vai até a trigésima colocação. Ordem *objetiva* não significa que ela não seja determinada por um algoritmo, mas que *não* é personalizada para cada usuário que a acesse.

A ausência, nos *trending topics*, de temas considerados candentes já rendeu debates no passado. Um caso bastante emblemático ocorreu em dezembro de 2010 com os *WikiLeaks*, pouco mais de dois anos após o lançamento dessa função que se tornaria central. A ausência da *hashtag* "#wikileaks", bastante utilizada pelos usuários na ocasião, foi notada e questionada por muitos usuários da plataforma, sob a suspeita de que a empresa estivesse deliberadamente suprimindo-a da sua lista (GILLEPSIE, 2012). O episódio levou a que a empresa se manifestasse oficialmente em seu *blog* e esclarecesse alguns aspectos da funcionalidade de identificação das Tendências – a empresa diferencia as tendências assim reconhecidas pela plataforma pelo emprego da maiúscula:

> O que é uma Tendência [ Trend]?
>
> As tendências do Twitter são geradas automaticamente por um algoritmo que tenta identificar os tópicos sobre os quais se fala mais agora do que se falava antes. A lista de tendências é desenhada para ajudar as pessoas a descobrir as mais extraordinárias entre as notícias extraordinárias [ most breaking 'breaking news"] de todo o mundo em tempo real. A lista de tendências captura os tópicos emergentes mais candentes [ hottest], não apenas os mais populares.
>
> O que faz de uma tendência uma Tendência?
>
> Os usuários do Twitter agora enviam mais de 95 milhões de tuítes por dia, sobre todo tópico imaginável. Nós rastreamos o volume de termos mencionados no Twitter em uma base contínua. Os tópicos rompem para a lista de Tendências quando o volume de tuítes sobre aquele tópico num determinado momento aumenta dramaticamente. Às vezes um tópico não rompe para a lista de Tendências porque sua popularidade não é tão disseminada quanto as pessoas acreditam. E, às vezes, termos populares não chegam à lista de Tendências porque a velocidade de conversação não está aumentando o suficiente, relativamente ao patamar básico de conversação que acontece em um dia médio. Foi o que aconteceu com o #wikileaks essa semana. (TWITTER, 2010)

Em suma, o algoritmo é programado, segundo a empresa, para identificar não exatamente o volume de tuítes sobre um determinado assunto, nem a velocidade com que um assunto repercute, mas sua *aceleração*. Obviamente, como nota Tarleton Gillepsie, esses critérios são alterados com o tempo e, de forma geral, refletem "os julgamentos do Twitter sobre o que deveria contar como uma 'tendência'." (2012) Assim, por exemplo, é preciso discernir o que constitui de fato um tópico autônomo do que constitui uma subdivisão de um tópico mais amplo. Os critérios são determinados pelos engenheiros do sistema e não podem ser considerados neutros. De qualquer forma, assim como no caso do Facebook, o algoritmo em si mesmo, protegido por segredo industrial, não é o que mais importa para avaliar a responsabilidade das plataformas. O que importa é examinar o poder que ele confere à empresa que o controla. Nesse ponto, vê-se que, a despeito das subjetividades envolvidas na forja do algoritmo de mensuração das tendências, esse sistema automatizado é empregado amplamente pela própria mídia tradicional e pelos profissionais jornalistas como critério para detectar os assuntos mais em voga. (LEE, KIM ; SANG, 2017; MCGREGOR ; MOLYNEUX, 2020). Em outras palavras, o desenho desse algoritmo é capaz de determinar a agenda midiática para muito além do que se passa dentro da própria plataforma, e isso determina ao Twitter uma responsabilidade política proporcional.

É relevante também que a criação de contas no Twitter seja relativamente descomplicada e que os usuários possam cadastrar-se sem fornecer nenhum documento de identificação. A plataforma demanda apenas (i) um nome, (ii) um celular ou um e-mail e (iii) um aniversário. Em consequência dessa maleabilidade e do fato de que "as pessoas são pouco criteriosas para seguir um perfil no Twitter" (RUEDIGER (COORD.), 2017, p. 12), o site é especialmente vulnerável à criação de contas falsas, isto é, contas que não correspondem necessariamente a uma pessoa específica e que se apresentam, no entanto, como se correspondessem. A criação de contas inautênticas operadas de forma automatizada possibilita, então, que grupos se articulem para estruturar redes de perfis virtuais destinados a manipular a mensuração de tendências da plataforma, de modo a atingir os *trending topics* ou, ao menos, as seções personalizadas exibidas aos usuários reais, num ciclo retroalimentado que envolve a própria imprensa tradicional, a qual, como se disse, tem o Twitter como fonte. Expedientes desse tipo, que podem estar a serviço de interesses políticos ou comerciais, são capazes de criar engajamento real pela manipulação intencional de redes de perfis falsos devidamente estruturadas e controladas de forma centralizada. Assim é que o emprego de redes de perfis falsos tem sido reconhecido como um problema concreto de influência ilegítima na opinião pública.[156] No Brasil, recentemente, as suspeitas de que campanhas difamatórias contra o STF tenham se originado desse tipo de prática, entre outras razões, levaram o presidente da Corte, o Ministro Dias Toffoli, a determinar a instauração do Inquérito n. 4.781 para investigar o emprego de redes de perfis automatizados para atacar a

---

156 Levantamento da FGV-DAPP indica que, nas eleições presidenciais de 2014, mais de 10% das interações no Twitter eram originadas de contas falsas. Já no segundo turno, 20% dos usuários favoráveis a Aécio Neves na plataforma eram robôs. Durante o *impeachment*, representaram 20% das interações dos apoiadores da presidente. "Nas discussões políticas, os robôs têm sido usados por todo o espectro partidário não apenas para conquistar seguidores, mas também para conduzir ataques a opositores e forjar discussões artificiais. Eles manipulam debates, criam e disseminam notícias falsas e influenciam a opinião pública postando e replicando mensagens em larga escala. Comumente, por exemplo, eles promovem *hashtags* que ganham destaque com a massificação de postagens automatizadas de forma a sufocar algum debate espontâneo sobre algum tema." (RUEDIGER (COORD.), 2017, p. 6)

Corte.[157] Da mesma forma, o Congresso Nacional constituiu uma CPMI para investigar o uso de contas falsas para atos do gênero.[158]

Como se vê, nesse caso específico, conquanto se reconheça a centralidade do algoritmo na definição das tendências, não se pode deixar de lado um aspecto antecedente que é essencial para que a manipulação seja possível: a facilidade peculiar conferida pela rede para que usuários nela se inscrevam e se manifestem sem a necessidade de uma identificação de fato.

### III.1.2.4. O Instagram, seu feed e stories

Se a tônica do YouTube são os *vídeos* e a do Twitter, os *microtextos*, o Instagram constitui entre as plataformas de mídia social mais populares a que mais se concentra na promoção de *imagens*. É também, entre as empresas do gênero, uma das mais recentes. Foi fundada em 2010 e, após rápido crescimento, adquirida pela Facebook Inc. em abril de 2012. Embora haja um relativo grau de integração entre o Instagram e o Facebook, as duas redes operam de forma autônoma, de modo que o cadastro em uma não gera automaticamente o cadastro na outra. Atualmente, a plataforma tem mais de 1 bilhão de usuários, com 500 milhões deles ativos diariamente, segundo as informações divulgadas em sua própria página. (INSTAGRAM, 2020). Assim como o Facebook, está impedido de operar na China (LESKIN, 2019).

Como nas demais plataformas do gênero, o uso da rede depende da criação de um perfil do usuário, e o cadastro também é relativamente simples. No

---

157 O inquérito tramita sob sigilo, mas o relator do inquérito, Min. Alexandre de Moraes, em entrevista, indicou que o emprego de robôs no Twitter era objeto de investigação: "Principalmente para a questão dessa rede de robôs, de WhatsApp, Twitter. Essa rede que alguém paga, alguém financia, por algum motivo. Aqui, na verdade, é a desestabilização de uma instituição republicana. O que vem se pretendendo é desestabilizar o Supremo Tribunal Federal, ou seja, o Poder Judiciário". (GLOBO, 2019)

158 Da justificação para o requerimento de instauração da CPMI que menciona nominalmente o Twitter, consta "Nas discussões políticas, os robôs têm sido usados por todo o espectro partidário não apenas para conquistar seguidores, mas também conduzir ataques a opositores e forjar discussões artificiais. Manipulam debates, criam e disseminam notícias falsas – as chamadas *fake news* – e influenciam a opinião pública por meio da postagem e replicação de mensagens em larga escala. (...) A presença de perfis automatizados, ou robôs, representam um risco à lisura do debate político e do debate eleitoral." (CONGRESSO NACIONAL, p. 3-4). Mais à frente, o Twitter Brasil se manifestou na CPMI em resposta a uma série de ofícios pelos quais se solicitavam informações à empresa. Nessa petição, no tocante à identificação de alguns usuários, invocou o artigo 22 do Marco Civil da Internet para condicionar o fornecimento dos dados a uma ordem judicial específica. (TWITTER BRASIL, 2020)

Instagram, o usuário posta imagens com legendas de extensão limitada. Originalmente, assim como nas demais mídias sociais, o conteúdo era exibido no *feed* das suas conexões em ordem simplesmente cronológica. Desde 2016, passaram a ser incorporadas variáveis algorítmicas de relevância do conteúdo (COTTER, 2019, p. 895-6). Segundo os termos da empresa, parte do que ela faz é "destacar conteúdo, recursos, ofertas e contas que possam ser de seu interesse e oferecer formas para você experimentar o Instagram, com base no que você e as outras pessoas fazem dentro e fora do Instagram". (INSTAGRAM, 2020). Cada publicação do tipo é incorporada à grade dos demais usuários conectados ao criador do conteúdo, em um arranjo personalizado por um algoritmo que leva em consideração fatores semelhantes aos que são tomados como parâmetro pelo Facebook, como a existência de conexão entre criador e visualizador. A plataforma opera de uma forma que confere mais visibilidade às publicações que conseguem atingir maior grau de engajamento da audiência, e os "influenciadores" identificam um padrão de favorecimento exatamente para interações mais humanas e profundas com o seu público (COTTER, 2019, p. 903-905).

Assim como no Twitter, as conexões não são determinadas por acordo dos usuários, mas por decisões unilaterais de cada um deles de *seguir* o outro, isto é, de acompanhar as mensagens postadas por ele. O uso de *hashtags*, também de maneira semelhante ao Twitter, permite a busca filtrada por palavras-chave na rede geral, abstraindo-se, então, da necessidade de conexão prévia com os autores das publicações pesquisadas. Nessa pesquisa, embora o padrão seja a sequência algorítmica de relevância, é possível ordenar as postagens cronologicamente.

Outra funcionalidade da maior importância no Instagram são os chamados *stories*, pelos quais os usuários postam fotos ou vídeos que ficam disponíveis apenas por um prazo determinado e são disponibilizados para suas conexões em uma seção específica do aplicativo numa sequência personalizada também de acordo com um algoritmo que mede a relevância de cada mensagem para quem acessa a plataforma.

### III.1.2.5. O TikTok e o "For You"

De todas as mídias analisadas neste trabalho, a que tem crescido de maneira exponencial é o TikTok. Segundo as medições mais recentes, o aplicativo já foi carregado mais de 2 bilhões de vezes globalmente em smartphones, apenas cinco meses depois de ter ultrapassado a marca de 1.5 bilhão de carregamentos (CHAPPLE, 2020). Trata-se da maior marca trimestral de um aplicativo já registrada. O número total de downloads em 2019 já havia superado o do Facebook e o do Instagram, com prevalência entre usuários de 16 a 24 anos (HAMILTON, 2020). No Brasil, em 2019, já se estimava um total de 7 milhões de usuários (PEZZOTTI, 2020). A plataforma, ao contrário das citadas anteriormente, é a única desenvolvida fora do Estados Unidos, precisamente na China, pela empresa ByteDance. Sua proposta é basicamente a de permitir a publicação de vídeos curtos, de até 60 segundos, gravados pelos próprios usuários, e seu maior diferencial é a importância da música de fundo das filmagens. (SERRANO, PAPAKYRIAKOPOULOS ; HEGELICH, 2020, p. 1-2).

A segurança dos dados do TikTok tem sido objeto de questionamento ativo em vários países. No passado, reportagem do jornal britânico *The Guardian* também revelou documentos internos da empresa controladora que instruíam seus moderadores de conteúdo a censurar vídeos que mencionassem temas incômodos ao governo chinês, como a praça Tiananmen, a independência tibetana e o grupo religioso Falun Gong, ou a limitar seu alcance no *feed* (HERN, 2019). Nos Estados Unidos, que constituem atualmente o segundo maior mercado consumidor do aplicativo no mundo – exatamente após o seu país de origem – agências governamentais já repeliram o uso do aplicativo (MESENZAHL, 2020) e procederam a investigações sobre a aquisição, pela empresa chinesa que o controla, da empresa americana Musical.ly – cujo aplicativo foi fundido com o da ByteDance em 2017 –, e sobre o consequente acesso aos dados de usuários norte-americanos. (WALSHE ; TAN, 2020). Já na Índia, onde o aplicativo contava 200 milhões de usuários ativos mensais, o TikTok foi banido em junho de 2020 por preocupações com a segurança nacional. (BANSAL, 2020).[159]

O acesso à plataforma também é bastante simplificado. O cadastro é possível com a indicação de um e-mail ou de um número de celular válidos. O conteúdo consiste basicamente em vídeos sonoros, que se podem curtir ou compartilhar. Também se permite aproveitar em vídeos próprios o áudio da

---

159 Outro ponto importante, levantado por Serrano, Papakyriakopoloulos e Hegelich é que, como a peculiaridade do TikTok é o fato de que os vídeos são filmados pelos próprios usuários, valendo-se da sua própria imagem, e não de links para notícias ou material, e esse conteúdo é aberto, há preocupações relevantes sobe o emprego de informações extraídas da plataforma para o perfilhamento político do público, predominantemente jovem, especialmente se empregadas tecnologias de reconhecimento facial. (SERRANO, PAPAKYRIAKOPOULOS ; HEGELICH, 2020, p. 8)

filmagem de terceiros, ou seja, uma espécie de "dublagem invertida", em que o autor do novo vídeo aproveita o áudio de um pré-existente. Assim como sucede com as demais empresas de mídia social prevalentes, o TikTok também emprega um algoritmo para ordenar as postagens visualizadas, no *feed* denominado *For You*. O informe da empresa é particularmente direto na afirmação do mecanismo de modulação de conteúdo,[160] e, ao contrário do que acontece no Facebook e no Twitter, as conexões do usuário parecem ser menos relevantes para determinar o que será exibido do que o histórico de interação com as postagens já exibidas ao usuário. (SERRANO, PAPAKYRIAKO-POULOS ; HEGELICH, 2020) (ANDERSON, 2020, p. 8). Essa menor filtragem por conexões na exibição das mensagens postadas na plataforma pode significar um diálogo maior entre distintos espectros políticos (SERRANO, PAPAKYRIAKOPOULOS ; HEGELICH, 2020), embora exista alguma homogeneização por conteúdo, contrabalanceada por um padrão incluído no seu algoritmo para exibir conteúdos diversos dos conhecidos do usuário (XU, YAN ; ZHANG, 2019). De qualquer forma, trata-se de uma plataforma nova que possivelmente ainda sofrerá muitas mudanças, especialmente em vista das pressões que tem enfrentado.

O surgimento do TikTok é uma novidade importante, sobretudo pelo potencial para ilustrar a discussão que o afluxo de uma nova plataforma pode induzir sobre a segurança da informação e a manipulação de conteúdo por poderes estrangeiros. Ainda que essa discussão já se colocasse da perspectiva inversa, ou seja, da perspectiva chinesa em relação às mídias norte-americanas, era possível atribuir as medidas restritivas adotadas pelo país asiático à

---

160 "Quando você abre o TikTok e chega ao *feed* "para Você", você é apresentado a um fluxo de vídeos curados conforme o seu interesse, o que torna fácil encontrar conteúdo e criadores que você ama. Esse *feed* é ativado por um sistema de recomendação que entrega para cada usuário o conteúdo que tem mais probabilidade de ser de interesse para ele. Parte da mágica do TikTok é que não há um único *feed* "para Você" – enquanto pessoas diferentes podem se deparar com alguns dos mesmos vídeos, o *feed* de cada pessoa é único e personalizado para aquele indivíduo específico. (...) Os sistemas de recomendação estão todos ao nosso redor. Eles ativam muitos dos serviços que nós usamos e amamos todos os dias. (...) As recomendações são baseadas em um número de fatores, incluindo:

Interações do usuário, como os vídeos de que você gosta ou que compartilha, contas que você segue, comentários que você posta e conteúdo que você cria.

Informação do vídeo, o que pode incluir detalhes como legendas, sons e hashtags.

Configurações do dispositivo e da conta, como o idioma de preferência, a configuração de país e o tipo do dispositivo." (TIKTOK, 2020)

censura de um estado autoritário. A emergência de uma plataforma chinesa no Ocidente, como se viu, fez deflagrar um debate sobre as potencialidades dessas plataformas em países reconhecidos como democráticos.

## III.1.2.6. Outras mídias sociais moduladas e suas características

O Facebook, o YouTube, o Twitter e o Instagram constituem possivelmente as plataformas de mídia social mais influentes da atualidade, cada uma no seu nicho de atuação específico. Já a experiência recente com o TikTok é emblemática não só pelo seu crescimento rápido, mas pelas particularidades relacionadas à sua origem nacional. Há, porém, outras mídias importantes nessa área, como o LinkedIn, que tem características semelhantes às do Facebook, mas se destina mais especificamente ao relacionamento profissional entre os usuários e tem sido utilizada cada vez mais como uma fonte de consulta para recrutamento e seleção. Conta também com vários algoritmos importantes, como o de exibição de conteúdo no *feed*, que leva em conta as conexões dos usuários, os respectivos grupos e as *hashtags* seguidas[161], além do engajamento previsto (LINKEDIN, 2020), e do ranqueamento de candidatos para empresas, a partir de critérios como a formação e a experiência específica de cada um.[162] Atualmente a plataforma tem mais de 43 milhões de usuários cadastrados no Brasil (LINKEDIN, 2020). No seu segmento, substitui, em parte, os antigos classificados de emprego, que eram divulgados em publicações específicas e nos grandes jornais, em seções destinadas a isso.

---

161 Segundo informe da empresa, "para resumir, o seu *feed* do LinkedIn é composto pelas conversas que acontecem em torno das suas comunidades profissionais: em torno das conexões, nos grupos em que você entrou, e as pessoas, páginas e *hashtags* que você segue. Para decidir o que vai para o topo, nós olhamos quem está falando (pessoas que você conhece) e do que estão falando (coisas com que você se importa). Nós estamos trabalhando constantemente para aprimorar e evoluir a experiência do *feed*". (LINKEDIN, 2019)

162 "O produto LinkedIn Recruiter fornece uma lista ranqueada de candidatos correspondentes a uma busca na forma de consulta, uma postagem de posto de trabalho ou um candidato recomendado. Dada uma solicitação de busca qualquer, os candidatos que se alinham a essa solicitação são selecionados e então ranqueados, por meio de modelos de *machine-learning* em múltiplas etapas, conforme uma variedade de fatores como a similaridade da experiência de trabalho e das habilidades com os critérios de busca; a localização do posto de trabalho e a probabilidade de uma resposta por um candidato interessado." (LINKEDIN, 2019)

Também são dignas de nota outras plataformas como o *Parler*, que promete maior liberdade de expressão e que foi adotado por grupos políticos norte-americanos e brasileiros como reação à introdução de medidas restritivas pelo Twitter e Facebook. O aplicativo contava mundialmente, em julho, 2,5 milhões de downloads, metade deles no Brasil (BRUSTEIN, 2020). Outra mídia importante, ao menos da perspectiva global, é o WeChat, da empresa chinesa Tencent, uma plataforma que congrega inúmeros outros serviços além da troca de mensagens e a exibição de postagens de amigos, como a realização de pagamentos por meio de códigos QR, consultas médicas e até mesmo serviços públicos pelo perfil oficial do governo da China. O aplicativo, em 2019, era usado por 94,5% dos usuários chineses da internet (WANG, ZHANG ; ZENG, 2019, p. 244). Embora não tenham sido encontrados números sobre sua disseminação no Brasil, seus números totais e a abrangência dos serviços que oferece são dignos de menção, até pela perspectiva de que essa multiplicidade de atividades possa ser incorporada por outras plataformas aqui prevalentes.

Ainda na categoria das mídias sociais que contam com modulação automatizada de conteúdo, podem ser incluídos também os jogos sociais e os mundos virtuais, em que os usuários criam perfis e interagem com os demais em ambiente digital por meio de seus personagens. Essas plataformas enquadram-se no conceito acima proposto de mídia social, porque são (i) baseadas na internet, (ii) assíncronas e persistentes, (iii) permitem a comunicação pessoal em massa, (iv) facilitam a percepção de interação dos usuários e (v) extraem valor primariamente do conteúdo gerado por eles. Ainda que boa parte das interações seja deflagrada pelos próprios usuários, outra parte das circunstâncias, como a economia e a geografia virtuais, são ditadas pelo próprio código de automação, que controla inequivocamente as experiências dos usuários e a sequência de conteúdo que lhes é apresentada.

### *III.1.2.7. Visão geral dos algoritmos de modulação*

De uma forma geral, depreende-se dessa breve análise que praticamente todas as redes sociais dominantes introduziram em algum momento algoritmos que decidem a sequência de conteúdo exibida a cada usuário de forma personalizada, de acordo com diversos critérios que costumam incluir sua rede de conexões, seu registro de interações dentro da plataforma e, em alguns casos, seu histórico de navegação fora dela. Como visto, atributos das próprias postagens triadas também podem ser levados em consideração; há indícios de que algumas plataformas, ao menos durante certos períodos, favoreceram a replicação de conteúdos considerados mais "polêmicos", que poderiam gerar maior engajamento dos usuários. O engajamento dos usuários, aliás, parece ser uma meta constante das empresas de mídia social, já que, quanto mais eles interagem com o conteúdo que lhes é exibido, por meio de comentários, curtidas ou compartilhamentos, mais incrementam a respectiva "história". No limite, geram mais matéria-prima para as respectivas mídias, que oferecem, então esse conteúdo incremental a outros usuários, sempre com o objetivo de gerar mais interação e, no limite, mais atenção.

Pierre Levy, no final da década de 90, propunha que se distinguissem os meios de comunicação entre três tipos de "dispositivos comunicacionais":

> Podemos distinguir três grandes categorias de dispositivos comunicacionais: um-todos, um-um e todos-todos. A imprensa, o rádio e a televisão são estruturados de acordo com o princípio um-todos. Um centro emissor envia suas mensagens para um grande número de receptores passivos e dispersos. O correio ou o telefone organizam relações recíprocas entre interlocutores, mas apenas para contato de indivíduo a indivíduo ou ponto a ponto. O ciberespaço torna disponível um dispositivo comunicacional original, já que ele permite que comunidades constituam de forma progressiva e de maneira cooperativa um contexto comum (dispositivo todos-todos). (1999, p. 65)

As mídias sociais que modulam conteúdo, porém, não se enquadram perfeitamente em nenhum desses tipos, a despeito de opiniões contrárias,[163] porque, apesar de *todos*, no seu âmbito, terem à disposição o poder de produzir conteúdo e ao mesmo tempo consumir informações produzidas por qualquer fonte, há uma mediação que não pode ser desconsiderada. O conteúdo é criado de forma difusa, mas tratado e distribuído de acordo com preferências e conveniências de seus mantenedores. No caso dessas mídias sociais, poder-

---

163 Marcelo Coutinho afirma, por exemplo, sobre o que chama de *socialcast*, que, nele, "a comunicação não ocorre apenas 'de um para muitos', mas é potencializada pela interação 'de muitos com muitos'. (...). As opiniões digitais (sobre um produto, empresa ou candidato político), livres das restrições do suporte material (jornais, livros, encontros face a face), trafegam pelo planeta de uma forma que está além do controle das empresas e, em alguns casos, até mesmo dos governos e de seu aparato judicial." (COUTINHO, 2009, p. 49-50)

-se ia falar com muito mais propriedade em um dispositivo de comunicação *todos-um-todos*, ou ainda em uma espécie desdobrada em duas etapas distintas: a fase *todos-um*, da produção de conteúdo; a fase *um-todos*, da dispensa aos usuários dos dados de acordo com a matriz complexa dominada pela mídia social e sua mantenedora. Embora a informação seja gerada pelo usuário, não é ele que controla seu alcance. O intermediador é justamente a mídia social ou, mais especificamente, seu mantenedor.

Se o conteúdo não é distribuído de maneira homogênea ou mesmo segundo os critérios almejados pelo seu próprio autor, mas restrito ou promovido ativamente pelo intermediário segundo seus próprios critérios, o papel desse intermediário tem centralidade na definição da responsabilidade política pela propagação e disseminação de mensagens (ISHIBASHI JUNIOR ; SERRANO, 2019, p. 14). Em última análise, é o intermediário que detém o controle da comunicação nesse ambiente.

De outro lado, as mídias sociais, integradas a dispositivos móveis a que a maior parte da população tem acesso, e dotadas de eficientes ferramentas de notificação dos seus usuários, inauguram um novo nível de proximidade com o receptor da comunicação. Os usuários não mais detêm totalmente o controle sobre o tempo em que se engajam no uso desses dispositivos, nem mesmo conseguem discernir com exatidão a capacidade de manipulação que a mídia específica com a qual interagem tem sobre si. Em outras palavras, se de um lado as mídias sociais oferecem ao usuário uma possibilidade de sentir-se mais assenhorado dos conteúdos a que tem acesso, na comparação com as mídias tradicionais, de outro, acabam por ter uma capacidade ainda maior de persuasão.

Logicamente, todo esse processo é otimizado por fórmulas automatizadas, e não por decisões humanas pontuais, até porque seria impossível alocar curadores de conteúdo suficientes para personalizar a grade de exibição de cada usuário. A interferência dos algoritmos é devidamente percebida pela população que tem acesso a essas mídias, e é bastante comum que os indivíduos mantenham uma postura crítica em relação ao direcionamento de conteúdo. No Brasil, por exemplo, números do DataSenado indicam que 90% dos entrevistados consideram que as redes sociais deixam as pessoas mais à vontade para expressar opiniões preconceituosas. Um percentual de 83% já identificou notícias falsas circulando em redes sociais (entre os quais, 58% declararam que o fato prejudicou a confiança nessas plataformas). Mais ainda, um total de

77% dos entrevistados concordou com a afirmação de que "em redes sociais, notícias falsas ganham mais visibilidade que notícias verdadeiras". (DATASENADO, 2019). Talvez por isso, 59% consideram que as regras para escolher os conteúdos exibidos para os usuários devem ser públicas, e um percentual de 76% concordam que a personalização de conteúdos é uma forma de manipular a opinião das pessoas, embora 74% concordem, por outro lado, que essa personalização traz benefícios (DATASENADO, 2019). Ou seja, a modulação é devidamente percebida e interpretada criticamente.

O fato de se tratar de uma fórmula telemática pré-programada não significa de forma nenhuma que os algoritmos de personalização de conteúdo nas mídias sociais possam ser considerados neutros, ainda que a remissão aos algoritmos seja frequentemente usada para induzir essa noção:

> O algoritmo é agora uma presença cultural, talvez uma presença cultural icônica, não apenas pelo que ele faz, mas também pelo que se pretende projetar com a noção de algoritmo. Isso significa que o algoritmo pode ser parte do desenvolvimento de poder não apenas por sua função, mas também pelos termos em que é entendido como fenômeno. As decisões algorítmicas são retratadas como decisões neutras; as decisões algorítmicas são entendidas como decisões eficientes; as decisões algorítmicas são apresentadas como decisões objetivas e verossímeis e assim por diante. (BEER, 2017, p. 12, tradução nossa)

São comandos implantados nas plataformas com finalidades específicas, de interesse dos respectivos programadores, que respondem por critérios eleitos pelas respectivas empresas justamente com o objetivo de tornar mais eficiente a perseguição de seus interesses corporativos.[164] Nesse ponto, o modo de operar de um algoritmo não é, em abstrato, diferente dos parâmetros editoriais empregados por um jornalista humano (TENE ; POLENETSKY, 2017, p. 129-130). Assim é que nota Taina Bucher:

---

164 "O problema surge se nós tentamos destacar o algoritmo do mundo social, para analisar suas propriedades e potências – vê-lo como um objeto técnico e bastante [*self-contained*] que existe como uma presença distinta é provavelmente um erro. Destacar o algoritmo para questionar o que ele faz demanda separar o algoritmo do mundo social em primeiro lugar e depois tratá-lo como uma entidade separada desses processos sociais. Os algoritmos são formatados inevitavelmente sobre visões do mundo social, e com resultados em mente, os resultados são influenciados por interesses comerciais ou interesses outros e agendas." (BEER, 2017, p. 4)

> Da perspectiva de companhias como Facebook e Google, mas também da perspectiva das organizações de mídia tradicional, os algoritmos são, no limite, promessas de lucro e modelos de negócios. Nesse sentido, um algoritmo "bom" e funcional é o que cria valor, que faz previsões melhores e mais eficientes, e que faz com que as pessoas se engajem e retornem à plataforma ou ao site de notícias de novo e de novo. A questão, então, torna-se: quais são os modos pelos quais uma plataforma induz curiosidade, desejo e interesse o suficiente nos usuários para que eles retornem? (BUCHER, 2018, p. pos. 255, tradução nossa)

Uma função programada é resultado da tradução para a linguagem técnica de uma série de comandos relacionados a finalidades pré-estabelecidas pelo programador. (GILLEPSIE, 2014, p. 167) A depender do atendimento a certas variáveis, as mídias sociais podem repercutir ou silenciar mensagens dos usuários de acordo com seus critérios internos, transpostos à linguagem de programação específica de suas plataformas, [165] ainda que se possa diferenciar, em tese, como propuseram Tene e Polenetsky, algoritmos *policy-neutral* de algoritmos editados intencionalmente para promover uma determinada agenda política (2017, p. 132; 138 e ss.). Há sempre, em todo caso, uma interferência no que é comunicado. Trata-se, no limite, de diferenciar como os algoritmos são empregados e o que produzem:

> (...) o poder e a política dos algoritmos não estão em algoritmos determinando como o mundo social é fabricado, nem no que que os algoritmos fazem por si sós. Antes, esse poder e essa política estão em como e quando diferentes aspectos dos algoritmos e do algorítmico tornam-se disponíveis para atores específicos, sob quais circunstâncias e quem ou o que torna-se parte de como os algoritmos são definidos (BUCHER, 2018, p. pos. 185, tradução nossa, grifos adaptados)

Assim é que se constata, por exemplo, que a função algorítmica que emprega, entre os critérios de exibição das postagens, a afiliação do usuário a certos interesses ou conexões – seja com outros usuários de perfis semelhantes, o que se chama de homofilia, seja com perfis de empresas de mídia tradicional

---

[165] "Por exemplo, se o Facebook vai priorizar postagens de amigos próximos no *feed* de notícias, os engenheiros precisam decidir os critérios que diferenciarão 'amigo próximo' de um conhecido. Os engenheiros podem reduzir esse constructo humano, com diferentes interpretações, a uma definição única e operacional, e, ao fazê-lo, embutir seus valores sobre o que é um 'amigo próximo' no próprio algoritmo." (DEVITO, 2017, p. 756, tradução nossa)

associadas a abordagens editoriais de sua preferência – pode levar à geração de bolhas de filtragem, ou câmaras de eco, em que o conteúdo é exibido a indivíduos com perfis homogêneos (DEVITO, 2017, p. 767). Além da possibilidade de ser omissa no oferecimento de visões divergentes, a automação, caso não incorpore medidores de fidedignidade ou de observância de direitos humanos, pode contribuir para uma configuração nociva do debate público, ou pendente a um determinado polo do espectro ideológico. Esses parâmetros são, de certa forma, adotados na deontologia do jornalismo tradicional,[166] mas podem ser desprezados na construção dos comandos que personalizam a sequência de exibição das postagens nas mídias sociais.

No mercado editorial tradicional, o sucesso de uma determinada publicação depende da percepção de veracidade ou de ética do material publicado. Se os critérios automatizados de curadoria abstraem das variáveis de recomendação esses fatores, para priorizar outros como o potencial para despertar a atenção dos usuários em máxima escala, haverá, como um subproduto inevitável desse processo, a proliferação de mensagens falsas ou eticamente questionáveis. Trata-se de um resultado simples da hierarquia de prioridades de seleção de conteúdo, agravado pelo fato de que os usuários diretamente afetados por esses filtros rapidamente passarão a priorizar os fatores levados em conta pelos algoritmos de curadoria de modo a conseguir sucesso cada vez maior com suas publicações.[167]

Não se trata, aqui, de estabelecer um juízo negativo sobre o emprego de algoritmos de personalização. No entanto, tanto quanto qualquer outra forma

---

[166] Ainda que sobre esse ponto a deontologia da profissão jornalística determine uma abordagem muito distinta, na prática, "Como diz Sundive, as empresas de tecnologia podem tentar dar às pessoas o que elas querem, mas o jornalismo é primariamente sobre fornecer às pessoas informações que elas devem conhecer, e ter responsabilidade sobre isso. Dar às pessoas informação sobre o que elas devem saber, acrescenta Sundive, também implica dar a elas a visão oposta de um assunto: 'Se você é um opositor da vacinação, você deve ser exposto aos fatos do outro lado do espectro e não apenas encontrar 50 outras pessoas que apoiem suas visões no *feed* de notícias do Facebook'." (BUCHER, 2018, pos. 3755, tradução nossa)

[167] Um exemplo didático dos resultados de uma mudança de critérios de seleção acontece no âmbito da biologia quando se domestica uma espécie selvagem. Sem as pressões seletivas do ambiente natural, a prioridade conferida pelos tutores humanos a fatores como a mansidão de cada espécime leva a que se perca, em poucas gerações, o padrão de cor na pelagem dos animais. Não por acaso, os animais domésticos, ao contrário dos seus ancestrais selvagens, ostentam cores as mais variadas. (CIESLAK *et al.*, 2011, p. 894). Da mesma forma, se as notícias não são selecionadas por sua veracidade, mas pelo potencial de despertar atenção apenas, em pouco tempo elas deixam de ostentar a primeira característica.

de editoração, a curadoria das mensagens apresentadas nos *feeds* das mídias sociais tem o que se tem chamado de "agência", conforme foi visto, pela qual as empresas que a desempenham são diretamente responsáveis.[168] Em outras palavras, se o resultado desse processo de curadoria de conteúdo, automatizado ou não, resulta na proliferação de conteúdo falso ou ofensivo a direitos coletivos ou de terceiros,[169] a responsabilidade há de se remontar ao mantenedor que configura o algoritmo sem se acautelar o suficiente para promover esse tipo de desdobramento.[170] Se invioláveis do ponto de vista jurídico, é possível que as empresas não incluam nas suas funcionalidades os recursos necessários para detectar o abuso. Seu interesse imediato de concentrar a atenção dos usuários por meio da criação de conteúdos impactantes ou espetaculares, afinal, pode estar justamente na contramão do dever de bem-informar que lhes cabe, se são vistas como verdadeiros veículos de comunicação social.

### III.1.3. Mídias sociais sem curadoria algorítmica

Nem todas as plataformas reconhecidas como mídias sociais segundo a classificação que se apresentou neste tópico, porém, empregam algoritmos de personalização do seu conteúdo. Em alguns casos, o conteúdo gerado pelos usuários, além de ser assíncrono, persistente e não diádico, não é submetido a filtros automáticos nem a diferentes padrões de direcionamento, como acontece nas redes sociais, com exceções notáveis como a WT Social, criada exatamente com a finalidade de ser uma rede social que não se organizasse por algoritmos (BENDIX, 2020). A bem da verdade, as primeiras mídias sociais de que se tem notícia operavam sem esse tipo de interferência. Muitas delas per-

---

168   Sobre esse ponto, v. também David Beer (BEER, 2017, p. 5 e ss.).

169   É relevante, porém, que os algoritmos podem simplesmente refletir preconceitos da própria sociedade, como notam Tene e Polenetsky (2017, p. 137). Os autores argumentam ainda, a título de exemplo, que a supressão do discurso de ódio poderia levar a que os problemas sociais subjacentes fossem escondidos do escrutínio público (2017, p. 142). Essa, porém, é uma proposição bastante discutível, que reconhece uma espécie de função *reveladora* nesse tipo de discurso e ignora que o favorecimento à sua proliferação pode não ser fruto da intencionalidade dos programadores nem de uma tendência social inerente, mas um subproduto da hierarquia de prioridades escolhida pelos programadores.

170   Há dúvidas relevantes se o estado da arte da tecnologia permitira técnicas de inteligência artificial capazes de atuar no sentido contrário, prevenindo conteúdos socialmente indesejáveis, em substituição ao juízo humano. (MARSDEN, MEYER ; BROWN, 2020, p. 6-8)

maneceram operando segundo a mesma lógica ao longo do tempo e seguem presentes até hoje como plataformas influentes.

### III.1.3.1. A Wikipédia e as mídias wiki

A Wikipedia, criada em 2001 e mantida pela Fundação Wikimedia, é um site escrito de forma colaborativa sobre assuntos os mais diversos. Sua apresentação é, como o próprio nome já indica, a de uma enciclopédia, mas com uma estrutura muito específica. Os verbetes da Wikipedia podem ser, em regra, livremente editados por seus usuários, que podem também criar novas entradas. A partir de alguns mecanismos de autorregulação, executada sobretudo pela própria comunidade de usuários, esse acúmulo de informações vai sendo lapidado. O produto final é um notável conjunto de conhecimento criado de maneira coletiva e acessível de qualquer computador conectado à internet e dotado de um navegador, ainda que haja questionamentos sobre a acurácia da informação nela publicada, especialmente na comparação com grandes enciclopédias.[171] Embora a Wikipedia contenha uma interface de cadastro que dá ao usuário o direito de usar um nome, editar uma página própria, comunicar-se com outros usuários sem revelar o próprio endereço de IP, pessoas não cadastradas podem editar qualquer verbete da plataforma. A edição é historiada em uma seção de registros de cada verbete, com a descrição de cada alteração e a respectiva identificação do responsável, pelo IP – para usuários não cadastrados – ou pelo nome cadastrado.

A iniciativa nasceu de um projeto de nome Nupedia, lançado em março de 2000. O programador responsável procurou, pouco depois, adequar a plataforma ao sistema "wiki",[172] uma estruturação simples, que facilitava a edição pelos usuários, mas a desconfiança dos editores sobre o sistema da Nupedia levou à criação paralela da Wikipedia, com esse formato. A iniciativa cresceu rapidamente nos meses e anos seguintes (ROSENZWEIG, 2006). Em 20 de julho de 2020, tratava-se do décimo quarto site mais acessado da internet nos

---

171 V. por exemplo RECTOR (2008), que a partir de amostras, comparou a acurácia da Wikipedia com a Encyclopaedia Britannica, o Dictionary of American History e a American National Biography Online. A acurácia da primeira variou em torno de 80%, enquanto as demais pairaram em torno de 95-96%.

172 O nome foi extraído da palavra havaiana *wikiwiki*, que significa "rápido" ou "informal". (ROSENZWEIG, 2006, p. 121)

90 dias anteriores, segundo a Alexa, (ALEXA, 2020) com cerca de 495 milhões leitores mensais, conforme a própria plataforma. (WIKIPEDIA, 2020). A edição em português, a décima-sexta maior em quantidade de verbetes, atingiu a marca de 1 milhão de artigos em junho de 2018 (WIKIPEDIA, 2020).

Ao contrário das redes sociais, a Wikipedia não tem o propósito primário de viabilizar a interação em si entre os usuários, nem permite que seu portal seja utilizado por anunciantes diretamente, apesar de ser também de acesso gratuito. Trata-se de um site sem fins lucrativos com o objetivo de ser uma fonte de consulta cada vez mais vasta e abrangente, que se apoia fortemente no fato de ser aberta. Talvez por isso, o portal não empregue nenhum tipo de modulação algorítmica na exibição de seu conteúdo. O acesso aos verbetes dá-se por busca específica dos usuários, e o refinamento de cada artigo é produto de regras convencionadas de moderação aplicadas por seus colaboradores mais assíduos.

A governança do conteúdo da Wikipedia constitui um tópico do maior interesse. Eventuais discordâncias são resolvidas por postagens em uma página de discussão, que fica associada a cada verbete. Páginas sensíveis, mais vulneráveis a edições maliciosas, são acompanhadas por editores voluntários mais experientes. As políticas e as diretrizes são também objeto de procedimentos complexos de deliberação coletiva. Viegas, Wattenburg e McKeon, por exemplo, expõem ilustrativamente a forma como os usuários decidem o verbete destacado na primeira página da plataforma diariamente ("Artigo em Destaque", ou "FA", na sigla em inglês para *Featured Article*):

> Antes de um artigo poder ser promovido ao status de Artigo em Destaque, ele precisa ser indicado como Candidato a Artigo em Destaque ["FAC", na sigla em inglês]. Qualquer um pode indicar um artigo para FAC. As indicações são públicas e espera-se que os denominadores façam um esforço para confrontar quaisquer objeções que os editores suscitem durante o processo de revisão. (...) Para a indicação ser promovida ao status FA, deve haver consenso de que o artigo preenche os critérios para ser um FA. Permite-se que qualquer um participe do processo de revisar um FAC, e o voto de apoio ou oposição deve ser amparado por motivação explícita. As objeções devem ser acionáveis, no sentido de que tenham um modo claro de serem confrontadas. Caso nada possa ser feito em princípio para confrontar a objeção, o diretor de FA pode ignorá-la. (...) O diretor de FA pode determinar se há consenso na promoção ou na rejeição de um FAC. Se as objeções acionáveis não forem resolvidas ou o consenso pela promoção não for atingido,

> uma indicação pode ser removida da lista e arquivada. (...) Dois aspectos do processo de FA são inusuais. Primeiro, várias funções no processo são assinaladas a multidões de indivíduos autoidentificados. Os editores do artigo, os revisores e os que votam sobre se o artigo preenche os critérios de FA são voluntários e não há limite pré-estabelecido do número dos que podem participar. O segundo aspecto inusual é o fluxo de informação não-hierárquico, em que algumas pessoas sinalizam que a tarefa é necessária – pelo uso de templates – e outras pessoas tomam o sinal e agem sobre ele. Apesar de haver um diretor de FA, ele depende completamente de voluntários e não é um chefe. (2007, p. 448-451, tradução nossa)

Em forte contraste com a forma de modulação de conteúdo usualmente empregada pelas mídias que recorrem a algoritmos, na Wikipedia, a informação é gerada também pelos usuários, mas é distribuída segundo diretrizes, políticas e decisões pontuais humanas, sempre devidamente registradas nas páginas de discussão da plataforma. Evidentemente, porém, isso só é possível em razão dos objetivos específicos da página, capaz de angariar inúmeros editores voluntários, em uma dinâmica completamente distinta da que caracteriza as empresas comerciais de mídia digital, norteadas pela finalidade de lucro e dotadas de grandes equipes profissionais mobilizadas para assegurar maior eficiência no atingimento desse objetivo. De qualquer forma, trata-se de uma alternativa à automação, conhecida e bem-sucedida.

Além da Wikipedia, há inúmeras outras mídias wiki operacionais, algumas, inclusive orientadas por finalidades as mais diversas. O Wikihow é uma plataforma especializada em instruções sobre como fazer tarefas variadas, alimentada por jornalistas e com 230 mil artigos em 2018 (KOUPAEE; WANG, 2018). Trata-se de uma empresa que aufere receitas com anúncios. Outro exemplo famoso é a Intellipaedia, criada em 2005 pelo serviço de inteligência americano para o compartilhamento de informações entre as várias agências do país, que se tornou parte da rotina da respectiva comunidade de inteligência (DREYFUSS, 2017). Entre as interfaces de natureza comercial, além do WikiHow, há outros, como (i) a chinesa Baidu Baike, análoga à Wikipedia, mas da empresa Baidu, com 19 milhões de artigos e 7 milhões de editores, que recebe receita de anunciantes, (ii) o Baike.com, do mesmo gênero e recentemente adquirida pela ByteDance, mesma empresa do TikTok, e (iii) outras especializadas em entretenimento, como a Memory Alpha, o Fallout

Wiki e a Wowpedia, que são wikis mantidos pela empresa Fandom[173] e destinados exclusivamente à temática da franquia "Star Trek" e dos jogos das séries "Fallout" e "World of Warcraft" respectivamente [174].

## III.1.3.2. Blogs e fóruns

Antes do surgimento das principais redes sociais hoje em voga, uma das funcionalidades mais utilizadas da internet eram os *blogs*. A rigor, a principal diferença entre os blogs e as redes sociais é exatamente a capacidade dessas últimas de congregar informações de várias pessoas em um só *feed*. Os *feeds* das redes sociais, em outras palavras, poderiam ser descritos como clipagens de *blogs* ou microblogs. Embora seu uso tenha diminuído bastante entre os usuários nos últimos anos, seguem sendo uma forma de comunicação disseminada entre jornalistas e especialistas em determinadas áreas. Os *blogs* são basicamente páginas pessoais em que um usuário – ou um grupo de usuários – posta textos em sequência.[175] Outros usuários interagem com os *blogs* por meio de comentários.

Já os fóruns são ambientes de discussão, normalmente especializados em determinados assuntos ou interesses, em que os usuários iniciam debates sobre determinados tópicos e outros usuários podem replicar, geralmente mediante cadastro. Os fóruns seguem sendo importantes meios de comunicação na internet. Muito conteúdo inicialmente distribuído por meio deles acaba alimentando, depois, outras mídias, como as redes sociais e tornando-se popular nessas plataformas. Nos fóruns, as postagens soem ser ordenadas pela data da última interação com uma discussão específica. Os administradores, porém, podem "fixar" na respectiva grade tópicos que julguem ser de interesse perene.

Em ambos os casos, blogs e fóruns, muito embora os requisitos para sua caracterização como mídias sociais estejam presentes, não há, como no caso

---

173 A Fandom, anteriormente denominada Wikia, foi criada por um dos fundadores da Wikipedia, Jimmy Wales, exatamente para ser uma frente que visasse lucros, ao contrário da sua criação original.

174 A Fandom conta ainda com inúmeros wikis segmentados dessa natureza, especializados em séries televisivas como "Walking Dead" e em filmes e livros como "Harry Potter".

175 Na definição de Pasquale Constanzo: "O blog configura-se como um site particular com a intenção de submeter à atenção de uma plateia indeterminada de usuários de internet reflexões e comentários de natureza pessoal, frequentemente corredigidos, graças ao caráter multimídia do instrumento, e enriquecido com materiais visíveis e sonoros, e, como é da natureza do meio, ligações hipertextuais (....)." (2008, p. 58)

da maior parte das redes sociais, nenhum tipo de modulação de conteúdo por fatores capazes de predizer o engajamento dos leitores. O sequenciamento é feito, em regra, por simples cronologia, ou, no máximo, por decisão pontual de quem os detém ou administra.

### III.1.4. Mídias sociais como comunicação social

Desde um ponto de vista jurídico-constitucional, a categoria relevante é, pois, a *comunicação social*. Para avaliar se a disciplina estabelecida para a comunicação social na Constituição é aplicável às mídias sociais, é preciso averiguar em que medida os serviços realizados por essas mídias, assim entendidas conforme as definições trazidas da teoria da comunicação e desenvolvidas no subcapítulo anterior, enquadram-se no conceito jurídico. Fato é que não estão previstas no texto constitucional, por incogitáveis aos constituintes na época da sua edição. Esse silêncio não significa, portanto, omissão.

> Numa frase, estamos a lidar com atividades e meios ou empresas de comunicação social que, no seu conjunto, encerram o estratégico setor da imprensa livre em nosso País. Ficando de fora do conceito de imprensa, contudo, por absoluta falta de previsão constitucional, a chamada "Rede Mundial de Computadores - INTERNET". Artefato ou empreitada tecnológica de grandes e sedutoras possibilidades informativas e de relações interpessoais, sem dúvida, dentre elas a interação em tempo real dos seus usuários; ou seja, emissores e destinatários da comunicação internetizada a dispor da possibilidade de inverter as suas posições a todo instante. O fisicamente presencial a cada vez mais ceder espaço ao telepresencial (viagem que vai do concreto ao virtual), porém, ainda assim, constitutivo de relações sem a menor referência constitucional. O que se explica em função da data de promulgação da Carta Política brasileira (5 de outubro de 1988), quando os computadores ainda não operavam sob o tão refinado quanto espantoso sistema eletrônico-digital de intercomunicação que veio, com o tempo, a se chamar de "rede" (SUPREMO TRIBUNAL FEDERAL, 2009b, p. 15)

É verdade que a Emenda Constitucional n. 36, de 2002, introduziu o conceito de "comunicação social eletrônica" no artigo 222, § 3º da Constituição. Os meios a ela dedicados deveriam seguir, inclusive, os princípios elencados no artigo 221, relacionados originariamente à programação dos meios radiodifusores, independentemente da tecnologia utilizada para a prestação dos serviços. Reconheceu-se, portanto, a existência de uma nova modalidade mediadora, exercida por recursos eletrônicos. A nova disposição não trouxe, porém, nenhuma definição mais objetiva, de modo que o discernimento da *comunicação social eletrônica* segue dependendo de uma análise sobre o que integra constitucionalmente a *comunicação social*. Certamente, iniciativas de imprensa apenas transpostas para o meio digital, como canais de televisão disponíveis *online* e jornais de notícias feitos em portais eletrônicos enquadram-se no conceito, já que a irrelevância do recurso técnico de transmissão foi expressamente consignada pelo constituinte derivado. Para se divisar os casos menos claros, porém, é indispensável verificar se estão presentes os traços essenciais do conceito de comunicação social.

No primeiro capítulo, viu-se que o elemento fundamental da comunicação social é o potencial para reproduzir mensagens a uma pluralidade de usuários. É exatamente essa capacidade amplificadora e o poder político resultante que justificam um tratamento específico às condições de acesso a esses canais e os limites impostos à sua utilização. Enviar uma mensagem diretamente a um receptor específico tem, como visto, potencial de influenciar, mas o poder relacionado à capacidade de difundir de maneira exponencial um determinado conteúdo traduz um poder tão mais extremo quanto seja a capacidade de reprodução, o que, por sua vez, implica responsabilidades proporcionalmente maiores e mais complexas. Não por acaso, a Constituição, ao mesmo tempo em que assegura um regime bastante libertário para os meios de comunicação social, também predica certas cautelas indispensáveis para evitar o desvirtuamento da sua função, como diretrizes de conteúdo aplicáveis a certos veículos, restrições à titularidade e ao desempenho de certas funções em outros e até mesmo a proibição da excessiva concentração, como se viu em detalhes no capítulo II.

As mídias sociais inequivocamente têm, em parte, essa característica amplificadora.[176] Ainda que, em muitos casos, os algoritmos responsáveis pe-

---

176 Nesse sentido, vale a conclamação da Recomendação CM/Rec (2011)/7, do Comitê de Ministros dos Estados Membros sobre uma nova noção de mídia no Conselho da Europa. Segundo o documento, "novos atores assumiram funções no processo de produção e distribuição de serviços de mídia, que, até recentemente, vinha sendo desenvolvido unicamente (ou sobretudo) por organizações de mídia tradicionais". Defendeu-se, então, uma nova noção de mídia, "que compreenda todos os atores envolvidos na produção e disseminação, para números potencialmente altos de pessoas, de conteúdo, (...) e aplicações que sejam desenhadas para facilitar a comunicação em massa interativa (...), ou outras experiências interativas de larga escala baseadas em conteúdo (...), enquanto mantém (em todos

los padrões de seleção do conteúdo exibido aos seus usuários sejam completamente automatizados, automação não significa neutralidade, como também se viu. O fato é que, sejam quais forem os algoritmos, protegidos, em regra, por segredos industriais – portanto, não podem ser controlados diretamente em seu funcionamento – o resultado de seu emprego para a personalização de conteúdo e a replicação de mensagens na máxima escala é devidamente conhecido. Trata-se, enfim, de fórmulas dotadas de agência, que, nessa condição, não podem escapar a um escrutínio quanto à responsabilidade pelo que acarretam na comunicação em massa.

É verdade que as mídias sociais, ao contrário das tradicionais, têm como uma de suas características fundamentais o fato de basearem-se em conteúdo gerado pelos próprios usuários e não por suas equipes. Essa distinção, porém, não é absoluta. Tanto as mídias tradicionais oferecem espaço a seus consumidores, ainda que sob sua curadoria,[177] quanto as mídias sociais oferecem conteúdo próprio, em menor quantidade. Sucede que a *origem* do material propagado não é razão suficiente para se discriminar uma e outra forma de conteúdo. O que tem relevância é a *forma de propagação* em si e o *conteúdo efetivamente propagado*.

A propósito, as mídias sociais de forma muito frequente proclamam a inexistência de responsabilidade pelos materiais nelas veiculados com base exatamente na origem do conteúdo. Arrogam-se propositalmente o termo "plataforma" – empregado neste trabalho de forma crítica – exatamente para enfatizar um papel supostamente neutro e passivo na dispersão de informações. A bem da verdade, como visto, essas *plataformas* empregam critérios subjetivos na modulação das mensagens – têm, na definição de Taina Bucher, *agência*, na exata medida em que escolhem favorecer determinados pontos e preterir outros tantos quanto à ressonância dentro das suas redes. Não se trata, enfim, de um simples efeito expansivo que se estenda a todos os que delas

---

esses casos) controle editorial ou supervisão do conteúdo." Ressaltou-se também que, a despeito das mudanças no ecossistema midiático, o propósito e o(s) objetivo(s) subjacente(s) das mídias continua inalterado, nomeadamente a provisão ou disseminação e conteúdo a um público amplo e a provisão de um espaço para diferentes experiências interativas" (CONSELHO DA EUROPA, 2011)

177 Muitos jornais contam com seções de cartas dos leitores ou painéis de debates entre especialistas sem vínculo profissional, por exemplo. Alguns programas de rádio e televisão oferecem espaço para a participação de espectadores, usualmente por meio de ligações telefônicas. Todos também extraem entrevistas tanto de anônimos quanto de figuras conhecidas.

se valem, à maneira de um microfone ou de um autofalante. Trata-se, isto sim, de curadoria de conteúdo, à maneira de um editor de jornal ou de um diretor de programação nos meios de radiodifusão.

Quanto à forma de propagação, em uma parte dos casos, as mídias sociais não operam exatamente da mesma forma que as mídias tradicionais, porque os usuários tomam parte ativamente na amplificação do alcance das mensagens. Nessas situações, o que se tem não é exatamente uma relação direta entre veículo e público. Em alguma medida, a amplificação está condicionada a um registro de interações por parte de outros usuários interconectados que medeiam também a propagação. Os algoritmos favorecem a disseminação de alguns tipos de mensagem dotados de determinados atributos. [178] Em parte das mídias sociais, aliás, não está nem claro se as conexões do usuário são de fato relevantes para predizer o oferecimento de um determinado conteúdo. Dos casos vistos acima, o YouTube, por exemplo, aparentemente, tem essa característica de amplificar, à revelia de quaisquer conexões conscientemente estabelecidas pelo usuário, mas, de certa forma, todas as redes sociais analisadas modulam as mensagens de acordo, sobretudo, com suas finalidades corporativas. Se é assim, é inescapável que se lhes aplique parte do estatuto constitucional da comunicação social, ao menos na medida em que desempenham comunicação social, sob pena de se estabelecer uma injustificável discriminação no contraste com as mídias tradicionais.

## III.2. Mídias de notícias e entretenimento

Embora a emergência e a disseminação das mídias sociais constituam um fenômeno marcante para a comunicação social contemporânea, possivelmente o mais destacado, não se trata da única mudança relevante nesse domínio advinda dos avanços da informática e da telemática. À medida que os computadores, celulares e dispositivos conectados à internet se tornam mais potentes e se distribuem entre maiores parcelas da população, inevitavelmente, as possibilidades de comunicação, seja pessoal, seja massificada, se

---

[178] Morozov, sobre a crise das "fake news", assinala que o problema não são elas em si, mas "a velocidade e a facilidade de sua disseminação, e isso acontece principalmente porque o capitalismo digital faz com que seja altamente rentável – veja o Google e o Facebook – produzir e compartilhar notícias falsas que atraem cliques". (MOROZOV, 2018, p. 184)

multiplicam. Notavelmente, muitas das novas formas de comunicação se entrelaçam, o que leva, por si só, a novas mudanças sobre o que se lê e o que se escuta e sobre quem o determina. Ainda que não haja necessariamente uma interação entre pessoas como motor de difusão de conteúdo, como nas mídias sociais, em particular nas redes sociais, ainda assim, outras mídias têm explorado novas possibilidades técnicas de irradiação audiovisual.

De qualquer forma, é relevante notar, desde logo, que o jornalismo tradicional também sofre um processo profundo de mudança, até mesmo na mídia impressa, decorrente da intensificação do uso dos canais digitais interativos. Além de contar com portais de mídia social como o Twitter como fonte de notícias, os jornalistas têm experimentado uma nova realidade quanto ao afluxo crescente de contribuições difusas, em iniciativas como as "redações abertas", iniciativas em que se franqueia à comunidade discutir a abordagem dos respectivos veículos com seus editores:

> A criação da notícia, portanto, foi reformatada como um esforço fundamentalmente social, em que o repórter é apenas uma parte da comunidade. Apoiadores defendem que a participação do repórter nas mídias sociais humaniza os jornalistas e torna o processo jornalístico mais transparente (possivelmente aumentando a credibilidade como resultado). Muitos nativos do jornalismo digital veem as notícias mais como uma "conversa" do que como a imposição da ordem por meio das narrativas das organizações de notícias de elite. Rejeitam a visão das organizações de notícias como líderes dessa conversa por estabelecerem a agenda, permitirem a conversa (ao convidar comentários nas histórias depois de completas), julgarem a conversa, ou controlarem a conversa. Veem as notícias como um processo em tempo real de compartilhamento e correção, em que os jornalistas e o público verdadeiramente colaboram – sem a prioridade ou a autoridade do jornalismo. (LEVI, 2012, p. 1550, tradução nossa)

Trata-se, enfim, de uma via dupla, que não apenas traz novos fatores de amplificação das mensagens, que contam sobretudo com a participação cada vez mais ativa do público, talhada por meio de mecanismos automatizados que possibilitam que essa contribuição se dê em diferentes escalas, sobretudo nas mídias sociais, como altera fundamentalmente a postura da própria imprensa tradicional, reposicionada diante da sua audiência. Em resumo, as notícias são cada vez mais uma empreitada social, em que ainda tomam parte profissionais, mas compareçam também os usuários e suas conexões, além de mecanismos de filtragem desenhados para tornar a experiência cada vez mais atrativa.

Essas mudanças alcançam de formas diferentes as mídias de jornalismo e as mídias de entretenimento propriamente dito. É seguro dizer que, no segundo domínio, conquanto as interações já se façam presentes, o impacto ainda não é tão significativo quanto no campo jornalístico. Os espetáculos, de forma geral, têm sido mais influenciados por novas formas de distribuição de conteúdo do que propriamente por uma nova sistemática de produção, ao menos no coração do sistema. Evidentemente, porém, a evolução da técnica distributiva não é indene a consequências para as próprias escolhas editoriais, mesmo no domínio do entretenimento.

### III.2.1. Serviços de streaming

Se a televisão por assinatura, propagada por cabos, representou uma primeira novidade relevante, sobretudo a partir da década de 1990, a partir dos anos 2010, foi a vez de se popularizarem os serviços de áudio e vídeo sob demanda, denominados de streaming. Por esse tipo de serviço, os consumidores não precisam carregar a íntegra de um material audiovisual para visualizá-los ou ouvi-los. O consumo é simultâneo ao carregamento. Além disso, o conteúdo transmitido ao usuário resta emoldurado "dentro" da aplicação, ao contrário do que acontece quando a informação é carregada diretamente na internet para reprodução no meio que aprouver ao usuário.

Assim como acontece na maior parte das mídias sociais, os serviços de streaming costumam empregar algoritmos de recomendação para os usuários. Como contam com vastos repertórios de conteúdo e a grade não é fixa como acontece no caso dos meios tradicionais de comunicação em massa, recorrem a mecanismos para oferecer o material que, segundo se calcula, vai, mais provavelmente, agradar àquele usuário específico. Há uma diferença essencial em relação às mídias sociais, embora o objetivo imediato seja semelhante – manter na máxima medida possível a atenção do usuário –, porque o objetivo mediato, no caso de boa parte das plataformas de streaming não é, necessariamente, disponibilizar uma plataforma de anúncios,[179] mas o de

---

[179] Como se verá, há casos híbridos, em que as plataformas oferecem a opção *com anúncios* e a opção *sem anúncios*, paga.

manter a fidelidade do usuário ao serviço. Essa forma de operar é possível porque as plataformas de streaming conseguem condicionar o acesso a seu catálogo ao pagamento de assinaturas mensais. Em outras palavras, em termos econômicos, esses serviços são excludentes, à semelhança da televisão fechada. Uma diferença fundamental, nesse caso, é o fato de o consumo ser *sob demanda*. Outra disparidade significativa é a portabilidade, já que esses serviços de streaming podem ser acessados de dispositivos móveis, o que permite o consumo de vídeos e áudios nos mais diversos contextos, notadamente nos momentos de trânsito do usuário – um diferencial importante em boa parte das grandes cidades brasileiras, cujos meios cotidianos de transporte coletivo e individual apresentam problemas estruturais que elevam o tempo gasto no deslocamento diário.[180]

De todas as plataformas de streaming, o exemplo mais bem-sucedido atualmente é, possivelmente, o da Netflix. Depois de ter-se lançado como um serviço de oferecimento de filmes pela internet, a empresa cresceu consideravelmente, até o ponto em que passou a produzir conteúdo próprio, que é exibido ao lado de produções de terceiros licenciadas pela empresa. As escolhas de produção editorial são baseadas também em critérios algorítmicos capazes de sugerir, por exemplo, atores cujo apelo diante do público justifique um investimento na sua contratação (BURROUGHS, 2018, p. 9-10). As recomendações de vídeo, por sua vez, são baseadas em indicadores colhidos da interação dos usuários com a plataforma:

> Toda vez que você pausa, rebobina ou assiste novamente a uma parte de uma peça de conteúdo de streaming, a Netflix registra essa atividade como o que chama de um "evento" (...) Com a concentração massiva de dados que a Netflix compila, ela proclama um entendimento de determinadas audiências. Pela análise desses dados, que são colhidos de todas as partes da sua interface, ela sente que "sabe" o que as pessoas gostam de assistir. (BURROUGHS, 2018, p. 11, tradução nossa)

Em outras palavras, serviços como o da Netflix valem-se ativamente de dados da audiência não só para priorizar as escolhas editoriais de acordo com o público-alvo, como para personalizar as recomendações de conteúdo

---

180 Em pesquisa online realizada por Pinochet, Nunes e Herrero, nesse sentido, 81,5% dos respondentes apontaram o transporte público como ambiente ideal para consumir o streaming musical. (2019, p. 154)

de acordo com os registros que mantêm sobre cada usuário e possivelmente sobre os grupos sociais que integram. A grade de programação é interativa, mas, ainda assim, direcionada de acordo com os interesses corporativos. As questões identificadas acima quanto à modulação automática de conteúdo nas mídias sociais são extensíveis, pois, a essas plataformas. Assim como naquele caso, a existência de um algoritmo de personalização não é, em si, ilegítima, mas seu emprego, por outro lado, não exonera a plataforma de responsabilidade pelos resultados dessa modulação tampouco a isenta de submeter-se a normas específicas relacionadas à comunicação social.

A importância dos serviços de streaming transcende o conteúdo de vídeo. São também bastante populares para oferta de material sonoro, como músicas e programas noticiosos ou de opinião – os chamados podcasts, cujo uso, em 2019, cresceu 67% no Brasil (TRINDADE, 2019).[181] No que concerne à música, dados de 2015 já indicavam que a maioria dos consumidores brasileiros recorria aos chamados "tocadores", como Spotify, GooglePlay Deezer, para escutar arquivos musicais, com cerca de um terço desse contingente pagando pelo serviço. (VICENTE, KISCHINHEVSKY ; MARCHI, 2018, p. 27). Os tocadores também podem empregar algoritmos para sugerir músicas, podcasts e listas aos usuários. O Spotify, por exemplo, contém a lista "Descobertas da Semana", que recomenda material de maneira personalizada periodicamente, e outra chamada "Rádio da Música", que sugere canções consideradas similares às mais ouvidas pelo usuário. O principal fator empregado por essa curadoria automática são os dados reunidos de outros usuários e, evidentemente, do próprio ouvinte (PASICK, 2015)

Trata-se, enfim, de veículos de comunicação social de uso e de influência crescentes na sociedade. Tendem cada vez mais a disputar espaço com as mídias tradicionais, ou a efetivamente confundirem-se com elas. Programas exibidos regularmente na televisão e no cinema são oferecidos por plataformas de streaming, da mesma forma como programas de rádio são disponibilizados no formato de podcasts. A diferença principal não é com relação ao conteúdo oferecido em si mesmo, mas à forma como o são. Em vez da grade fixa tradicional, nos serviços de streaming, o usuário pode escolher o que assistir em cada momento. Ainda assim, as escolhas são parcialmente pautadas em mecanismos

---

181  Além disso, o tempo de escuta, que havia subido 130% em 2018, subiu ainda 40% em 2019.

automatizados de recomendação, o que, na prática, significa a conservação de um poder de sequenciamento pela plataforma que oferece o serviço.

A inter-relação entre as mídias audiovisuais tradicionais e os serviços de streaming é bastante ilustrativa da necessidade de se depreender delineamentos gerais da disciplina jurídica da comunicação social, sob pena de se promoverem distinções arbitrárias, desalinhadas da finalidade das normas mais fundamentais relativas ao tema. Assim é o magistério de Luís Roberto Barroso, ao tratar especificamente da portabilidade de conteúdo entre o rádio e a televisão e as novas vias de acesso ao audiovisual:

> (...) se outras plataformas oferecem os mesmos serviços [de comunicação de massa], suscitam automaticamente as mesmas preocupações associadas à radiodifusão, referentes à soberania nacional, à opinião pública, à cultura nacional e à responsabilização. Cabe aqui enfatizar, ainda uma vez, a constatação evidente de que o constituinte só fez referência a rádio e televisão, como empresas de radiodifusão, porque este era o 'estado da arte', em termos de meios de comunicação de massa, ao tempo em que se desenvolveram os trabalhos de elaboração da Constituição.
>
> Há ainda um outro ponto, tão ou mais grave, que pode até mesmo comprometer a seriedade com que devem ser interpretadas as normas e respeitadas as instituições. É que basta que as empresas de radiodifusão já existentes passem a oferecer programação de rádio e televisão por outros meios técnicos – o que agora já se tornou possível – para, por esse artifício, se evadirem da normatização constitucional a que estariam sujeitas. Claro: se as normas constitucionais não se estendessem às demais plataformas tecnológicas, bastaria que as concessionárias atuais de radiodifusão passassem a servir-se delas. Ou seja, a interpretação acriticamente apegada à literalidade do texto acabaria por permitir a fraude a seu conteúdo. Nada legitimaria isso. (BARROSO, 2003)

Em outras palavras, é necessário que se compreenda, ainda que existam diferenças sensíveis, sobretudo na faculdade dos usuários de streaming de selecionar o conteúdo que mais lhes aprazam, que há similaridades que não podem ser ignoradas, se se tem em conta a teleologia da disciplina constitucional da comunicação social.

## III.2.2. Portais eletrônicos de notícias e seções de comentários

A mudança ocorre também nos veículos tradicionais de comunicação social, como já se deu a entender ao longo do presente trabalho. Os periódicos convencionais não apenas têm seu conteúdo dispersado por meio das redes sociais como também se valem do seu conteúdo como fonte de informação. Além disso, já há muitos anos mantêm versões digitais em que reproduzem uma parte de seu conteúdo impresso, mas com uma nova dinâmica de apresentação e com atualização em tempo real.

Ao contrário do que acontece com as mídias sociais, nesses portais eletrônicos, as matérias não são ordenadas na página principal – pelo menos não até o momento – em sequências personalizadas exibidas conforme a projeção do perfil de cada usuário. Há uma dinâmica muito mais intensa de movimentação das matérias, em razão da possibilidade sempre presente no meio digital de promoverem-se atualizações e divulgarem-se novas notícias. Ainda assim, são profissionais que selecionam diretamente as notícias mais relevantes, segundo seus critérios editoriais, e dão maior ou menor destaque para a primeira página. Recomendações de matéria podem ser, porém, automatizadas, nas subpáginas, a partir do clique do leitor em uma matéria específica. São seções denominadas, por exemplo, como "Recomendado para Você", em que outras matérias são lincadas em meio, muitas vezes, a anúncios contratados.

Os portais noticiosos eletrônicos costumam exibir ainda outro componente da maior relevância, que são as seções de comentários dos usuários. Trata-se de um espaço destinado a que os leitores – usualmente por meio de cadastros simples na própria página – adicionem seus próprios comentários, que, após algum tipo de moderação para evitar abusos como o emprego de certos termos proscritos (detectados às vezes por mecanismos automatizados), são publicados e agregados. Podem, de todo modo, conter conteúdo falseado ou difamatório. Assim como acontece com as postagens das redes sociais, os comentários dos leitores são ordenados, por vezes, segundo critérios não cronológicos estabelecidos pelos respectivos portais.

Esse tipo específico de conteúdo, que é exibido em conjunto com a matéria noticiosa, tem sido objeto de estudo, sobretudo no domínio do jornalismo. Rafael Sampaio e Samuel Barros, por exemplo, examinaram artigos do site da

Folha de S. Paulo e detectaram agressividade em mais da metade dos comentários analisados e pouca disposição dos usuários para entendimento mútuo, ainda que os autores apontem a possiblidade de um "metaconsenso" (2012). Similarmente, Marisa Torres da Silva, embora tenha identificado um bom nível de "interatividade" entre os comentários, notou frequência de mensagens marcadas pela "não-polidez". (2013) Em relação ao efeito provocado na audiência, os comentários podem afetar a opinião dos leitores e levá-los a inferir o clima de opinião prevalente sobre a matéria, com base neles mais do que nos índices de aprovação aferidos, por exemplo, por meio de métodos de avaliação direta, como as "curtidas" (LEE ; JANG, 2010). Similarmente, há sinais de que os comentários contribuem diretamente para o viés que a massa de leitores atribui à própria notícia comentada. (HOUSTON, HANSEN ; NISBETT, 2011) (LEE, 2012). Os comentários, especialmente os negativos, também têm sido atribuídos ao desencadeamento do viés cognitivo denominado de "efeito adesão" ou "heurística de *bandwagon*", pelo qual os leitores, pela observação dos comentários, aderem à opinião percebida como majoritária em relação tanto ao conteúdo noticiado quanto à importância do tema de fundo de um determinado artigo. (WADDELL, 2018).[182]

Em suma, os comentários dos usuários exibidos pelos portais noticiosos integram o conteúdo, ao menos na percepção dos leitores e chegam a afetar até mesmo a forma como a matéria, em si, é avaliada. Mais uma vez, importa menos a autoria difusa das mensagens divulgadas nesta seção e mais a amplificação conferida pela respectiva página, especialmente porque (i) antecedidas pelo conteúdo criado editorialmente pelo próprio portal noticioso e porque (ii) sua publicação atende aos interesses comerciais dos veículos, de modo que são um componente importante da experiência oferecida ao leitor, a quem é exibida a publicidade que constitui a receita que sustenta a atividade como um todo.[183] Os comentários dos leitores constituem, então, uma "complementação" da notícia, e constantemente são estimulados pelas respectivas páginas. Os portais preservam responsabilidade, portanto, pela seleção de comentários que apresentam.

---

182 O estudo de Waddell baseou-se em comentários às matérias publicadas no Twitter, mas acredita-se que suas conclusões sejam extensíveis aos comentários nos portais noticiosos.

183 Nesse sentido, v. §§ 115 e 144 do acórdão do julgamento do Tribunal Europeu dos Direitos Humanos, na sua Grande Câmara, em Delfi vs. Estonia, O tribunal diferenciou o papel dos portais noticiosos com seções de comentários abertas, de outras mídias digitais, inclusive as redes sociais e outros fóruns da internet com esses fundamentos. (CONSELHO DA EUROPA, 2015).

No geral, em relação aos jornais digitais, há uma relação análoga à que se verifica entre o conteúdo audiovisual tradicional e os serviços de streaming. Por mais que exista uma diferença sensível no fato de que, ao contrário do que ocorre com os impressos, exista maiores possibilidades de escolha do conteúdo consumido pelo usuário, existe algum tipo de curadoria realizado pela empresa jornalística que oferece o serviço noticioso em matéria digital, e praticamente não há diferença relevante em termos de conteúdo em si. Também aqui, portanto, seria arbitrário traçar uma linha que separasse o jornalismo impresso do jornalismo digital quanto à sua disciplina jurídica.

## III.3. Motores de busca

Entre as várias formas de acesso à informação que se disseminaram na contemporaneidade, merecem destaque também os portais de busca, que são uma fonte de consulta importante sobre assuntos os mais diversos, inclusive sobre fatos noticiosos. Não se trata exatamente de mídias sociais, já que o conteúdo exibido pela plataforma não é gerado primariamente pelos usuários para divulgação na própria plataforma de busca nem leva em consideração as interações com outros perfis a que os usuários estejam conectados. Ainda assim, os buscadores se alimentam diretamente do histórico agregado de todas as buscas realizadas e da interação prospectiva com o conteúdo que é exibido. As páginas listadas nesse tipo de site até podem personalizar a forma como serão interpretadas pelos motores de busca, por meio do que se chama de SEO (sigla em inglês para Search Engine Optimization ou "Otimização para Motores de Busca"), mas a fonte das informações coletadas pelos buscadores não são mensagens desenvolvidas para serem exibidas nessas plataformas.

O caráter crítico desse tipo de site tem relação com a estrutura dos endereços da internet, que não obedece a uma lógica que permita intuí-los como os endereços físicos das casas (INTRONA ; NISSENBAUM, 2000, p. 171). De certa forma, portanto, o acesso a uma determinada página depende de duas vias de entrada: ou o interessado haverá de saber todo o URL da página que deseja acessar ou deverá consultar um motor de busca em que a página esteja devidamente indexada. A indexação faz as vezes, então, de um mapeamento das páginas da internet e permite que elas sejam localizadas a partir da busca por palavras-chave escolhidas pelo usuário interessado, que são deduzidas de uma análise do código-fonte das páginas indexadas (INTRONA ; NISSENBAUM, 2000, p. 171). Trata-se, portanto, de uma função estruturante da internet, que hierarquiza os resultados de acordo com a pertinência percebida pelo buscador aos critérios de busca e pode ser manipulada de acordo com as estratégias comerciais de otimização já mencionadas, encampadas pelas empresas interessadas em atingir o topo das listas.

No Brasil, esse mercado é altamente concentrado na empresa Google, que detinha, em maio de 2020, 97,35% de participação, contra 1,27% do concorrente mais significativo, o Bing, da empresa Microsoft (STATISTA, 2020). Evidentemente, nem todo usuário que procura se informar na internet recorre diretamente aos motores de busca, como toda a exposição prévia sobre as outras plataformas de conteúdo evidencia por si só. Boa parte desse contingente pode acessar diretamente as mídias sociais ou mesmo os portais de notícias. No entanto, se a demanda por informação for intermediada por um mecanismo de busca, é praticamente certo que estará sujeita aos critérios de ranqueamento de uma só empresa.[184]

Essa concentração é, até certo, ponto, produto da própria lógica interna dos sistemas desse tipo, que têm como principal característica alimentar-se, a cada nova busca, dos dados gerados pela interação entre o usuário e os resultados que lhe são exibidos. Consequentemente, quanto maior a quantidade de dados, maior a base de dados da plataforma, e, por consequência, melhor a qualidade do algoritmo de busca. Em outras palavras, quanto mais usuários utilizam o Google, mais refinados serão os resultados e, por consequência, melhor será o buscador na comparação com outros menos usados. De uma perspectiva econômica, a tendência é sempre rumo ao domínio do mercado. Como se verá, de uma forma geral, essa é uma tendência generalizada dos mecanismos de comunicação digitais, mas é digno de nota o grau particularmente extremo que atingiu nesse mercado específico, bastante estratégico no que se refere ao direito

---

184 Evgeny Morozov, em sua crítica às empresas de tecnologia, é irônico e pungente: "Não seria ótimo que um dia, diante da afirmativa de que a missão do Google é 'organizar as informações do mundo e torná-las acessíveis e úteis para todos', pudéssemos ler nas entrelinhas e compreender o seu verdadeiro significado, ou seja, 'monetizar toda a informação do mundo e torná-la universalmente inacessível e lucrativa'? Esse ato de interpretação subversiva eventualmente nos possibilitaria alcançar a maior de todas as compreensões emancipadoras: deixar o Google organizar todas as informações do mundo faz tanto sentido quanto deixar a Halliburton lidar com todo o petróleo do planeta." (MOROZOV, 2018, p. 27)

à informação. Os motores de busca desempenham uma função de guardiães da informação, a ponto de suscitar uma discussão relevante sobre o nível de garantia do pluralismo interno (MONTI, 2019, p. 823).

Assim como acontece com as plataformas de mídia social, de mídia noticiosa ou de entretenimento, os buscadores, apesar de oferecerem um serviço bastante distinto de qualquer outra atividade humana que a tenha precedido,[185] mantêm o atributo amplificador que caracteriza os meios de comunicação social. Sejam quais forem os parâmetros precisos do algoritmo de sequenciamento de uma empresa como o Google, fato é que sua plataforma é capaz de conferir ressonância social a um determinado conteúdo, tanto quanto qualquer outro meio de difusão da informação, especialmente pela priorização de determinadas páginas na ordem de exibição. Esses provedores intermedeiam a informação consumida pelas massas, como já vem sendo identificado há mais de uma década:

> Embora raramente pensadas como meios de comunicação de massa, os motores de busca ocupam uma esquina [junction] crítica na nossa sociedade em rede. Sua influência em nossa cultura, em nossa economia, em nossa política pode, ao fim, encolher a das redes de televisão, das estações de rádio e dos jornais. Localizados nos gargalos da infraestrutura informativa, os motores de busca exercem um controle extraordinário sobre o fluxo de dados em uma rede altamente descentralizada. O poder, como sempre, vem acompanhado de oportunidades para o abuso e de preocupações sobre sua limitação para usos legítimos e apropriados. (BRACHA ; PASQUALE, 2020, p. 1150-1151)

Num contexto de produção desenfreada de informação nas redes, os motores de busca despenham o papel-chave de responsabilizar-se pela hierarquia dessa informação, isto é, de discernir o conteúdo que merecerá a atenção dos que acessam a rede do conteúdo que não merecerá. Assim, arrogam-se a posição de árbitros últimos da distribuição do bem mais relevante que perseguem as mídias digitais como um todo, o que lhes proporciona uma dimensão de poder extremamente sensível.

Assim como acontece, sobretudo, no caso das mídias sociais que empregam mecanismos de curadoria automatizada de conteúdo, os motores de

---
185 Nesse ponto os motores de busca são distintos das outras mídias analisadas anteriormente, já que elas conservam características de outras mídias pré-existentes.

busca exercem a filtragem por meio de algoritmos de classificação do material indexado nas suas bases. Esses algoritmos, naturalmente, operam segundo os critérios prioritários para as empresas que os controlam, que mantém o poder de induzir o público em determinada direção, normalmente a partir do histórico de comportamento dos usuários em buscas semelhantes. Os critérios que dão prioridade a alguns resultados enquanto marginalizam outros configurarão inevitavelmente algum tipo de "viés", relacionado a algum interesse subjacente (BRACHA ; PASQUALE, 2020, p. 1168). No caso dos motores de busca, muito do que se viu no tópico III.1.2.7 lhes é extensível. Tene e Polenetsky argumentam também que os resultados das buscas refletem os vieses profundos dos usuários e publicadores e não necessariamente uma escolha intencional da empresa que mantém o motor de busca (2017, p. 150).[186] Ainda assim, não se pode ignorar que a exploração comercial, sem nenhum tipo de tratamento crítico, desses vieses - ainda que originados da própria sociedade – traz consequências sociais relevantes.

A ordem dos resultados pode ser realizada de maneira direta e proposital, por serviços como o de exibição de anúncios no topo das páginas de busca, de que o serviço Google Ads[187] faz exemplo, ou de maneira velada, por meio de escolhas de programação que levem a resultados mais consonantes com seus interesses empresariais. De uma forma ou de outra, a disputa pelo desempenho nas buscas tende a favorecer inevitavelmente as empresas maiores e mais poderosas, que têm mais recursos para investir em estratégias de otimização dos resultados de busca.

Assim como no caso dos feeds das redes sociais, os algoritmos de hierarquia dos resultados de busca não são submetidos ao escrutínio público, e é impossível controlar a atividade desempenhada por essas plataformas senão pelo monitoramento dos resultados tópicos das buscas.

---

186 Os autores trazem o exemplo de uma reportagem do Guardian, de pesquisas por imagens no Google para "penteados antiprofissionais para o trabalho" (*unprofessional hairstyles for work*), no contraste com "penteados profissionais" (*professional hairstyles*). Enquanto a primeira traz imagens de mulheres negras com cabelo natural, a segunda traz fotos de mulheres brancas com o cabelo tratado. Na opinião dos autores, a despeito da reprovabilidade moral desse preconceito, não caberia ao Google mascarar essa realidade que apenas se reflete nos resultados de busca. (TENE ; POLENETSKY, 2017, p. 150-151)

187 O Google Adwords "leiloa" anúncios no topo das páginas de busca conforme os valores atribuídos a cada palavra-chave. Para uma exposição sobre o funcionamento complexo da técnica de leilões e uma avaliação crítica dos problemas concorrenciais relacionados ao serviço, inclusive quanto à dificuldade de rastrear a taxa de retorno obtida pelo Google, v. GERALDIN; KATSIFIS (2019)

## III.4. Tendência à concentração

Como visto em particular no caso dos buscadores, as novas mídias registram uma singular tendência à concentração. À medida que se expande a sua base de usuários, sua base de dados também se expande, e a capacidade de oferecimento de conteúdo é refinada. Contribui para essa tendência ainda a característica essencialmente globalizada da internet, de modo que essas mídias podem ser replicadas facilmente em muitos países com adaptações relativas à linguagem, quando é o caso. Ao mesmo tempo, essa expansão resulta em crescimento das próprias empresas detentoras das plataformas, que em razão do sucesso das suas aplicações, tornam-se corporações influentes no cenário mundial. Para esse conjunto de empresas, cunhou-se a expressão *Big Tech*, que abrange não apenas as empresas de mídia digital propriamente ditas, mas também as que oferecem outros serviços mediados por novidades técnicas, como as que operam no setor de "serviços avulsos", cujo grande exemplo é a Uber, e outras multissetoriais, como a Amazon. Em comum, essas empresas têm o fato de serem bem-sucedidas no recolhimento e no uso de dados e de valerem-se desses dados para organizar seus serviços de maneira cada vez mais eficiente, muitas vezes explorando flancos regulatórios. Mais uma vez, Envgeny Morosov oferece uma descrição precisa:

> A premissa-chave do extrativismo de dados é a de que os usuários são estoques de informações valiosas. As empresas de tecnologia, por sua vez, concebem formas inteligentes de nos fazer abdicar desses dados, ou, pelo menos, compartilhá-los voluntariamente. Para as empresas, tais dados são essenciais para viabilizar modelos de negócios baseados na publicidade – com dados em mais quantidade e de melhor qualidade, elas conseguem gerar mais publicidade por usuário – ou para desenvolver formas avançadas de inteligência artificial centradas no princípio do "aprendizado profundo"; neste caso, é útil sobretudo a diversidade de entrada de dados – a capacidade de arregimentar milhões de usuários para ensinar diferentes comportamentos à máquina.(...)
> O extrativismo de dados tem consequências políticas e econômicas. (...) No campo econômico, vemos uma riqueza ser acumulada por apenas um punhado de investidores que se mostraram inteligentes e rápidos o bastante para investir no setor de tecnologia. (MOROZOV, 2018, p. 165)

Trata-se, porém, de empresas bastante distintas entre si quanto ao que oferecem, e catalogá-las apenas pela similaridade de basearem-se nessa forma específica de capital – a informação – seria superficial em um contexto em que qualquer grande empresa volta suas atenções a esse bem imaterial. Neste trabalho, importa sobretudo, então, avaliar o subconjunto das empresas de *Big Tech* atuantes no segmento específico de mídia.

Nesse segmento, como visto ao longo deste capítulo, os últimos anos trouxeram mudanças importantes. Essas mudanças envolvem a forma de atuação dos veículos mais tradicionais, que passaram a se apresentar sob novas formas, e o advento de novas mídias, com atividades parcialmente distintas das anteriores. As diferenças se dão seja pela origem mais difusa do conteúdo, no caso das mídias sociais, que se reservam uma função relacionada à curadoria desse mesmo conteúdo, seja pelo oferecimento dos serviços sob demanda, também mediado por um tipo de curadoria – caso do streaming -, seja, enfim, por meio da organização do acervo informacional, como no caso dos buscadores. Como se vê, o aspecto mais importante dessa transformação midiática é a crescente concentração do papel mediador dos veículos responsáveis pela disponibilização da informação aos usuários. Com a exceção notável de alguns serviços de streaming bem-sucedidos, a produção do material difundido é inteiramente terceirizada, e mesmo a curadoria do conteúdo é automatizada e potencializada com recursos de *machine learning* (PITRUZZELLA, 2019, p. 26-27). Em outras palavras, o custo operacional dessas plataformas é bastante baixo e, mais do que isso, varia pouco em função da demanda (FELD, 2019, p. 32) (BRACHA ; PASQUALE, 2020, p. 1180-1183). Uma rede social com 100 mil usuários e outra com 4 bilhões não têm estruturas tão diferentes, ao menos num contexto de tímida regulação. Por outro lado, o retorno varia enormemente. Uma vez que o banco de dados se amplia, potencializam-se os lucros (MORTON (ORG), 2019, p. 38). Como sintetiza Giovanni Pitruzzella:

> A rede, portanto, tem uma alma dupla ou uma ambiguidade congênita. De um lado, vê-se o máximo de descentralização e de abertura na produção de informações, mas, de outro lado, vê-se um forte vetor de concentração dos serviços que tornam efetivamente disponível e utilizável essa informação nas mãos de poucas companhias multinacionais. Tudo isso não é isento de consequências para a posição concreta da liberdade de informação. (2019, p. 33, tradução nossa)

Similarmente, quanto mais uma mídia é usada, maior é a chance de gerar conteúdo relevante para algum usuário. Ao tornar-se o *mainstream*, o veículo garante que uma elevada parcela da sociedade o frequente para manter-se informada dos assuntos em voga, especialmente nos casos em que se propaga conteúdo de maneira relacional, ou seja, pelas conexões estabelecidas pelos próprios usuários. Há um estímulo, nesse caso, a frequentar a mídia, de modo a inteirar-se do que é comentado pelas pessoas relevantes para o usuário, isto é, por suas conexões (LOTZ, 2019). Quanto maior a quantidade de conexões estabelecidas pelo usuário, maior será o incentivo também a que ele partilhe também os seus pensamentos, num ciclo que se retroalimenta.

Seja por uma razão – custo operacional constante –, seja por outra – possibilidade de interagir com as próprias conexões na rede em elas estejam –, há uma tendência flagrante à concentração nas mídias digitais, que pode ainda se agravar com a aplicação mandatória de certos filtros para combater a desinformação, já que as empresas maiores terão maior escala para dedicar recursos a esses mecanismos (MARSDEN, MEYER ; BROWN, 2020, p. 5) (ZINGALES, 2014, p. 160-162). Trata-se de um aspecto constitucionalmente relevante no Brasil, já que há na Constituição um cuidado bastante evidente com a desconcentração midiática – um cuidado que se expressa de maneira direta, pela proibição do monopólio e do oligopólio em certos setores, e, indireta, pela garantia do pluralismo político. Ainda que as mídias contem com fontes difusas de informação, no mais das vezes, o poder de filtragem tende a ser concentrado exatamente nas empresas dominantes do mercado.

Há estudiosos que questionam esse enquadramento da concentração midiática por uma abordagem que se convencionou chamar de "mídia como um todo":

> Mais recentemente, alguns pesquisadores têm advogado uma abordagem diferente no estudo da titularidade das mídias, argumentando que a concentração deve ser considerada para todas as mídias, e não apenas em um meio específico. Esse argumento reflete a convergência em curso de múltiplas plataformas de mídia para poucas e mais robustas plataformas que permitem que conteúdos similares sejam facilmente distribuídos de várias formas diferentes. Um dos resultados dessa convergência é uma maior possibilidade de substituição entre diferentes formatos (não apenas dentro deles). (...) Consequentemente, conforme a convergência midiática continua, examinar a concentração de um meio particular torna-se menos relevante. Por exemplo, mensurar a concentração da

> indústria dos jornais pode ser menos significativo hoje, em razão das novas opções de mídia que podem funcionar como substitutas satisfatórias, como fontes ou distribuidores de notícia online. Agregadores de notícias online, tais como o Huffington Post e o Drudge Report, assim como indivíduos fornecedores de notícias e comentários em mercados locais podem servir como substitutos efetivos. Portanto, qualquer análise da concentração de mídia deve reconhecer essa maior possibilidade de substituição. (VIZCARRONDO, 2013, p. 179-180, tradução nossa)

Em outras palavras, por obra da chamada "convergência multimidia", pela qual as matérias produzidas por diferentes segmentos de mídia tendem a assemelhar-se cada vez mais, não faria sentido examinar de maneira separada o nível de concentração em cada segmento de mídia, já que um segmento pode substituir o outro. Segundo essa abordagem, se o mercado da televisão aberta é concentrado, ainda estará ao alcance do cidadão a opção do streaming de vídeo, de forma que faria pouco sentido, atualmente, promover ajustes focados na desconcentração da titularidade de um segmento específico, como o televisivo, por exemplo. Trata-se de uma visão que ganhou espaço especialmente na época do desponte da internet, quando se vislumbrava nessa nova esfera de convívio social um espaço mais democrático, em que as pessoas poderiam comunicar-se de forma mais direta, sem depender tanto da mediação de grandes grupos empresariais (BRACHA ; PASQUALE, 2020, p. 1155-1156). Entre nós, essa visão se exibia da seguinte forma:

> Esta nova forma de comunicação, por mais que se deseje exercer controle sobre sua estrutura de funcionamento, apresenta uma capacidade maior de interação dialógica que pode ser produtivamente utilizada pelos inúmeros grupos democráticos que não encontram espaço adequado para a ação no mercado político dominado pelas oligarquias econômicas e seus representantes políticos. Através deste poderoso meio de comunicação transnacional é muito mais factível a construção de um novo espírito democrático que se contraponha à violência simbólica imposta pelos meios de comunicação de massa, na atualidade das democracias liberais do ocidente (FERREIRA, 2002, p. 69)

O desenvolvimento da internet, notadamente a partir dos anos 2000, porém, revelou que as ilusões de democratização das comunicações ignoravam diversas circunstâncias importantes, especialmente quanto à centralidade de novas instâncias mediadoras de que dependeria cada vez mais a comunicação digital. A convergência multimidia trouxe consigo uma divisão de funções entre as novas mídias e as tradicionais, em que cada uma conserva uma função relevante. Embora ao indivíduo se tenha permitido vocalizar de forma mais direta seu pensamento, essa faculdade restou subordinada aos filtros de amplificação das plataformas hegemônicas, que modulam o que é amplificado e o que não é. Mesmo os meios de comunicação em massa tradicionais não se apresentam aos usuários como fontes inteiramente autônomos de informação, mas como fontes *das novas mídias*, com as quais estão integrados (MCGREGOR, 2019). Como se viu acima, especialmente no tópico III.1., os usuários têm recorrido crescentemente a elas, inclusive, para ter acesso a uma curadoria personalizada das notícias jornalísticas. Tudo, enfim, fica subordinado a escolhas editoriais de poucas empresas, cada vez mais concentradas. Mais ainda, há uma sensível tendência de concentração do mercado de anúncios, que sempre foram a fonte de financiamento mais importante da imprensa tradicional, o que leva a uma captura dos lucros pelas empresas de tecnologia intermediárias – ou pela empresa de tecnologia intermediária (GERALDIN ; KATSIFIS, 2019, p. 45).

Ainda que seja razoável questionar antigas categorias à luz das novidades técnicas que aproximam produções antes distintas, a convergência multimídia, em vez de trazer consigo novas possibilidades de substituição, no sentido econômico, na verdade, pode torná-la ainda mais difícil, já que, ao padronizar formatos dantes divergentes, reduzem as opções disponíveis para que o indivíduo se informe. Não se trata, então, de mitigação dos efeitos da concentração midiática, mas, antes, de sua intensificação. Em muitos casos, inclusive, o entrelaçamento de segmentos distintos é tal que titulares de mídias tradicionais acabam por explorar os novos meios, abrindo caminho, inclusive, para uma forma de concentração ainda mais dramática. Seja como for, o objeto deste estudo não está em verificar se há ou não concentração nas mídias, mas em examinar à luz das disposições constitucionais cabíveis, o regime jurídico aplicável à concentração também nos novos meios de comunicação social.

# Capítulo IV. Enquadramento Comparado da Questão

Como terá restado claro, a comunicação social tem se transformado de formas diversas nos últimos anos, o que, naturalmente, suscita discussões de toda sorte em vários países a respeito da disciplina jurídica aplicável às novas mídias. O debate é vasto e compreende as mais variadas frentes de regulação, da responsabilidade civil das plataformas pelos danos à imagem de terceiros causados por publicações injuriosas até as normas de proteção à concorrência relacionadas com as grandes empresas do setor de tecnologia. Acredita-se que seja útil examinar comparativamente o enquadramento normativo dos novos vetores comunicacionais e seus efeitos sobre o ambiente democrático em outros ordenamentos jurídicos. No limite, a comunicação social, como um campo em permanente transformação, apresenta sempre problemas novos, para os quais as normas jurídicas necessitam de atualização constante – ainda que pela via da interpretação –, e o exame da experiência comparada é um modo eficiente de encontrar soluções funcionais. No entanto, a vastidão do tema demanda que se delimite o escopo dessa comparação especificamente ao tratamento *constitucional* do fenômeno, ou, ao menos, de uma abordagem pelas normas jurídicas mais abstratas e fundamentais. Trata-se de verificar como se ajustam as disposições relacionadas à imprensa tradicional às mudanças no perfil mediador introduzidas pelas novas mídias e seus mecanismos específicos, a exemplo da modulação automatizada de conteúdo e da extração de valor do conteúdo gerado pelos usuários.

Essa abordagem impõe algumas dificuldades específicas, porque, como já visto, o grau em que a Constituição do Brasil regulamenta a comunicação social é único no direito comparado. Ainda que muitos textos constitucionais, mantenham disposições relacionadas à liberdade de imprensa, a maior parte dos desdobramentos jurídicos desse princípio são fruto de elaboração jurisprudencial, doutrinária e legislativa. O paralelo, então, do direito constitucional estrangeiro com o direito constitucional positivo brasileiro tem uma limitação evidente, que já começa da expressão empregada pelo constituinte brasileiro ("comunicação social"), de compreensão mais ampla do que a contraparte usualmente empregada em outras ordens jurídicas ("imprensa"), e passa pelo peculiar detalhamento do nosso constituinte ao tratar desses veículos.

A propósito da necessidade de delimitação, é inevitável selecionar previamente alguns países para um exame mais aprofundado. Nesse sentido, além dos Estado Unidos, que oferecem uma comparação sempre ilustrativa, do ponto de vista do direito constitucional, com o Brasil, e são o país de origem da maioria das empresas de mídia dominantes, proceder-se-á também a uma verificação da abordagem do tema no âmbito da União Europeia, pelo pioneirismo no enfrentamento dos desafios relacionados ao assunto.

Será dado foco à evolução técnica da comunicação em massa nos últimos trinta anos, já que o objetivo primevo da comparação é, no limite, permitir uma análise das soluções interpretativas adotadas por esses países que permita iluminar a interpretação atualizada das disposições constitucionais brasileiras. Ainda que algumas remissões mais longas sejam úteis para efeito de apresentação do pensamento contemporâneo, o foco será sempre o de expor o estado da discussão sobre a relação entre o tratamento tradicional da mídia e o das novas mídias.

Procurar-se-á, em síntese, esclarecer como essas ordens jurídicas tratam a responsabilidade das empresas de mídia pelo conteúdo veiculado, com especial atenção à responsabilidade pela recomendação automatizada de conteúdo. Também serão examinados o grau de permissividade com o anonimato dos usuários e a demanda para que as plataformas exijam a identificação dos seus usuários.

## IV.1. Estados Unidos

Nos Estados Unidos, como visto no item II.1, desde a Primeira Emenda, a liberdade de expressão e de imprensa têm envergadura constitucional – uma disposição que certamente influenciou, nas décadas e séculos seguintes, outras ordens constitucionais a seguir o exemplo de proteger, no nível mais fundamental, as liberdades comunicativas. Como examinado ao longo do capítulo III, mais especificamente ao se tratar das mídias sociais, grande parte das inovações em matéria de comunicação em massa pelo meio digital têm origem nesse país. Trata-se de uma combinação de circunstâncias que, por si só, alçam-no a um papel de destaque no estudo comparado do enquadramento jurídico das mudanças comunicacionais tratadas no presente trabalho.

O debate sobre os limites das mídias sociais e suas implicações para a democracia está particularmente aceso no país, especialmente desde o escândalo do envolvimento da empresa Cambridge Analytica na propagação de mensagens orientadas a interferir no ânimo dos eleitores na eleição presidencial de 2016. (ALI, 2019, p. 46-48) A operação teria sido viabilizada por dados colhidos pela empresa por meio de uma aplicação oferecida no Facebook.

> A frente regulatória no que concerne às mídias sociais reflete uma tensão entre o reconhecimento da necessidade de promover o jornalismo, de um lado, e a pressão para proteger os interesses de privacidade dos consumidores no contexto digital, de outro. Aqui, a questão em tela não é se haverá um aumento na litigância sobre a responsabilidade dos jornalistas (...), mas se iniciativas regulatórias para proteger a privacidade do consumidor tendem a obstar os prospectos de crescimento do jornalismo. (LEVI, 2012, p. 1580, tradução nossa)

Outros casos de disseminação de notícias falsas compuseram a paisagem política americana em anos recentes, como o caso *Pizzagate*, ocorrido em 2016, em que um homem armado invadiu uma pizzaria novaiorquina depois de ler na internet que o restaurante estava envolvido em um escândalo de pedofilia comandado por funcionários do Partido Democrata.[188] Também a reação às mídias sociais controladas por empresas chinesas, como o TikTok e o WeChat renderam uma candente discussão no país.

A importância das mídias sociais para a liberdade de expressão já foi reconhecida pela Suprema Corte em Packingham vs. North Carolina, em que se discutiu a constitucionalidade de uma lei estadual que proibia o acesso de criminosos sexuais cadastrados a sites que tivessem menores entre os seus membros. Ao julgá-la inconstitucional, a Corte teceu referências apologéticas à internet e às redes sociais, em particular, para a troca de ideias e para a comunicação de todos os tipos: "[o]s usuários das mídias sociais empregam esses websites para engajar-se em uma vasta porção de atividades protegidas

---

[188] Esse caso foi estudado intensamente no relatório "Fake News and Misinformation: The roles of the nation's digital newsstands, Facebook, Google, Twitter and Reddit", produzido por acadêmicos do Laboratório de Direito e Política da Universidade de Stanford, sob supervisão do senador e professor Russ Feingold. O estudo reconheceu o esforço das empresas de mídia para enfrentar os problemas mais candentes, inclusive com ajustes algorítmicos, mas concluiu que "mudanças são necessárias no modo como as principais plataformas entregam informações a milhões diariamente." (FEINGOLD (ORG.), 2017, p. tradução nossa)

pela Primeira Emenda em tópicos tão distintos quanto o pensamento humano." (ESTADOS UNIDOS DA AMÉRICA, 2017). O julgado, como se verá, reflete uma tradição da jurisprudência da Corte de prestar deferência em nível praticamente irrestrito para a atividade comunicacional e para a liberdade de expressão como um todo.

## IV.1.1. Citizens United e a questão da autonomia da cláusula constitucional da imprensa

Há toda uma discussão no direito constitucional norte-americano sobre a autonomia da cláusula de imprensa em relação à cláusula de liberdade de expressão em geral, e, por consequência, sobre um eventual regime privilegiado dos jornalistas no que concerne à liberdade comunicativa no âmbito da sua atividade (BAKER, 2007). A Constituição em si, como visto, proíbe restrições "à liberdade de expressão" (*freedom of speech*), "ou à liberdade da imprensa". Essas cláusulas, chamadas pela doutrina norte-americana, respectivamente de "Cláusula do Discurso" (Speech Clause) e "Cláusula da Imprensa" (*Press Clause*), não contêm, no enxuto texto constitucional, nenhuma previsão discrepante expressa quanto ao regime de uma ou de outra. [189]

O caso Citizens United vs Federal Election Comission, julgado pela Suprema Corte em 2010, foi um marco importante em muitos aspectos, especialmente por ter estabelecido a proibição de que o governo restringisse doações de pessoas jurídicas para campanhas eleitorais e pelo debate travado especificamente a esse respeito. Estava em questão um dispositivo da Lei de Campanhas Eleitorais Federal (*Federal Election Campaign Act*) que proibira empresas e sindicatos de custear comunicações eleitorais (*electioneering communications*) nos períodos anteriores às primárias e às eleições. [190] Na ocasião, a Suprema

---

189 Baker propõe uma diferença fundamental entre uma e outra. Para ele, Cláusula do Discurso baseia-se "na autonomia do indivíduo ou na sua liberdade como ator", enquanto a Cláusula de Imprensa relacionar-se-ia com "o seu papel instrumental como instituição fundamental para uma sociedade democrática." Por isso, depreende que, embora ambas consubstanciem uma proteção contra a censura por razões distintas, a primeira protege a liberdade do indivíduo, enquanto a segunda protege a sua integridade institucional. As diferenças práticas são relevantes, como no que concerne ao sigilo da fonte (2007, p. 959-962)

190 O caso concreto dizia respeito a uma entidade sem fins lucrativos, Citizens United, que havia produzido um filme a respeito da então senadora Hillary Clinton, pré-candidata à presidência dos Estados Unidos.

Corte, por maioria, considerou que a norma violava a cláusula constitucional da liberdade de expressão, segundo a qual não estaria autorizada uma proteção diferenciada conforme a identidade do emissor (ESTADOS UNIDOS DA AMÉRICA, 2010, p. 274), uma interpretação remontante aos casos Bluckey vs. Valeo. (ESTADOS UNIDOS DA AMÉRICA, 1976) e, sobretudo, First National Bank of Boston vs. Belotti (ESTADOS UNIDOS DA AMÉRICA, 1978). No entretempo, essa orientação foi desafiada no caso Austin vs Michigan Chamber of Commerce, em que a Corte decidiu que uma lei de Michigan que proibia contribuições eleitorais corporativas não violava a Primeira Emenda, por haver um interesse legítimo em evitar a distorção causada pelo afluxo dos recursos empresarias. (ESTADOS UNIDOS DA AMÉRICA, 1990). A lógica empregada no caso Austin foi considerada pela opinião prevalente em Citizens United, porém, como "aberrante" e o precedente foi superado expressamente (ESTADOS UNIDOS DA AMÉRICA, 2010, p. 39-50).

A corrente majoritária, no julgamento, pontuou que, a valer o raciocínio empregado em Austin e sustentado pelo Governo Federal, na ocasião, grandes grupos de mídia "poderiam ter sua voz diminuída de modo a pareá-los a outras entidades de mídia", já que, segundo a jurisprudência da Corte, não haveria base para depreender nenhuma condição especial para a imprensa institucional (ESTADOS UNIDOS DA AMÉRICA, 2010, p. 35-36). A propósito, o fato de a lei examinada na situação concreta veicular uma ressalva de aplicação para as corporações de mídia foi considerado uma discriminação inconstitucional. (ESTADOS UNIDOS DA AMÉRICA, 2010, p. 36-37).[191] O voto vencedor ainda assinalou que, "com o advento da internet e o declínio das mídias impressas e transmitidas, mais do que nunca, a linha entre a mídia e os demais que pretendam comentar assuntos políticos e sociais torna-se muito mais borrada." (ESTADOS UNIDOS DA AMÉRICA, 2010, p. 36). Em outras palavras, a Cláusula de Imprensa, contida na Primeira Emenda, seria um mero desdobramento redundante da Cláusula do Discurso, e qualquer distinção entre os emissores dos discursos estaria vetada. A corrente minori-

---

A organização pretendia disponibilizar o filme gratuitamente aos espectadores, via streaming, pagando diretamente à empresa distribuidora pelo serviço e distribuindo anúncios sobre o filme.

191 C. Edwin Baker, em 2007, já havia advertido sobre a necessidade de se depreender um regime especial para a imprensa exatamente por conta da implicação da equivalência entre as mídias e as corporações para o debate sobre o financiamento eleitoral. Antecipou, portanto, o que seria um dos principais argumentos da Suprema Corte, três anos depois (2007, p. 1024).

tária, que contou quatro votos, liderada pelo juiz Stevens, considerava significativa, por outro lado, a distinção entre emissores humanos e empresariais no contexto eleitoral, e considerou que a discussão relativa à mídia teria sido desnecessária se a Corte houvesse enquadrado o caso como o julgamento de uma interpretação específica do dispositivo (*as applied*) e não como um desafio à sua constitucionalidade como um todo (*facial challenge*) (ESTADOS UNIDOS DA AMÉRICA, 2010, p. 85).

Interessantemente, a posição majoritária analisou argumentos relacionados às especificidades dos serviços de vídeo sob demanda e de uma suposta necessidade de não se lhes estender a disciplina mais restritiva dos meios de comunicação tradicionais, como a televisão:

> A Citizens United argumenta ainda que o artigo 441b [o dispositivo impugnado] deve ser invalidado quanto à sua aplicação ao vídeo sob demanda, defendendo que esse sistema de entrega tem um risco menor de distorcer o processo político do que tem a televisão. No que poderíamos chamar de televisão convencional, reclames publicitários chegam a espectadores que escolhem um canal ou programa por razões não relacionadas ao anúncio. No vídeo sob demanda, em contraste, o espectador seleciona o programa após ter tomado "uma série de passos afirmativos": assiná-lo, navegar por vários menus e selecionar o programa. Embora alguns meios de comunicação possam ser menos efetivos do que outros ao influenciar o público em diferentes contextos, qualquer esforço do Judiciário em decidir os meios de comunicação que devem ser preferidos para um tipo particular de mensagem ou autor levaria a questões a respeito da própria autoridade jurídica da Corte. Questões substanciais emergiriam se as cortes passassem a dizer quais meios de expressão deveriam ser preferidos ou rejeitados. E de todo modo, essas diferenciações podem logo tornar-se irrelevantes ou desatualizadas pelas tecnologias que estão em rápido fluxo. As cortes também estão limitadas pela Primeira Emenda. Devemos recusar desenhar e redesenhar linhas constitucionais baseadas em uma mídia ou tecnologia particular que se use para a expressão política de um comunicador particular. (ESTADOS UNIDOS DA AMÉRICA, 2010, p. 9, tradução nossa)

Em linha com a perspectiva de convergência midiática e a necessidade de uma interpretação homogênea da disciplina da comunicação política, a Corte recusou-se, essencialmente, a discriminar não apenas o discurso da imprensa de qualquer outro discurso, como se recusou a discriminar diferentes tipos de mídia. Aliás, invocou as dificuldades desta segunda discriminação para refutar a primeira.

Em resumo, a Corte reafirmou, por maioria, a inviabilidade de uma interpretação que conferisse especial proteção à imprensa tradicional, em constaste com qualquer indivíduo que proferisse um discurso. Esse entendimento longevo do órgão não é indene a críticas, como a formulada por Levi, especificamente por despir de qualquer significado a referência constitucional à imprensa:

> Apesar de a maior parte dos estudiosos da jurisprudência da Suprema Corte sobre a Primeira Emenda sustentar que a Corte não reconhece na Cláusula da Imprensa nenhum direito específico da imprensa para além da Cláusula do Discurso, alguns teóricos do direito têm defendido um "despertar" da Cláusula da Imprensa da Primeira Emenda, a despeito do julgado no caso Citizens United e apesar da má impressão em que se encontra a imprensa tanto no Judiciário quanto no olhar público. Estudiosos dessa visão notam que a jurisprudência da Suprema Corte sobre a Primeira Emenda revela numerosos lampejos de reconhecimento constitucional da imprensa enquanto tal. Porque a jurisprudência da Suprema Corte sobre a Primeira Emenda envolvendo a imprensa escrita implicitamente reflete uma visão tradicional do jornalismo com a democracia, pode-se argumentar que as instituições jornalísticas tradicionais devam ser beneficiárias de proteção da Cláusula de Imprensa. (...)
>
> A Corte, porém, sugeriu, em Citizens United, que a dificuldade em identificar "a imprensa" para os propósitos da Cláusula de Imprensa é agora um óbice a uma leitura da disposição que daria proteção constitucional particular à imprensa e às atividades jornalísticas. Definições institucionais estreitas são consideradas pouco inclusivas na paisagem jornalística de hoje. As mudanças na imprensa deflagradas pelas mídias sociais podem, portanto, sabotar a probabilidade de reconhecimento judicial de um status constitucional especial para a imprensa moderna sob a Cláusula de Imprensa. Consequentemente, além de constituir um desafio para a imprensa institucional como um cão-de--guarda governamental, as visões triunfalistas das mídias sociais sobre o novo jornalismo podem dificultar uma mudança no direito sobre a Primeira Emenda. Ainda assim, agora – quando os jornalistas estão mais ameaçados, economicamente e por asserções governamentais de poder –a imprensa pode estar mais necessitada de um status especial. (2012, p. 1584-1588, tradução nossa)

Para Levi, ao contrário do que pontuou a corrente majoritária em *Citizens United*, a convergência midiática e o consequente esmaecimento das fronteiras entre a mídia institucionalizada e as novas formas de expressão consentidas pela internet, sobretudo pelas mídias sociais, não redunda em uma necessária relativização das prerrogativas da imprensa tradicional, mas torna especialmente necessário conferir um tratamento diferenciado a essa atividade específica. Em sentido similar, quanto à necessidade de se atribuir à Cláusula de Imprensa um sentido redundante em relação à Cláusula da Expressão, Sonja R. West salienta que esse posicionamento leva a que repórteres "não tenham salvaguardas constitucionais contra intimações e mandados de busca que demandem acesso às suas fontes, salas de redação ou produtos de trabalho", apesar de reconhecer a dificuldade para se conceituar a imprensa enquanto tal (2011, p. 1029). Advoga então pela adoção de um critério rigoroso para definir a imprensa e diferenciá-la, considerando os emissores de mensagens em geral, a partir, inclusive, de alguns critérios já previstos na legislação de alguns estados da federação norte-americana (WEST, 2011, p. 1062-1068). Essencialmente, defende que ao se expandir demais o que se compreende por imprensa, o direito acaba por não proteger suas especificidades.

A reflexão sobre a autonomia da Cláusula da Imprensa na Primeira Emenda dos Estados Unidos ilumina, de certa forma, a discussão sobre as novas mídias, uma vez que leva que sejam ao questionamento dos critérios definidores da imprensa enquanto tal. O caráter impresso, por exemplo, da imprensa tradicional não parece ser considerado um critério suficiente para essa definição, e outros atributos elencados por West a partir da experiência legislativa estadual parecem mais adequados, como os que se centram (i) no procedimento de coleta de notícias, a exemplo da definição da lei de Minnesota (2011, p. 1065), (ii) na periodicidade, como a legislação de Illinois e Indiana (2011, p. 1066), ou (iii) o caráter profissional da atividade, como no caso das regras de Delaware (2011, p. 1067).

De toda forma, ainda que muito teóricos advoguem uma distinção entre a Cláusula do Discurso e a Cláusula da Imprensa, essa diferenciação não é muito pronunciada na jurisprudência da Suprema Corte, que tem um papel essencial na formação do direito norte-americano, pautado pelo princípio do *stare decisis*. Como consequência, a discussão da disciplina aplicável às mudanças na comunicação em massa, sobretudo no que diz respeito às novas mídias emergentes na internet, tem-se colocado nos termos da liberdade de expressão dos indivíduos – e das corporações, em geral – encarados como o foco central da proteção conferida pela Primeira Emenda. Sem que as mídias sejam encaradas dentro de um contexto mais específico dos direitos e das obrigações fundamentais, boa parte da discussão sobre o enquadramento de novas mídias a essa categoria é despojada de sentido prático.

## IV.1.2. Liberdade de expressão e anonimato

Ao contrário do que sucede no direito constitucional brasileiro, em que a liberdade de expressão vem ressalvada expressamente pelo veto ao anonimato, a Constituição norte-americana não estabelece nenhuma condicionante explícita para a Cláusula do Discurso.[192] Possivelmente até pela importância de documentos distribuídos de forma anônima naquele país, como os *Federalist Papers*,[193] para sua própria história constitucional, o anonimato tem uma significação jurídica bastante distinta. É possível afirmar que, sem a propagação de panfletos apócrifos desde os primórdios da história americana, a Constituição e o país seriam outros, portanto, o "discurso anônimo e os fundamentos da nação estão intricadamente ligados." (ERKSTRAND ; HEYARAM, 2013, p. 53)

A Suprema Corte, em linha com sua compreensão bastante expansiva da liberdade de expressão, considera que a Constituição garante ao indivíduo o direito de proferir discursos de qualquer natureza de maneira anônima (DAS, 2019). Aliás, em contraste com o direito constitucional brasileiro, esse direito entende-se como um ponto fundamental para a plenitude da liberdade comunicativa:

> As razões para se permanecer anônimo incluem motivos políticos e econômicos, a exemplo do receio de retaliação tanto do governo quanto de entidades privadas, como empregadores, partidos políticos rivais e mais. Consequentemente, tanto a cláusula de liberdade de associação quanto a liberdade de estar anônimo são pilares da fundação da demo-

---

192 V. tópico anterior.

193 Os Federalist Papers foram artigos publicados por alguns dos mais importantes homens públicos da fundação da democracia norte-americana, Alexander Hamilton, James Madison e John Jay, sob o pseudônimo de Publius, em defesa da ratificação da Constituição Norte-Americana pelos Estados. Constituem uma referência do pensamento constitucional. (ESTADOS UNIDOS DA AMÉRICA, 2020).

cracia dos Estados Unidos, o que inclui a possibilidade de engajar-se no discurso político. (DAS, 2019, p. 1288, tradução nossa)[194]

O precedente mais importante da jurisprudência recente a respeito do anonimato é McIntyre vs. Ohio Elections Comm'n, julgado em 1994 pela Suprema Corte.[195] Na ocasião, relembrando outros casos relevantes, como Talley vs. California, a decisão salientou não apenas a proteção da idoneidade do emitente, como prestou deferência a outras possíveis motivações, como um pretendido ganho em persuasão (ESTADOS UNIDOS DA AMÉRICA, 1994, p. 342). Fez-se referência também ao voto secreto. (ESTADOS UNIDOS DA AMÉRICA, 1994, p. 343). O órgão estadual havia argumentado que a identificação do autor da publicação seria relevante para prevenir fraude e crimes contra a honra, e a Corte chegou a reconhecer a legitimidade desse interesse, mas salientou a existência de outros mecanismos regulatórios capazes de lidar com o problema. (ESTADOS UNIDOS DA AMÉRICA, 1994, p. 349-351). Segundo o voto condutor pontuou, de maneira emblemática:

> Sob a nossa Constituição, a panfletagem anônima não é uma prática perniciosa, fraudulenta, mas uma honorável tradição de advocacia e de dissídio. O anonimato é um escudo contra a tirania da maioria. (...) O direito de permanecer anônimo pode ser abusado quando ele abriga condutas fraudulentas, mas o discurso político pela sua natureza terá consequências impalatáveis, e, no geral, nossa sociedade dá maior peso ao valor do livre discurso do que aos perigos do seu uso indevido. (ESTADOS UNIDOS DA AMÉRICA, 1994, p. 357, tradução nossa)

---

[194] Das desenvolve a tese, baseada em alguns precedentes importantes, como NAACP vs Alabama, Brown vs. Socialist Workers Party e Boy Scouts of America vs. Dale, de que o escrutínio de informações pessoais nas mídias sociais fere também o direito de associação do indivíduo com os *grupos* de mídia social. (2019, p. 1305-1308). Em resumo: "a liberdade de associação pode e deve ser aplicada a grupos de mídia social, porque ser um membro de um grupo de mídia social pode ser uma forma de expressão protegida pela Primeira Emenda na visão da jurisprudência da Suprema Corte, como se viu. Portanto, qualquer intrusão governamental, como a revelação de quee uma pessoa é membro de um tal grupo de mídia social, infringiria a liberdade de associação." (2019, p. 1308, tradução nossa)

[195] Nesse caso, a Sr. Margaret McIntyre havia distribuído panfletos em uma reunião pública manifestando oposição a imposto que seria objeto de referendo. Alguns desses panfletos eram assinados com nomes genéricos como "Pais preocupados e pagadores de impostos". Meses depois, um funcionário da escola noticiou à Comissão Eleitoral de Ohio que a distribuição de panfletos apócrifos violaria o Código de Ohio, o que resultou em uma multa de US$ 100. (ESTADOS UNIDOS DA AMÉRICA, 1994)

Como se depreende diretamente das palavras que nortearam a decisão, portanto, o entendimento prevalente no direito norte-americano é deferente aos benefícios do anonimato, a tal ponto que se considera que as eventuais desvantagens relacionadas a seu potencial abuso não justificariam uma restrição.[196] O direito de publicar sem revelar a própria identidade é encarado como um elemento integrante da própria liberdade de expressão, tal como assegurada pela Primeira Emenda, e as restrições aviadas pela legislação a essa regra têm sido afastadas, por inconstitucionais, pelas instâncias judiciárias norte-americanas.

Evidentemente, essa compreensão tem consequências para o debate sobre o direito individual de publicar mensagens nas mídias sociais, especialmente naquelas que não demandam dos usuários um procedimento eficiente de identificação, afinal: "os usuários das mídias sociais estão entrincheirados no anonimato dos seus nomes de usuário" (ROGAL, 2013, p. 65, tradução nossa). A jurisprudência, naturalmente, tem estendido a proteção da identidade dos discursadores, que é tradicional no direito norte-americano, aos usuários das mídias sociais, ainda que essa garantia seja moderada conforme o conteúdo do discurso. Este não encontra o mesmo grau de proteção se for comercial e não tem proteção alguma se for difamatório, obsceno ou combativo. (ROGAL, 2013, p. 65-67). Como se verá, essa diferença de tratamento aos discursos ofensivos encontra respaldo também na legislação.

Essa realidade deferente ao anonimato do direito norte-americano é particularmente relevante para a análise do enquadramento dessas plataformas no direito brasileiro, já que, circunstancialmente, a grande maioria delas, como se viu, tem origem nos Estados Unidos, portanto, foi originalmente concebida para atender às exigências jurídicas específicas do país, diametralmente opostas às que se depreendem da Constituição Brasileira, artigo 5º, inciso IV, como visto no tópico II.2.1. Conquanto as fundações da doutrina norte-americana do anonimato, há, no caso brasileiro, uma previsão constitucional expressa que não pode ser desprezada.

---

196 "A razão por trás de permitir o discurso anônimo é simples. As cortes pretendem evitar o efeito intimidatório que ocorreria se autores anônimos fossem desmascarados simplesmente porque alguém não gostasse ou não concordasse com o que houvesse sido dito". (ROGAL, 2013, p. 64)

## IV.1.3. Responsabilidade das plataformas

Assim como sucede com a questão do anonimato, o direito norte-americano influencia também na conformação das mídias sociais quanto à responsabilidade que avocam pelo conteúdo nelas difundido. Essa forja nas regras dos Estados Unidos dá-se não apenas pela importância do mercado do país mas também pelo fato de que as empresas que as controlam lá iniciaram suas atividades e são estabelecidas, como visto em detalhes acima, ao longo do tópico III.1.

Sobre esse ponto, embora a Constituição, em si, por sua objetividade e por sua longevidade, não traga muitos elementos balizadores diretos, a legislação federal contém normas centrais sobre a responsabilidade das empresas de mídia. Mais especificamente a Lei de Decência na Comunicação (*Communication Decency Act*), de 1996, conhecido pela abreviação *CDA*. Embora tenha sido inicialmente formulado com a finalidade exatamente de controlar a disseminação de alguns tipos de discurso no ambiente virtual,[197] a lei estabeleceu algumas garantias, importantes até hoje, a respeito da relação entre usuários, plataformas e conteúdo. A seção 230 dispõe expressamente que "nenhum provedor ou usuário de um serviço interativo de computador poderá ser tratado como editor ou autor de uma informação provida por outro provedor de conteúdo informacional".[198] (ESTADOS UNIDOS DA AMÉRICA, 1995). Em função dessa norma peremptória, a responsabilidade permanece com o "provedor de conteúdo informacional", uma expressão que compreende qualquer um que crie ou desenvolva o conteúdo em questão e as empresas de mídia social são consideradas, em regra, imunes de responsabilidade pelo conteúdo gerado pelos usuários.[199]

---

197 Segundo a epígrafe da lei, ela "proíbe o uso de qualquer dispositivo de telecomunicação (atualmente, apenas o telefone) por uma pessoa que não divulgue sua identidade para perturbar, abusar, ameaçar ou assediar qualquer pessoa que receba essa comunicação. Proíbe o uso de um dispositivo de telecomunicação apenas para propósitos de assédio." (ESTADOS UNIDOS DA AMÉRICA, 1995, p. tradução nossa). Tim Hwang esclarece que a legislação nasceu em resposta ao caso Stration Oakmont vs. Prodigy Services, em que a decisão "sugeria que provedores de serviço online pudessem ser considerados responsáveis por conteúdo difamatório publicado pelos usuários nas suas plataformas na medida em que eles exercessem controle editorial sobre tal conteúdo". (2017, p. 14)

198 Em inglês, "No provider or user of an interactive computer service shall be treated as the publisher or speaker of any information provided by another information content provider".

199 Por outro lado, como mostram Lewis, Sanders e Carmody, uma eventual iniciativa motivada por difamação contra um portal jornalístico que empregasse algoritmos na construção da notícia não disporia, possivelmente, do mesmo grau de proteção: "Embora a seção 230 forneça um forte escudo

No entanto, à medida que se observa uma evolução no papel das mídias sociais nos padrões de difusão de mensagens, mesmo nesse contexto legal expressamente protetivo, emergem correntes que advogam por uma interpretação mais compreensiva da norma, de modo que o emprego de algoritmos de modulação do conteúdo, pelas plataformas dominantes, seja considerado uma forma de participação no desenvolvimento da publicação, especialmente da que leva a efeitos perniciosos, como a radicalização dos usuários, mesmo que por meio de conteúdo gerado por terceiros:

> Enquanto a construção ampla tradicional das cortes sobre a imunidade da seção 230 pode funcionar como uma barreira à coleta de provas em casos similares, uma diretriz que considere as relações apropriadas entre o usuário do serviço e o conteúdo deve ser aplicada quando a tecnologia em questão puder participar do desenvolvimento da informação ou quando a conduta daquela tecnologia for a fonte do dano alegado. A importância de uma mudança judicial para uma valoração mais nuançada é primordial, porque abre as portas para a responsabilidade. Essa mudança pode estimular o reconhecimento das considerações éticas que têm sido longamente ignoradas no desenvolvimento da tecnologia algorítmica. (...) Embora a inovação seja boa para os negócios, deveria haver algum controle pelo qual os provedores de serviços de internet possam ser responsabilizados pelos serviços e não pelo conteúdo que eles oferecem. (...) Alguns dos serviços do Facebook não integram os limites da imunidade. Algumas das suas ações, embora similares à publicação (serviços que disseminam conteúdo dos usuários para as massas), são conduzidos com conhecimento e intenção para ter um efeito substantivo no estado mental dos usuários, o que é intensificado pelo desenvolvimento intencional dos dados. Nos casos em que as alegações incorporarem os efeitos de transmissão social, emocional ou comportamental por dados extraídos das interações dos usuários às demandas respectivas, uma plataforma como o Facebook estará fora da imunidade da seção 230 (TREMBLE, 2017-2018, p. 867-868, tradução nossa).

---

para os provedores de serviços interativos, organizações de notícias provavelmente não seria bem sucedidas em um reclamo de imunidade pelo conteúdo produzido por algoritmos que aparecesse em seus sites, porque as organizações são mais próximas de 'provedores de conteúdo informacional'. (...) Sob a seção 230, esses provedores não são elegíveis para a imunidade a demandas de difamação que envolvam conteúdo online. Como notou Weeks, as cortes tendem a ver qualquer conteúdo de jornalismo automatizado publicado online como se fosse produzido por um processo editorial tradicional, significando que a imunidade da seção 230 é inaplicável. Portanto, as cortes considerariam que as organizações de notícias que empregassem algoritmos ainda exerceriam o controle editorial tradicional associado com os editores". (LEWIS, SANDERS ; CARMODY, 2018, p. 71)

Em outras palavras, como essas empresas tratam o conteúdo por meio de seus feeds, de maneira algorítmica, "esse pode ser o fundamento para um argumento de codesenvolvimento, particularmente quando se leva em conta o fato de que (...) a plataforma pode recomendar conteúdo difamatório" (HWANG, 2017, p. 21, tradução nossa). Consequentemente, seria possível, em algumas circunstâncias, interpretar a imunidade da seção 230, com a redação vigente, de maneira que as próprias plataformas fossem consideradas corresponsáveis pela geração de conteúdo exatamente em função do seu papel na disseminação modulada do material. Registram-se, inclusive, alguns precedentes em que se emprega uma compreensão mais restrita da seção 230 do CDA,[200] além de cobranças políticas de responsabilidade pelos vieses das plataformas.[201] Evidentemente, trata-se de uma visão ainda incipiente, à qual parte da doutrina também expressa ressalvas,[202] mas que leva em conta o aprimoramento das técnicas de distribuição de mensagens desde a norma que confere imunidade aos provedores de serviços da internet. Ainda que as plataformas não gerem diretamente o conteúdo que disseminam, seus algorit-

---

[200] Tim Hwang menciona o caso Fair Housing Council of San Fernando Valley vs. Roommates.com, em que a Corte do Nono Circuito negou imunidade a uma plataforma de locação de apartamentos e cômodos que oferecia aos interessados a possibilidade de escolher locadores com base em preferências de gênero, orientação sexual e status familiar. "O resultado final do julgamento em Roommates.com é o de que decisões específicas sobre o design de um website pode contribuir para determinar se ele pode ou não invocar a imunidade do CDA 230" (2017, p. 18-19)

[201] Alguns congressistas conservadores norte-americanos acusam empresas de mídia social de manterem um viés liberal. O deputado Ted Cruz já afirmou, sobre a seção 230 do CDA: "Essa é uma boa disposição. Significa, por exemplo, que se você mantém uma plataforma de blog e alguém publica uma ameaça terrorista na seção de comentários, você não pode ser tratado como a pessoa que fez a ameaça. Sem seção 230, muitas redes de mídia social poderiam ser incapazes de operar funcionalmente. Para fazer jus à proteção da seção 230, companhias como o Facebook devem ser 'fóruns políticos públicos'. De outro lado, elas devem ser consideradas editoras ou autoras [*publishers or speakers*] do conteúdo do usuário se elas escolhem o que é publicado ou falado". (MASNICK, 2018)

[202] Escrevendo especificamente sobre o combate ao terrorismo, Zachary Leibowitz defende o contrário, embora sem dar muita atenção ao papel dos algoritmos na exibição das mensagens: "Se a responsabilidade for colocada nas plataformas de mídia social, poder-se-ia argumentar também que é responsabilidade do provedor de internet negar acesso àqueles que estimulam objetivos terroristas. Essa lógica falha, e o ônus não deve ser colocado nas plataformas de mídia. Se é útil que as companhias protejam a comunidade quando podem, as companhias não devem ser consideradas 'autoras'[*speakers*] quando o indivíduo publica. Portanto, as companhias não podem ser punidas pelo governo. Essa punição levaria provavelmente as companhias a encerrar seus negócios em vez de fornecer o serviço, que é valioso para muitos". (2017, p. 820)

mos, por meio de mecanismos sofisticados de *machine learning* acabam por apresentá-los e distribuí-los, sobretudo, segundo seus interesses corporativos.

Paralelamente, há em curso também um debate sobre uma eventual reforma legislativa que possa responsabilizar as plataformas de maneira mais direta por sua relação com o conteúdo publicado.[203] Registram-se proposições legislativas que visam de maneira direta a alteração da seção 230 do CDA[204] e recomendações, inclusive do Departamento de Justiça, considerando que a disposição "deixou as plataformas tanto imunes de uma quantidade de atividades ilícitas nos seus serviços quanto livre para moderar conteúdo com pouca transparência e *accountability*". (ESTADOS UNIDOS DA AMÉRICA, 2020). Há, enfim, um nível de preocupação emergente com a imunidade que foi outorgada às plataformas digitais numa era anterior ao surgimento dos mecanismos mais avançados da Web 2.0, portanto, da introdução de ferramentas automatizadas de controle sobre a disseminação de conteúdo. Evidentemente, o assunto desperta polêmica, sobretudo pela resistência das empresas de mídia social e de seus defensores, mas é possível que haja mudanças no horizonte, seja pela via de uma interpretação mais restrita da imunidade da seção 230 do CDA, seja pela reforma direta da lei para atribuir deveres mais objetivos às mídias.

## IV.1.4. Titularidade das mídias

Também sobre esse ponto, a Constituição norte-americana é silente, ao contrário da brasileira, que, como visto, estabelece restrições expressas à ope-

---

[203] A revista The Economist, por exemplo, argumentando que a imunidade legal representava um incentivo à indústria de tecnologia nascente, traçou um paralelo interessante com a limitação de responsabilidade, no século 19, para as estradas de ferro por defeitos no seu maquinário. O artigo acrescenta que "está começando também a ficar excessivamente difícil sustentar que as plataformas são – como redes de telecomunicação – 'neutras'. O argumento de que elas não interferem no tipo de conteúdo foi uma razão-chave para isentá-las de responsabilidade, mas elas estão começando a parecer reguladoras elas mesmas. Os algoritmos do Facebook determinam o que os membros veem no seu feed de notícias." (THE ECONOMIST, 2017)

[204] O projeto de lei de *Accountability* das Plataformas e Transparência com o Consumidor (*Platform Accountability and Consumer Transparency Act – PACT*), por exemplo, de autoria de senadores dos senadores Brian Schatz, do Partido Democrata do Havaí e John Tune, do Partido Republicano da Dakota do Sul, baseia-se, por exemplo, na constatação de que a proteção constante da seção 230 do CDA "levou a práticas de moderação de conteúdo inconsistentes, opacas, à falta de *accountability*, e à impossibilidade de injungir regulações federais no mundo digital, mais especificamente" (SCHATZ, 2020). O projeto é focado, porém, na transparência da moderação de conteúdo.

ração de veículos de mídia estrangeiros no território nacional e à concentração dos meios de comunicação. Seria possível dizer, que dificilmente, no século XVIII, meios de comunicação em massa de origem estrangeira poderiam operar de forma transnacional ou mesmo por todo o território continental, a ponto de justificar uma disposição a esse respeito em meio a obra tão objetiva, como a dos constituintes norte-americanos ou dos formuladores da Primeira Emenda.

Mais uma vez, a normatização é infraconstitucional. No que se refere especificamente à radiodifusão, a Lei das Telecomunicações de 1996 (*Telecommunications Act*), flexibilizou sensivelmente a regulação pré-existente, com a promessa de maior competição, mas o efeito foi o inverso, com a redução das opções disponíveis no mercado em decorrência das inúmeras fusões que se seguiram (KIMMELMAN, COOPER ; HERRERA, 2006, p. 511-514). A política de desregulação também é levada a cabo pela Comissão Federal de Comunicações (*Federal Communications Commission – FCC*), órgão criado na década 1930 e que originalmente desempenhou um papel contrário, com a imposição de limites à titularidade dos meios de comunicação nos Estados Unidos. [205] A onda de desregulação também se estendeu à jurisprudência, que passou a exigir um ônus de justificação para a imposição de restrições à propriedade das mídias. (VAN GENT, 2019, p. 1041-1042). Finalmente, a própria FCC flexibilizou ainda mais seus próprios limites em 2003, permitindo que uma única companhia tivesse redes de transmissão nacional até o limite de 45% de toda a audiência e que uma empresa tivesse uma rede de televisão e um jornal periódico na mesma cidade, desde que houvesse mais de oito estações na cidade, entre outras medidas liberalizantes, o que levou a um cenário de intensa consolidação midiática, ao menos entre os meios mais tradicionais. (VAN GENT, 2019, p. 1042-1043) (BRACHA ; PASQUALE, 2020, p. 1155).

---

205 "Em 1934, o Congresso aprovou a Lei das Comunicações [*Communications Act*], instituindo a FCC com o propósito de regular 'o comércio interestadual e estrangeiro na indústria das comunicações e assegurar que a todas as comunicações provessem o interesse público geral'. Pouco depois, em 1940, a FCC instituiu restrições sobre a propriedade corporativa com dois objetivos: fornecer ao público 'pontos de vista diversos e antagônicos' e 'promover a competição de mercado de modo a garantir o uso eficiente dos recursos'. Essas restrições limitavam o número de estações de televisão e rádio que uma única entidade pudesse ter nacionalmente. No entanto, o objetivo da FCC mudou nas décadas seguintes e, em 1996, o Congresso passou a Lei das Telecomunicações, revogando as regulações de titularidade existentes e aumentando o número de estações que uma entidade pudesse ter." (VAN GENT, 2019, p. 1041)

O advento da comunicação online, por um lado, renovou a oferta de provedores de conteúdo e de dispersores de informação. Por outro lado, as disposições da Lei de Telecomunicações não são aplicáveis a esses agentes, que não enfrentam restrições originadas especificamente da disciplina das comunicações, graças em parte à imunidade conferida pela seção 230 do CDA. Embora se registre, como apontado, uma discussão sobre a hegemonia de certas empresas do setor, as medidas de enfrentamento propostas frequentemente gravitam em torno do direito antitruste.[206]

Mesmo o debate mais recente sobre o veto à rede social TikTok, ainda que possa ter por trás razões relacionadas ao controle da comunicação social por empresas estrangeiras, essencialmente tem se enquadrado nas raias da regulação econômica. Em 6 de agosto de 2020, a presidência editou uma ordem executiva baseada na Lei de Poderes de Emergências Econômicas Internacionais (*International Emergency Economic Powers Act*) proibindo transações por qualquer pessoa sujeita à jurisdição norte-americana com a empresa ByteDance e suas subsidiárias (ESTADOS UNIDOS DA AMÉRICA, 2020a). Alguns dias depois, editou uma nova ordem, desta vez calcada na Lei Proteção de Defesa (*Defense Protection Act*), que proibiu a aquisição de qualquer direito da ByteDance sobre a aplicação Musical.ly[207] (ESTADOS UNIDOS DA

---

[206] Nesse sentido, v. o extenso relatório do Comitê de Estudos das Plataformas Digitais do Centro George J. Stigles para o Estudo da Economia e do Estado, da Universidade Chicago Booth. (MORTON (ORG), 2019). Há também um debate público, menos acadêmico, sobre a relação entre a concorrência das mídias sociais com a mídia tradicional e o problema da desinformação. Sally Hubbard enquadra dessa forma o problema das chamadas fake news, "porque o Facebook e o Google não são apenas agregadores de notícias, mas também concorrentes dos editores, competindo pelo dinheiro da propaganda, atenção dos usuários e dados. Os incentivos para seus negócios confrontam os interesses de empresas de mídia legítimas, e eles contam com alavancas tecnológicas que causam danos ao modelo de negócios das empresas de mídia e dão vantagem a elas próprias. Para fornecer um contradiscurso às 'fake news', empresas de notícias legítimas devem ser fortes e bem financiadas. Por lhes faltar concorrência significativa, o Facebook e o Google – e os estimuladores de 'fake news' que povoam seus algoritmos – têm um impacto desmedido no fluxo de informação. As duas empresas podem customizar seu algoritmo para servir aos seus interesses financeiros, em vez de fazer mudanças redutoras do lucro para combater as 'fake news'." (2017, p. 6) Em sentido contrário, Sacher e Yun (2017) e Calderon, para quem "as mídias sociais apenas tornaram o fenômeno mais visível, enquanto as redes de notícias tradicionais viviam em uma bolha sem confrontar o risco crescente. O risco em questão não é que as pessoas parariam de ler notícias reais – do qual não se tem informação que dê suporte – mas que as mídias de notícias cairiam na armadilha de assemelhar-se às 'fake news' em vez de diferenciar-se de histórias chocantes e extremas" (2020, p. 22)

[207] Sobre essa aquisição, v. infra, tópico II.1.2.5.

AMÉRICA, 2020b). Ainda que tenha adotado, no primeiro caso, entre seus fundamentos oficiais, o suposto potencial da plataforma para produzir desinformação, [208] as medidas foram destinadas a ocasionar o desinvestimento e não o bloqueio direto dos serviços oferecidos pelo TikTok na estrutura de comunicações norte-americana.

Em outras palavras, ainda que medidas tenham sido tomadas contra empresas estrangeiras – e essas medidas ainda não foram avaliadas judicialmente – não se trata de um enquadramento específico em regras sobre a *comunicação em massa* nos Estados Unidos. Antes de ser levada a efeito, a Corte do Circuito de Columbia suspendeu a iniciativa por considerar verossímil a alegação de que a ordem executiva excedia os poderes presidenciais. Entendeu que, embora a ordem tivesse por alvo direto um objeto incluído nas suas atribuições (transações negociais), tinha por objeto regular indiretamente matéria vetada (comunicações pessoais e material de natureza informativa) (ESTADOS UNIDOS DA AMÉRICA, 2020, p. 14-18).

## IV.2. Europa

Na Europa, de uma forma geral, o direito tem tratado de forma menos deferente as novas mídias, o que pode ser explicado em parte pelo fato de que boa parte das mudanças apontadas na comunicação social têm origem exógena, já que as maiores empresas do setor são norte-americanas, e as preocupações dos órgãos europeus têm antecedido as de outros países no enfrenta-

---

208 Segundo o documento "O TikTok, uma aplicação móvel de compartilhamento de vídeos de propriedade da companhia chinesa ByteDance Ltd., foi descarregado reportadamente mais de 175 milhões de vezes nos Estados Unidos e um bilhão de vezes globalmente. O TikTok automaticamente captura vastas porções de informação de seus usuários, como atividade na internet e em outras redes, dados de localização e histórico de navegação e busca. Essa coleta de dados ameaça permitir que o Partido Comunista da China acesse informações pessoais dos americanos, o que permitiria potencialmente à China rastrear a locação de empregados e contratados federais, desenvolver dossiês pessoais para chantagem e conduzir espionagem corporativa. O TikTok também reportadamente censura conteúdo que o Partido Comunista Chinês considera politicamente sensível, como os relacionados aos protestos em Hong Kong e o tratamento dado pela China aos Uygures e outras minorias muçulmanas. Essa aplicação móvel pode também ser usada para campanhas de desinformação que beneficiam o Partido Comunista da China, como a disseminação de teorias da conspiração desacreditadas sobre a origem do novo coronavírus de 2019." (ESTADOS UNIDOS DA AMÉRICA, 2020a)

mento dos fenômenos correlatos a essa evolução.[209] Ainda que muito da regulação da internet seja inspirado no paradigma libertário vigente nos Estados Unidos, essa não é uma solução normalmente vista como adequada no direito europeu (MARSDEN, MEYER ; BROWN, 2020, p. 12). A própria Convenção Europeia de Direitos Humanos, no seu artigo 10º, ao enunciar a liberdade de expressão, ressalva a possibilidade de os Estados submeterem as empresas de comunicação social a "um regime de autorização prévia", e a subsistência de

> (...) formalidades, condições, restrições ou sanções, previstas pela lei, que constituam providências necessárias, numa sociedade democrática, para a segurança nacional, a integridade territorial ou a segurança pública, a defesa da ordem e a prevenção do crime, a proteção da saúde ou da moral, a proteção da honra ou dos direitos de outrem, para impedir a divulgação de informações confidenciais, ou para garantir a autoridade e a imparcialidade do poder judicial. (CONSELHO DA EUROPA, 1950)

Pela forma como é estruturado o direito comunitário europeu, o assunto não é tratado apenas na frente supranacional. Os próprios países-membros, no âmbito nacional, também dispõem sobre a comunicação social, ainda que devam adequar-se às diretrizes comunitárias. Especificamente no âmbito supranacional, a União Europeia tem tratado do regime de responsabilidade dos serviços eletrônicos de comunicação social tanto por meio de normas gerais aplicáveis aos seus Estados-Membros, quanto por meio do desenvolvimento jurisprudencial pela Corte de Justiça da União Europeia, pioneira em discussões concernentes à disciplina das novas mídias.

Como já se disse, a jurisprudência da Corte de Justiça da União Europeia tem muitas vezes exercido um papel de vanguarda na imposição de deveres às plataformas de mídia digital. Em 2014, o tribunal estabeleceu o emblemático precedente sobre o "direito ao esquecimento", segundo o qual o interessado poderia solicitar o apagamento de informações pessoais em mecanismos de busca, mesmo que houvesse sido publicada licitamente (UNIÃO EUROPEIA, 2014). Ou seja, considerou-se já então o poder de disseminação dos motores

---

[209] Nesse sentido: "De maneira não surpreendente, considerando-se a inclinação da Europa pela regulação e dado o fato de que a maioria das grandes plataformas está baseada nos Estados Unidos, os órgãos europeus foram os primeiros a tomar passos para controlá-las." (THE ECONOMIST, 2017)

de busca como uma instância autônoma de distribuição de informações ao público, com *agência* distinta das suas fontes de indexação.[210]

O tema da desinformação também é objeto da atenção da União Europeia há algum tempo, não só na frente regulatória, mas também na frente executiva. Em 2016, a Comissão Europeia editou uma comunicação conjunta ao Parlamento Europeu e ao Conselho, reconhecendo a necessidade de "luta contra as ameaças híbridas"[211], tratadas como um tema da segurança comunitária com potencial para desestabilizar a sociedade e o discurso político nos países tomados como alvo. O documento cita medidas de inteligência, de "comunicação estratégica" e de cooperação, inclusive com a Otan.

O direito supranacional europeu, conforme antecipado, admite um controle mais estrito da liberdade de expressão do que a tradição norte-americana. Além da Convenção Europeia de Direitos Humanos,[212] a Carta dos Direitos Fundamentais da própria União Europeia, de 2000, impõe, no seu artigo 11º, § 2º, "o respeito à liberdade e ao pluralismo nos meios de comunicação social". O mesmo documento reafirma também a proteção de dados pessoais e exige seu tratamento justo e para fins específicos, sob o controle de uma au-

---

210 Em um caso relacionado, julgado mais recentemente, em 2019, em que estava questão a abrangência da ordem de supressão determinada a partir de uma solicitação de um usuário, a Corte sublinhou que "[i]ncumbe, além disso, ao operador do motor de busca tomar, se necessário, medidas suficientemente eficazes para assegurar uma proteção efetiva dos direitos fundamentais da pessoa em causa. Estas medidas devem, elas próprias, satisfazer todas as exigências legais e ter por efeito impedir ou, pelo menos, desencorajar seriamente os internautas nos Estados-Membros de acederem às hiperligações em causa a partir da realização de uma pesquisa efetuada que tenha por base o nome dessa pessoa" (UNIÃO EUROPEIA, 2019)

211 Reconhecendo a flexibilidade do conceito de "ameaça híbrida", o documento tenta esboçar algumas definições: "destina-se a abarcar a combinação de atividades coercivas com atividades subversivas, de métodos convencionais com métodos não convencionais (ou seja, diplomáticos, militares, económicos, tecnológicos) que podem ser utilizados de forma coordenada por intervenientes estatais ou não estatais para atingir objetivos específicos, mantendo-se, no entanto, abaixo do limiar de uma guerra formalmente declarada. Em geral, coloca-se a ênfase na exploração das vulnerabilidades do objetivo e na criação de ambiguidade para entravar o processo de tomada de decisões. Grandes campanhas de desinformação, recorrendo aos meios de comunicação social, para controlar o discurso político ou para radicalizar, recrutar e dirigir intervenientes por interposição podem ser vetores de ameaças híbridas." (UNIÃO EUROPEIA, 2016)

212 É importante notar que a Convenção Europeia dos Direitos Humanos foi adotada pelo Conselho da Europa, muito antes da formação do bloco, e sua aplicação é controlada, na verdade, pelo Tribunal Europeu dos Direitos Humanos, que conta 47 países sob sua jurisdição. O direito da União Europeia propriamente dito reafirma a Convenção Europeia e o Tribunal Europeu no preâmbulo da Carta dos Direitos Fundamentais da União Europeia de 2000. (UNIÃO EUROPEIA, 2000). Ainda assim, são planos distintos.

toridade independente (UNIÃO EUROPEIA, 2000).[213] Há também uma disciplina mais analítica em outras diretivas do bloco.

## IV.2.1. Diretiva 2000/31 e a responsabilidade das plataformas

No mesmo período em que foi gestada a Carta, foi aprovada também a Diretiva n. 2000/31/CE, que versa sobre "aspectos legais dos serviços da sociedade de informação[214], em especial do comércio eletrônico, no mercado interno". [215] A diretiva prevê liberdade de circulação para esses serviços, quando provenientes de outro Estado-Membro, mas ressalva, no seu artigo 3º, a possibilidade de medidas derrogatórias, desde que proporcionais, em defesa da ordem pública, inclusive na prevenção de delitos e na luta contra o incitamento ao ódio e contra violações da dignidade humana. Ressalva também a proteção da saúde, a segurança pública e a defesa dos consumidores. O artigo 12 da diretiva, porém, isenta o prestador da responsabilidade pelo "simples transporte" da informação, desde que não esteja na origem da informação, não selecione seu destino nem a modifique. Os artigos 13 e 14 protegem também os "armazenadores" da informação, temporários e permanentes. No caso dos armazenadores, a diretiva prevê expressamente (i) que uma vez notificados de alguma ilicitude, "atue com diligência no sentido de retirar ou impossibilitar o acesso às informações" e (ii) que autoridades administrativas ou judiciais possam determinar às empresas que previnam ou ponham termo a uma infração.[216] O artigo 15, que trata de

---

213 Antes ainda, a União Europeia já em 1995, havia instituído a Diretiva 95/46/CE do Parlamento Europeu e do Conselho, "relativa à proteção das pessoas singulares no que diz respeito ao tratamento de dados pessoais e à livre circulação desses dados". (UNIÃO EUROPEIA, 1995)

214 A definição de "serviços da sociedade da informação", obscura à primeira vista, cabe à Diretiva n. 98/34/CE, alterada pela Diretiva 98/48/CE. *Serviço*, segundo o dispositivo é: "qualquer serviço da sociedade da informação, isto é, qualquer serviço prestado normalmente mediante remuneração, à distância, por via electrónica e mediante pedido individual de um destinatário de serviços." (UNIÃO EUROPEIA, 1998)

215 O documento alude expressamente, no preâmbulo, ao artigo 10º da Convenção Europeia de Direitos Humanos e às restrições constantes do § 2º e enuncia expressamente que seu objetivo não é "afetar as normas e princípios nacionais fundamentais respeitantes à liberdade de expressão".

216 Sobre os diferentes tipos de serviço dos artigos 12 a 14, a Corte já esclareceu que o tratamento se justifica pelo fato de que "o serviço prestado por quem procede à armazenagem de um sítio Internet, que consiste na armazenagem de informações, protela-se no tempo", enquanto, "o serviço de transporte das

forma compreensiva transportadores e armazenadores, impede que se imponha sobre uns e outros a obrigação de vigiar "fatos ou circunstâncias que indiciem ilicitudes". (UNIÃO EUROPEIA, 2000).

Essa diretiva, que segue sendo a norma de referência no direito comunitário sobre a responsabilidade das mídias (FALLETTA, 2020, p. 150), parece, à primeira vista, ser bastante protetiva para estas últimas, exatamente por prever uma espécie de isenção de responsabilidade para os provedores de serviço. No entanto, sua interpretação pela Corte de Justiça e pelos tribunais internos dos países-membros tem permitido que se imponha aos veículos de comunicação social eletrônica um dever mais intenso de controlar o conteúdo que por eles circula do que se poderia depreender diretamente do texto da diretiva.

Em relação, especificamente, à responsabilidade das plataformas, a Corte já salientou, ainda em 2010, que "a fim de verificar se a responsabilidade do prestador do serviço de referenciamento poderia ser limitada com base no artigo 14.º da Diretiva 2000/31 deve examinar-se se o papel desempenhado pelo referido prestador é neutro", o que significaria um comportamento "puramente técnico, automático e passivo, implicando o desconhecimento ou a falta de controlo dos dados que armazena" (UNIÃO EUROPEIA, 2010).[217] Mais à frente, considerou que um fornecedor de serviços na internet não pode invocar a isenção de responsabilidade prevista pela Diretiva 2000/31, se "desempenha um papel ativo suscetível de lhe facultar um conhecimento ou um controlo destes dados". (UNIÃO EUROPEIA, 2011). Discerniu-se, em suma, o serviço puramente neutro naquele que presta assistência para otimizar o conteúdo armazenado.[218] Como o acórdão não tratou especificamente da cir-

---

informações que presta não se prolonga normalmente no tempo". Por isso é que esse último, ao contrário do primeiro "não está, frequentemente, em situação de poder dar início, num momento posterior, a ações destinadas a retirar certas informações ou de impossibilitar o acesso a estas últimas".

217 No mesmo julgado, que versava sobre o emprego de marcas registradas no Google Adwords por concorrentes, a Corte determinou que "No que respeita ao serviço de referenciamento em causa nos processos principais, (...) a Google procede, graças a programas informáticos por ela desenvolvidos, a um tratamento dos dados introduzidos por anunciantes, daí resultando a exibição dos anúncios em condições, sob o controlo da Google. Entre outras situações, a Google determina a ordem de exibição em função, designadamente, da remuneração paga pelos anunciantes." (UNIÃO EUROPEIA, 2010)

218 Segundo a Corte, "(...) quando o referido operador prestou assistência para otimizar a apresentação das propostas de venda em causa ou para promover estas propostas, há que considerar que este não ocupou uma posição neutra entre o cliente vendedor em causa e os compradores potenciais, mas desempenhou um papel activo susceptível de lhe facultar um conhecimento ou um controlo dos

cunstância de essa assistência ser realizada por mecanismos automatizados, é possível subentender que esse fato não é relevante para se inferir se o fornecedor desempenha ou não um papel ativo. [219]

A Corte de Justiça também já decidiu, por outro lado, que uma rede social não pode ser obrigada a instalar um sistema de filtragem de conteúdo potencialmente lesivo a direitos de terceiros, eis que essa obrigação equivaleria a um dever de vigilância no sentido vetado pelo artigo 15 da Diretiva 2000/31, a um custo desproporcional, além de constituir uma possível violação à liberdade dos utilizadores do sistema para receber e enviar informações (UNIÃO EUROPEIA, 2012). Em relação aos prestadores de serviços de "simples transporte", nos termos do artigo 12 da mesma diretiva, a Corte também assinalou que não têm a obrigação de controlar o uso da rede disponibilizada aos usuários para vigiar possíveis violações a direitos de terceiros, ainda que tenha sido expressamente admitida a injunção de medidas de proteção, como a identificação desses usuários, a fim de coibir futuras ofensas. (UNIÃO EUROPEIA, 2016)

Mais recentemente, em 2019, a Corte de Justiça julgou também o caso de um usuário que pedia a remoção de uma publicação, no Facebook, considerada injuriosa ao autor da demanda originária. Os tribunais originários, na Áustria, determinaram a supressão, no âmbito do país, mas que publicações semelhantes só deixassem de ser exibidas mediante aviso expresso do interessado ou de terceiros ao Facebook. A Corte de Justiça, ao conhecer da demanda, submetida pelo Supremo Tribunal da Áustria, decidiu à luz dos artigos 14 e 15 da Diretiva n. 2000/31/CE. [220] Estava em questão a abrangência da obrigação da plataforma ao dar cumprimento à decisão: (i) deveria elas suprimir apenas as mensagens que houvessem sido comunicadas ou quaisquer

---

dados relativos a estas propostas. Nesse caso, não pode invocar, no que diz respeito aos referidos dados, a derrogação em matéria de responsabilidade prevista no artigo 14.º da Diretiva 2000/31". (UNIÃO EUROPEIA, 2011)

219 Em outro caso relevante, a Corte entendeu que uma sociedade editora que disponibiliza a versão eletrônica de um jornal não pode ser considerada como prestadora intermediária no sentido da limitação de responsabilidade dos artigos 12 e 14 da Diretiva 2000/31, "desde que essa sociedade tenha conhecimento das informações publicadas e exerça um controlo sobre estas". (UNIÃO EUROPEIA, 2014). A orientação geral quanto à necessidade de demonstração de que o fornecedor desempenha "um papel ativo" também foi reiterada em outro julgado mais recente. (UNIÃO EUROPEIA, 2018a).

220 A aplicação dos artigos 14.1. e 15 foi calcada na premissa de que o Facebook constitui um fornecedor do serviço de armazenamento nos termos do artigo 14 da diretiva.

outras? (ii) em nível local ou em nível mundial? Entendeu-se que a empresa tinha a obrigação de tomar as medidas necessárias para evitar *qualquer* nova violação aos direitos da litigante. [221] A Corte estabeleceu uma diferenciação importante entre a exoneração do dever de vigilância do artigo 15 e a obrigação da empresa responder a um "caso específico", uma vez notificada. Ou seja, muito embora tenha reconhecido às plataformas a desnecessidade de monitorar ativamente infrações potenciais, uma vez comunicada e analisada uma situação concreta, segundo o entendimento, incumbe-lhes o dever de evitar novas reproduções do conteúdo banido que contenham "elementos específicos devidamente identificados pelo autor da medida inibitória, como o nome da pessoa afetada pela infração constatada anteriormente, as circunstâncias em que a infração foi constatada e o conteúdo semelhante ao que foi declarado ilegal" (UNIÃO EUROPEIA, 2019). A Corte, portanto, considera que a obrigação de acompanhar a reprodução – ainda que com alterações singelas – de mensagens ofensivas trazidas ao conhecimento das plataformas não configura uma obrigação de vigilância nos termos do artigo 15:

> Na jurisprudência mais recente é possível, portanto, entrever uma aplicação mais singela e datada da normativa sobre a responsabilidade dos fornecedores de serviços da internet que os obriga a agir para evitar, ou ao menos reduzir, o risco de sanções pelos inúmeros "casos específicos" que podem ocorrer internamente nas plataformas sociais. Sob tal ótica, uma ação dos provedores de hospedagem que previna o cometimento de condutas ilícitas ou, de outra forma, a reiteração de condutas a realizarem-se está bem justificada e é, inclusive, um corolário inevitável das decisões. (FALLETTA, 2020, p. 153-154, tradução nossa)

O entendimento da Corte leva em consideração que o ônus, para o ofendido, seria desproporcionalmente maior se lhe incumbisse verificar ativamente, por meios próprios, todas as publicações que o ofendessem da mesma forma que a publicação original que tivesse originado o comunicado à plataforma. A plataforma, afinal, é dotada de recursos automatizados capazes de detectar

---

[221] Interessantemente, a Corte de Justiça chamou a atenção para o fato de que nas traduções latinas da diretiva, havia a obrigação da plataforma, uma vez notificada, de pôr termos a "quaisquer" alegadas infrações e de evitar "quaisquer" outros prejuízos, enquanto na versão alemã, apenas, aludia-se à necessidade de por fim a "uma" alegada infração e a evitar "novas" infrações. (UNIÃO EUROPEIA, 2019).

com muito mais eficiência, nos "casos específicos" previamente notificados, a reprodução de mensagens já consideradas como transgressoras.

Percebe-se, em suma, que a Diretiva 2000/31, da forma como interpretada pela Corte de Justiça, exonera as plataformas de responsabilidade pelo conteúdo por elas transmitido ou nelas armazenado apenas se restar comprovado que elas não desempenham um papel ativo na otimização desse conteúdo; é preciso que atuem de forma neutra. Em complemento, a jurisprudência mais recente sublinha a subsistência de um dever de agir para evitar a reprodução de atitudes ilícitas já levadas ao conhecimento dos fornecedores de serviço. A jurisprudência não distingue as plataformas de serviço eletrônico pelo âmbito específico de atuação. Empresas de venda online de produtos e redes sociais estão sujeitas às mesmas coordenadas quanto à sua responsabilização. A medida da sua responsabilidade pelo conteúdo transmitido ou armazenado é tomada unicamente por sua eventual interferência nesse material.

## IV.2.2. A responsabilidade editorial

Ao contrário do que se verifica na jurisprudência da Suprema Corte norte-americana, no âmbito da Corte de Justiça da União Europeia, a caracterização da atividade comunicativa como jornalismo parece ter relevância para efeitos de aferição do enquadramento jurídico da comunicação,[222] especialmente no que concerne ao tratamento de dados pessoais de que trata a Diretiva n. 95/46. O artigo 9º da norma relativiza o nível de proteção exigido nos casos em que o tratamento é realizado "para fins exclusivamente jornalísticos ou de expressão artística e literária". Assim é que a Corte que já manifestou que esses conceitos "perderiam, perante o conceito de liberdade de expressão, qualquer função própria caso fossem equiparados, em conjunto, a esta" e que,

---

222 No âmbito da Corte Europeia de Direitos do Homem, importa salientar que a liberdade de imprensa já foi tratada como um consectário da liberdade de expressão. "A liberdade de expressão constitui uma das fundações essenciais de uma sociedade democrática, em particular a liberdade de debate político e público. Isso é de especial importância para a liberdade de imprensa, que tem um interesse legítimo em reportar sobre a operação dos serviços governamentais, incluindo possíveis atividades ilegais, e atrair a atenção do público para essa operação. Cabe à imprensa oferecer informações e ideias sobre essas matérias, e o público tem direito de recebê-las." (CONSELHO DA EUROPA, 1990)

portanto "têm um significado próprio, não idêntico ao âmbito de proteção da liberdade de expressão." (UNIÃO EUROPEIA, 2008).[223] Definiu-se então que:

> O conceito de fins jornalísticos diz respeito à atividade dos órgãos de comunicação social, em particular à imprensa escrita e aos meios audiovisuais. A génese da diretiva relativa à proteção de dados demonstra que os fins jornalísticos não se restringem à atividade desenvolvida pelos meios institucionalizados. Após a Comissão ter começado por propor uma derrogação para os órgãos da imprensa e os meios audiovisuais, o conceito de fins jornalísticos acabou por resultar de vários projetos que separavam o âmbito de aplicação da derrogação das empresas de meios de informação e o alargavam a todas as pessoas que exerciam uma atividade jornalística. (...). Um dos pressupostos para qualquer restrição à liberdade de expressão é o de que essa restrição seja necessária numa sociedade democrática. Se estiverem em causa os meios de comunicação, é necessário ter em consideração que uma imprensa livre desempenha um papel decisivo no funcionamento da sociedade democrática, em particular o papel de um «cão de guarda» público. Tem, por conseguinte, a obrigação de transmitir informações e ideias sobre todas as questões que assumam um interesse público (UNIÃO EUROPEIA, 2008)

Além de relativizar a importância do meio de transmissão, a Corte, na ocasião, descartou ainda determinar o conceito de atividade jornalística pela presença de um trabalho editorial ou de comentários, ressaltando que mesmo a disponibilização de dados "em bruto" pode ter interesse público e que a simples seleção dos dados constituiria uma avaliação subjetiva de quem os disponibilizasse de que seriam de interesse dos destinatários da informação. O interesse público, de sua vez, está presente, se as informações e ideias "estão relacionadas com um debate público efetivo ou se referem a questões que, de acordo com o direito interno e os valores sociais vigentes, são públicas por natureza", excetuadas as situações em que "são difundidos pormenores da vida privada que não apresentam qualquer relação com as funções públicas

---

223 Vale notar que essa distinção é especialmente crítica no caso do confronto com a proteção de dados pessoais, já que a comunicação social implica necessariamente uma divulgação mais ampla das informações do que o simples aproveitamento individual de dados. Por isso é que a Corte assinalou que "[n]o domínio da liberdade de expressão dos particulares, os Estados-Membros gozam de uma especial liberdade, na medida em que, nos termos do seu artigo 3.º, n.º 2, segundo travessão, a diretiva relativa à proteção de dados não se aplica ao tratamento de dados pessoais efetuado por uma pessoa singular no exercício de atividades exclusivamente pessoais ou domésticas" (UNIÃO EUROPEIA, 2008)

da pessoa em causa, em particular quando existe uma expectativa legítima de respeito da vida privada". (UNIÃO EUROPEIA, 2008).

A orientação, que se inspira também em precedentes da Corte Europeia de Direitos Humanos, foi corroborada mais recentemente em outro precedente em que se discutia se a ressalva também seria aplicável a um vídeo publicado no YouTube por um indivíduo que não exerce profissionalmente o ofício de jornalista.[224] Em resumo, da forma como se firmou a orientação da Corte, a aferição do caráter jornalístico da atividade comunicativa não prescinde de uma avaliação do conteúdo e de sua relevância para a sociedade. Assim é que informações relacionadas, por exemplo, às funções públicas e governamentais estão alcançadas pela derrogação em matéria de privacidade, independentemente, em linhas gerais, do meio de transmissão ou da apreciação do processo editorial empregado para a confecção do conteúdo.

A Diretiva n. 2010/13 trata especificamente dos serviços de comunicação social audiovisual[225] e codifica as disposições comunitárias sobre a matéria. Embora expressamente consigne que não prejudica as isenções de responsabilidade da Diretiva 2000/31, enfatiza a essencialidade do conceito de responsabilidade editorial, definido como:

---

224 "Assim, à luz da jurisprudência do Tribunal de Justiça referida nos n.os 52 e 53 do presente acórdão, a circunstância de S. Buivids não ser um jornalista de profissão não é suscetível de excluir que a gravação de vídeo em causa assim como a sua publicação num sítio Internet de vídeos no qual os utilizadores podem carregar, visualizar e partilhar os mesmos possam estar abrangidas por esta disposição. Em especial, o facto de S. Buivids ter publicado esta gravação num tal sítio Internet, neste caso no sítio www.youtube.com, não pode, por si só, retirar a este tratamento de dados pessoais a qualidade de ter sido efetuado «para fins exclusivamente jornalísticos», na acepção do artigo 9.o da Diretiva 95/46 (...) A este respeito, resulta desta jurisprudência que, para efetuar a ponderação entre o direito ao respeito pela vida privada e o direito à liberdade de expressão, o Tribunal Europeu dos Direitos do Homem desenvolveu uma série de critérios pertinentes que devem ser tomados em consideração, nomeadamente a contribuição para um debate de interesse público, o grau de notoriedade da pessoa afetada, o objeto da reportagem, o comportamento anterior da pessoa em causa, o conteúdo, forma e consequências da publicação, o modo e as circunstâncias em que as informações foram obtidas, bem como a sua veracidade (v., neste sentido, TEDH, 27 de junho de 2017, Satakunnan Markkinapörssi Oy e Satamedia Oy c. Finlândia, CE:ECHR:2017:0627JUD000093113, § 165). Do mesmo modo, deve ser tomada em consideração a possibilidade de o responsável pelo tratamento adotar medidas que permitam limitar o alcance da ingerência no direito à vida privada." (UNIÃO EUROPEIA, 2019)

225 Conforme o 23º considerando, a diretiva se aplica a imagens em movimento, com ou sem som, mas não abrange áudio nem rádio. Também não alcança, segundo o 28º, jornais e revistas nas versões eletrônicas.

o exercício de um controle efetivo tanto sobre a seleção de programas como sobre a sua organização, quer sob a forma de grelha de programas, no caso das emissões televisivas, quer sob a forma de catálogo, no caso dos serviços de comunicação social audiovisual a pedido. (UNIÃO EUROPEIA, 2010)

Na sua versão atual, não deixa de atribuir responsabilidade aos chamados "serviços de plataforma de partilha de vídeos", ou seja, os alimentados por conteúdo gerado pelos próprios usuários.[226] Ainda que sua responsabilidade editorial seja expressamente excluída,[227] considera-se que "determinam normalmente a organização dos conteúdos, a saber, programas, vídeos gerados pelos utilizadores e comunicações comerciais audiovisuais, inclusive através de meios automáticos ou de algoritmos", o que justifica a tomada de medidas para proteção de menores e do público em geral. [228]. Essencialmente, a proteção se estende a programas que prejudiquem o desenvolvimento dos menores (artigo 28-B, item 1, a), que incitem a violência ou o ódio (artigo 28-B, item 1, b), que infrinjam as proibições ao terrorismo, à pornografia infantil, ao racismo e à xenofobia (artigo 28-B, item 1, c). Também exige que a natureza comercial da mensagem, se for declarada à plataforma ou por ela conhecida, seja informada aos usuários (artigo 28-B, item 2).

Por outro lado, a diretiva proíbe aos Estados-Membros medidas que possam dar origem ao controle prévio ou à filtragem de conteúdo em termos colidentes com o artigo 15 da Diretiva 2000/31 – dispositivo que, como já visto, exonera as plataformas do dever de vigilância ativa sobre o conteúdo gerado pelos usuários. Incentiva que se empregue o instrumento da corregulação, pelo qual as empresas desenvolvem os marcos normativos, que devem ser aprovados pelos reguladores institucionais (MARSDEN, MEYER; BROWN, 2020, p. 9-11). Um exemplo prático relevante para a análise que aqui se faz é a Recomendação da Comissão Europeia de 12 de setembro de 2018, mais especificamente sobre

---

[226] A diretiva não se aplica às empresas exclusivamente voltadas ao compartilhamento de vídeos, como o Youtube, mas também a plataformas parcialmente dedicadas a essa atividade, a exemplo do Facebook.

[227] No âmbito do Conselho da Europa, a Recomendação CM/Rec(2011) 7, já citada, já admitia que "os processos editoriais podem também ser automatizados (por exemplo, no caso de algoritmos selecionando *ex ante* o conteúdo ou comparando o conteúdo com material protegido por direitos autorais). (CONSELHO DA EUROPA, 2011)

[228] A propósito, o emprego desses mecanismos automatizados é parte da definição desse tipo de serviço na diretiva, conforme artigo 1º, item 1, a-A. (UNIÃO EUROPEIA, 2010)

a temática da desinformação eleitoral. A recomendação reconhece que, se, por um lado a comunicação online reduziu os custos da interação com os cidadãos, por outro, aumentou as possibilidades de direcionamento, frequentemente de maneira não transparente. (UNIÃO EUROPEIA, 2018).

A emergência de instrumentos de *soft law* parece ser uma tendência no âmbito europeu para o enfrentamento dos desafios típicos da desinformação, não apenas quanto ao conteúdo de natureza audiovisual, a ponto de se haver criado um "Grupo de Peritos de Alto Nível" para endereçá-los. O esforço resultou na adoção de um Código de Conduta sobre Desinformação pelos principais conglomerados de mídia digital, no qual se contemplam propósitos como o de "diluir a visibilidade da desinformação pelo aprimoramento da facilidade de encontrar conteúdo confiável" (*findability of trustworthy content*). No código, prevalece uma abordagem que exclui o papel das autoridades e transfere a responsabilidade às próprias empresas do setor (MONTI, 2020, p. 292;294). Seus signatários reconheceram a importância das organizações de checagem para o fornecimento de dados sobre as fontes de desinformação, ainda que não esteja totalmente claro no Código o papel que essas entidades desempenhariam para auxiliar na persecução dos propósitos ali elencados (KUCZERAWY, 2020, p. 299-300). A delegação de responsabilidade às plataformas leva a dilemas próprios, tal qual agudamente apontado por Matteo Monti, "o risco concreto de que a arbitrariedade concedida se traduza na remoção de conteúdos políticos contrários à visão de mundo das plataformas" – um prognóstico especialmente grave se se considera o regime de quase monopólio em que a algumas delas operam (MONTI, 2020, p. 299;304). Poder-se-ia acrescentar o risco de os *interesses corporativos diretos* dessas empresas se traduzirem em diretrizes de censura. O domínio mercadológico é relevante: à diferença de um jornal que representasse uma determinada cosmovisão, sem que essa escolha editorial significasse necessariamente a supressão das perspectivas contrárias no ambiente midiático como um todo, as diretrizes de empresas como o Facebook ou o Twitter são capazes de afetar significativamente o potencial de uma posição política que lhes seja contrária.

Ainda sobre o Código de Conduta, é relevante que inaugura um esforço que transcende a antiga dicotomia entre as empresas responsáveis editorialmente pelo conteúdo próprio que exibiam e, de outro lado, as plataformas de internet, encaradas como simples transportadoras ou armazenadoras de conteúdo alheio. Têm responsabilidade na exata medida em que organizam a informação, como propõe Giuseppe Donato:

> O debate sobre a responsabilidade desses sujeitos deveria ser resolvido, segundo o estudo, com base no princípio pelo qual não podem ser chamados a responder pelo conteúdo criado por seus usuários (...) mas apenas pelas atividades de administração sobre ele, como aquelas especificadas no Código de Boas Práticas. Essa gestão peculiar de conteúdos de criação alheia sugere superar a dicotomia entre a "responsabilidade editorial" e a "responsabilidade dos mediadores pela distribuição" em favor de uma categoria intermediária identificada na "facilitação" dos conteúdos: uma atividade que, sem esgotar-se na mera intermediação, não atinge, por outro lado, a intensidade de um controle editorial. (DONATO, 2020, p. 7)

Também foi editado, pouco depois, em comunicado conjunto às instituições comunitárias, um Plano de Ação contra a Desinformação, mais uma vez considerando a existência das ameaças híbridas ao bloco, notadamente com origem na Rússia, e o emprego das mídias sociais para o espalhamento da desinformação (UNIÃO EUROPEIA, 2018). O plano, de natureza sobretudo executiva,[229] conclama os signatários do Código de Conduta a poe em prática as ações e procedimentos ali previstos e prevê relatórios de monitoramento da aplicação de suas regras. Ações de natureza regulatória são previstas apenas se o impacto do Código se provar insatisfatório. (UNIÃO EUROPEIA, 2018, p. 9). Em suma, ainda que se note uma preocupação crescente com o funcionamento das novas mídias e com as informações que selecionam e exibem ao público, ainda se observa uma contenção regulatória em virtude da resiliência das liberdades comunicativas e dos problemas de limitá-las de antemão.[230]

---

[229] Trata-se de medidas como o aprimoramento da capacidade comunitária de detectar desinformação e de responder a ela, a mobilização do setor privado para enfrentar a desinformação, a conscientização social e a melhora da resiliência da sociedade. (UNIÃO EUROPEIA, 2018)

[230] O item II.D do Código de Conduta, textualmente, considera o seguinte: "Em conformidade com o artigo 10.º da Convenção Europeia dos Direitos Humanos[13] e com o princípio da liberdade de expressão, os signatários não devem ser obrigados pelos governos nem devem adotar políticas de caráter voluntário para suprimir ou impedir o acesso a mensagens ou conteúdos lícitos apenas por se julgar que são 'falsos'". (UNIÃO EUROPEIA, 2018b)

## IV.2.3. Anonimato

Em relação ao discurso anônimo, registra-se alguma diferença entre a sua apreciação no âmbito europeu e a idiossincrática permissividade do direito norte-americano. Aponta-se a necessidade de verificar a responsabilidade dos que se comunicam com o público por meio da internet, mas, no geral, tampouco se nega o efeito protetor que o resguardo da própria identidade confere ao emissor de uma mensagem politicamente sensível, e o efeito inibidor que a potencial revelação suscita. Por isso, em linhas gerais, no âmbito comunitário europeu, prevalece uma tolerância com o discurso anônimo, ainda que não conte com a mesma consideração que conta no direito dos Estados Unidos. Trata-se de uma faculdade reconhecida como importante exatamente em razão da ubiquidade do anonimato na internet e da percepção de que se trata de um elemento essencial da liberdade dos usuários nesse ambiente.

O Tribunal Europeu dos Direitos do Homem – fora do âmbito institucional da União Europeia, portanto – estabeleceu um precedente importante em K.U vs. Finlândia, em que se discutiu a legitimidade do nível de proteção que a ordem jurídica finlandesa havia conferido a uma plataforma de internet que se recusara a identificar o autor de uma ofensa contra um menor de idade. A vítima tivera suas fotos e algumas informações pessoais publicadas de maneira indevida por um terceiro num site de relacionamentos, e as autoridades judiciárias do país não obrigaram o site a fornecer informações que permitissem identificar o criminoso. Paradoxalmente, uma interpretação excessivamente deferente à privacidade acabou resultando na impunidade de um caso particularmente grave de ofensa à privacidade alheia. A exigência de identificação de usuários que praticam crimes contra terceiros por meio de perfis anônimos não chega a constituir uma decisão particularmente marcante, mas os fundamentos da decisão deixaram claro que o anonimato estava sujeito a restrições não apenas na prevenção de crimes, mas na "proteção dos direitos e das liberdades alheios". (CONSELHO DA EUROPA, 2008).

Também no âmbito do Conselho da Europa, a Recomendação CM/Rec (2014) 6, do Comitê de Ministros, que instituiu o "Guia Simplificado dos Direitos Humanos para o Utilizadores da Internet", relatava que "[o usuário] pode optar por não revelar a sua identidade em linha, por exemplo, utilizando um pseudónimo. Contudo, deve estar ciente de que as autoridades nacionais podem tomar medidas suscetíveis de resultar na revelação da sua identidade". Ou seja, reconhecia-se o direito do usuário de não se identificar, sem, porém, que pudesse restar *inidentificável*.

O assunto rendeu ainda uma importante discussão no Tribunal Europeu dos Direitos do Homem em 2015, quando a Grande Câmara julgou o caso de um portal noticioso que fora considerado responsável por comentários difamatórios dos seus usuários, exatamente por não lhes exigir prévio registro, o que dificultava, inclusive, a persecução da responsabilidade civil dos autores dos comentários. O portal em questão alegou violação ao artigo 10 da Convenção Europeia de Direitos do Homem pela decisão recorrida e a legitimidade do sistema de remoção de conteúdo ofensivo depois da efetiva ciência da sua natureza ilegal. A empresa não deixou de enfatizar, segundo o relatório do acórdão, "a importância do anonimato para a liberdade de expressão na internet". A Corte então, referindo os fundamentos de K.U. vs. Finlândia, decidiu que o fato de não ter sido possível determinar a identidade dos usuários responsáveis pelos comentários difamatórios por conta das medidas adotadas pelo portal de notícias era relevante para determinar a sua responsabilidade no caso:

> O anonimato tem há muito sido um meio de evitar represálias e atenção indesejada. Enquanto tal, ele é capaz de promover o livre fluxo de ideias e informação de uma maneira importante, inclusive na Internet. Ao mesmo tempo, o Tribunal não perde de vista a facilidade, o escopo e a velocidade da disseminação de informação na internet nem a persistência da informação depois de divulgada, o que pode agravar consideravelmente os efeitos do discurso ilegal na internet, comparando-se com a mídia tradicional. (....) A Corte observa que diferentes graus de anonimato são possíveis na internet. (....) Um fornecedor de serviços pode também permitir um grau extensivo de anonimato a seus usuários, caso em que não se demanda que eles se identifiquem e em que eles só são rastreáveis – de forma limitada – pela informação retida pelos fornecedores de acesso à internet. A entrega dessa informação normalmente demandaria uma injunção das autoridades investigativas ou judiciárias e estaria sujeita a condições restritivas. Ela pode, porém, ser demandada para identificar e perseguir ofensores. (...) Apesar de K.U. vs. Finlândia ter sido relacionado a um delito classificado como uma ofensa criminal sob o direito doméstico e envolvido uma intrusão mais abrangente na vida privada da vítima do que no presente caso, é evidente nos fundamentos de decidir do Tribunal que o anonimato na Internet, ainda que seja um fato impor-

*Regime constitucional das mídias digitais*

tante, deve ser balanceado com outros direitos e interesses. (...) (CONSELHO DA EUROPA, 2015, p. 53-55)[231][232]

No âmbito da União Europeia, o Código de Conduta, que tem como norte o combate à desinformação, prevê a remoção de "contas falsas" como um dos seus objetivos. Os signatários reconhecem a importância de "[i]ntensificar e demonstrar a eficácia dos esforços para bloquear contas falsas e estabelecer sistemas de marcação e regras claras para os robôs digitais e assegurar que a sua atividade não pode ser confundida com interações humanas". (UNIÃO EUROPEIA, 2018b) A redação é obscura, porque não esclarece que tipo de conta pode ser considerada falsa. O conceito poderia referir-se, intuitivamente, a (i) contas não vinculadas a pessoas reais, mas a referência a "regras claras" para os robôs digitais permite inferir que, em determinadas circunstâncias, seu uso é tolerado. Poder-se-ia então pensar que (ii) os robôs que sejam identificados como pessoas reais seriam exatamente as contas falsas a serem bloqueadas. Uma interpretação mais restritiva poderia ser ainda a de que (iii) contas falsas seriam apenas aquelas que falsamente arrogassem a identidade de terceiros.

---

[231] É digno de nota o voto-vista do juiz Zupančič, para quem, "é completamente inaceitável que um portal de Internet ou qualquer outro tipo de mídia de massa deve ser autorizado a publicar quaisquer tipos de comentários anônimos. Nós aparentemente esquecemos que as 'cartas ao editor', não muito tempo atrás, eram duplamente checadas quanto à identidade do autor antes de elas serem consideradas publicáveis. (...) A mídia de massa costumava funcionar de acordo com o princípio óbvio de que a grande liberdade de que fruía a imprensa implicava um nível comensurado de responsabilidade. Permitir tecnicamente a publicação de formas extremamente agressivas de difamação, tudo em razão do interesse comercial crasso, e depois encolher os ombros, mantendo que um fornecedor de internet é não responsável por esses ataques aos direitos de personalidade alheios é totalmente inaceitável." (CONSELHO DA EUROPA, 2015, p. 64-65). Houve também votos divergentes, como o dos juízes Sajó e Tsotsoria, advogando que a imposição de responsabilidade sobre os intermediários poderia constituir um obstáculo à liberdade de expressão, inclusive comparando-os aos livreiros. (CONSELHO DA EUROPA, 2015, p. 66-81)

[232] Zingales, comentando o acórdão da câmara do Tribunal nesse caso (do qual se recorreria para a Grande Câmara no julgado referido acima), formula uma crítica ao fundamento de que os intermediários poderiam ser responsabilizados pelo conteúdo postado se estruturassem seus serviços de forma muito leniente com o anonimato. Segundo Zingales, além de conflitar com a Diretiva 2000/31, essa orientação levaria a um ônus técnico excessivo sobre intermediários pequenos e médios, o que poderia levar à concentração no mercado. (2014, p. 160-163)

Essa obscuridade, na prática, franqueia liberdade para que as plataformas adotem suas próprias diretrizes sobre o que consideram contas falsas.[233] Segundo o Facebook, por exemplo, contas falsas:

> Incluem contas criadas com intenção maliciosa para violar nossas políticas e perfis pessoais criados para representar um negócio, organização ou entidade não-humana, como um animal de estimação. Nós priorizamos as ações contra contas falsas que procuram causar danos. Muitas dessas contas são usadas em campanhas de spam e são motivadas financeiramente. (FACEBOOK, 2020a)

Nos "Padrões da Comunidade", o Facebook especifica a autenticidade como uma regra impositiva da plataforma e reporta a exigência de que as pessoas se conectem "com o nome real".[234] Ou seja, para a empresa, a conta falsa é o perfil pessoal que não corresponde a uma pessoa humana, mas não está excluída a criação de contas com esta característica, desde que em outro formato admitido na plataforma: o modelo de páginas de negócios.

Já o Twitter não proíbe peremptoriamente o emprego de contas falsas; proíbe o emprego de contas falsas para finalidades consideradas abusivas. As regras da plataforma são bastante subjetivas, mas há algumas diretrizes concretas, como a proscrição de fotos ou descrição de terceiros e de informações enganosas de localização. (TWITTER, 2020). As regras, em consonância com a centralidade para a plataforma da identificação de pautas e assuntos candentes, são destinadas, porém, a impedir a manipulação das métricas da plataforma por meio de engajamento artificial. Paródias de pessoas reais são expressamente permitidas, se observadas algumas condicionantes, como a indicação expressa de que não se trata da pessoa real. (TWITTER, 2020).

As diferentes formas de tratamento, ainda que justificáveis à luz da vocação específica de cada plataforma, ilustram as dificuldades inerentes à cor-

---

[233] Zingales diferencia três formas de controle da identidade: aquela em que se exige um documento de identificação escaneado e verificado; aquela em que a as pessoas devem fornecer um número de identidade e aquelas em que o documento pode ser requisitado apenas em caso de contestação (ZINGALES, 2014, p. 161) – como se verá, é o caso do Facebook.

[234] O Facebook tem uma política detalhada de nomes. A ideia de nome real não significa necessariamente o nome "oficial", mas "o nome pelo qual [as pessoas] são conhecidas no dia a dia". Embora se exija que o nome apareça em um documento de identificação, abreviações, apelidos e nomes profissionais são permitidos. (FACEBOOK, 2020b)

regulação em uma matéria tão sensível, especialmente à vista de conceitos indeterminados como o de "conta falsa", como previsto no Código de Conduta. Embora haja um direcionamento claro para que seja possível identificar os responsáveis por condutas ofensivas, há ainda algum grau de deferência com o anonimato como condição para o exercício da liberdade de expressão, ou seja, como uma proteção contra represálias e contra a perseguição política. De uma forma geral, então, na Europa e na União Europeia, em específico, o anonimato, ainda é um assunto tratado caso a caso, ou deixado para ser regulado pelas próprias plataformas, embora a decisão em Delfi vs Estônia, no âmbito do Conselho da Europa, sugira uma responsabilidade tanto maior para as mídias quanto for a permissividade com o discurso anônimo. Trata-se, enfim, de um estímulo à rastreabilidade dos autores dos discursos nas novas mídias, as quais dispõem de liberdade para alinhar seus sistemas a suas estratégias empresariais. Exatamente por isso é que se notam diferentes graus de tolerância em plataformas diferentes, como o Facebook e o Twitter.

# Capítulo V. Enfrentamento Jurídico dos Novos Meios

A Constituição não pode ser reescrita a todo momento. Trata-se de um marco normativo idealizado para ser perene. Tentar atualizar o texto constitucional a cada avanço da técnica humana constituiria, em verdade, um trabalho de Sísifo. Altera-se o texto em função das mudanças sociais; estabelecem-se a seguir novas situações imprevistas.[235] Hoje as mídias sociais constituem uma notável inovação na forma como as pessoas se informam e interagem umas com as outras. No dia seguinte, é possível, senão provável que novas formas de comunicar em massa sejam inventadas. Algumas tendências, como a chamada "internet das coisas", já insinuam que o ser humano estará cada vez mais conectado – mais intensamente, por mais tempo e por mais dispositivos – a fluxos de informação de diferentes fontes. Ao mesmo tempo, a anomia aparente é também problemática, porque opera uma distinção imprópria entre as atividades pré-existentes e aquelas que se apresentam como novas – sem necessariamente sê-lo. Há que se ver, quanto a uma determinada norma proibitiva que se confronta com uma novidade técnica, que "os valores que justificam a sua adoção não podem ser descartados por conta da simples invenção de uma nova forma de se fazer o que a norma impede" (PICCELLI, 2019, p. 307). Por isso mesmo, o mais correto é compreender os princípios subjacentes às normas fundamentais para aplicá-los à realidade em constante evolução.

A Constituição de 1988 disciplina os direitos à informação e à expressão e institui um regime para os veículos de comunicação social, com regras sobre seu conteúdo, sobre a titularidade dos meios e sobre a concentração midiática. Todo esse conjunto normativo há, de alguma forma, que incidir sobre as novas formas de se comunicar com o público. Em outras palavras, a análise das diretrizes constitucionais incidentes sobre a comunicação social tradicional e da sua

---

235 Dessa circunstância exsurge também um déficit inevitável de segurança jurídica: "(...) como o direito tende a ficar para trás diante das condições tecnológicas e sociais em rápida mudança, não é incomum que as medidas que limitem a liberdade de expressão sejam baseadas em uma estrutura legislativa que não foi concebida para a internet e não oferece o nível necessário de previsibilidade." (RANDALL, 2016, p. 241)

interpretação pela jurisprudência, à luz comparativa do enquadramento legal de outras ordens jurídicas, por isso, é um ponto de partida necessário para se estabelecer um marco fundamental aplicável às novas mídias no Brasil.

A autorregulação das plataformas tem sido vista crescentemente como uma alternativa para lidar com os dilemas mais candentes, sobretudo no domínio das mídias sociais, porque é reconhecido que o direito à liberdade de expressão ou o direito à livre-manifestação do pensamento constituem um limite importante à regulação do discurso no ambiente virtual. Há quem defenda, por exemplo, que a intervenção jurídica só seja avaliada pontual e prospectivamente nos casos em que se constate um desalinhamento entre o interesse do Estado e os interesses gerenciais das plataformas (FAGAN, 2017-2018, p. 438-439). Sucede que o desalinhamento é inevitável, porque os interesses apontam a direções distintas. Assim, outras normas igualmente fundamentais, como, no caso brasileiro, o direito à informação, na sua dimensão positiva, ou seja, o direito do cidadão a receber *informação* de fato, não são vistos como oponíveis às plataformas com a mesma prontidão com que as liberdades comunicativas são invocadas para preservá-las de responsabilidade. O resultado é a chamada "privatização da censura" (MONTI, 2020), pela qual os critérios sobre o discurso permitido nos meios de comunicação que contam com conteúdo gerado pelo usuário são definidos, *a priori*, pelas próprias empresas que os controlam diretamente. As diretrizes relativas aos casos em que as plataformas falham em exercer esse controle, por sua vez, não são claras o suficiente para evitar que novas formas de desinformação floresçam. Não é à toa que uma expressiva parcela da população atribui às empresas corresponsabilidade pela desinformação, ainda que não se olvide tampouco do papel do sujeito imediatamente responsável pelo ato de disseminá-la publicamente.[236]

## V.1. Novas mídias, sua tipologia e enquadramento como veículos de comunicação social

Que as novas mídias são veículos de comunicação social tanto quanto os jornais impressos ou a televisão já se afirmou, com base na característica de

---

236 Na pesquisa do DataSenado, 96% dos entrevistados consideram que quem compartilha o conteúdo falso deve ser punido, enquanto 68% acha que a rede social deve ser punida e 69%, que o criador do conteúdo deve ser punido. (DATASENADO, 2019)

propagar informação ao público, isto é, de multiplicar um determinado conteúdo quantas vezes for necessário para massificar seu consumo. Esse traço dispersor é o que distingue a comunicação social e justifica seu enquadramento jurídico especial. Sendo veículos de comunicação social, é fundamental confrontar a tipologia tradicionalmente empregada para classificá-los, especialmente no direito privado, para, então, proceder a um exame mais minucioso das regras constitucionais que lhes são aplicáveis.

## V.1.1. Tipologia jurídica das novas mídias

A doutrina, sobretudo no âmbito do direito civil, desenvolveu algumas classificações para as chamadas aplicações da internet em geral. A terminologia, que já foi brevemente mencionada ao longo deste trabalho, costuma enquadrar esses veículos como novos agentes, realçando suas peculiaridades e, muitas vezes, olvidando o que têm em comum com outras categorias jurídicas tradicionais, seja no âmbito do próprio direito civil, seja no domínio do direito constitucional propriamente dito, cujas categorias são relevantes para a compreensão de um tema com tamanha ressonância social.

No âmbito do direito civil, Marcel Leonardi, um dos maiores teóricos dos meios digitais, propõe o conceito de "provedor de serviços de internet", que significaria "a pessoa natural ou jurídica que fornece serviços relacionados ao funcionamento da Internet, ou por meio dela." (2005, p. 19). O conceito é pouco significativo em um contexto em que quase todo prestador de serviços os fornece por meio da internet. A rigor, na sociedade contemporânea, a internet constitui-se como parte integrante da vida em todas as suas esferas e abrange atividades tão distintas quanto a locação de imóveis por temporada, a entrega de mercadorias no domicílio, a intermediação bancária e a comunicação em massa. O conceito é ainda menos oportuno para o direito público, exatamente porque não põe em evidência a repercussão social da atividade dessas empresas atuantes na internet.

De todo modo, para Leonardi, seria possível divisar cinco categorias de provedores de serviços de internet: os provedores de (i) *backbone*,[237] (ii) de

---

[237] Trata-se da empresa que fornece a estrutura que permite o funcionamento da internet. Para este trabalho, esta é uma das categorias mais desimportantes.

acesso,[238] (iii) de correio eletrônico, (iv) de hospedagem e (v) de conteúdo. Boa parte das mídias de que aqui se trata seriam classificadas como provedoras de hospedagem ou como provedoras de conteúdo, que seriam respectivamente, "a pessoa jurídica que fornece o serviço de armazenamento de dados em servidores próprios de acesso remoto, possibilitando o acesso de terceiros a esses dados, de acordo com as condições estabelecidas com o contratante do serviço" (2005, p. 25) e "toda pessoa natural ou jurídica que disponibiliza na Internet as informações criadas ou desenvolvidas pelos provedores de informação, utilizando para armazená-las servidores próprios ou os serviços de um provedor de hospedagem." (2005, p. 30) A nomenclatura é influente a ponto de ter ressonância em julgados do STJ a respeito das definições para a responsabilidade civil desse tipo de empresa, ou mais precisamente, para a sua isenção de responsabilidade civil, ao menos nos casos em que não se exerce controle prévio dos conteúdos publicados nas suas plataformas.[239]

A categoria dos "provedores de serviço de hospedagem" é similar à categoria europeia dos fornecedores de "armazenagem", de que trata a Diretiva 2000/31, da União Europeia,[240] e pressupõe um prestador de serviços que simplesmente oferece espaço em disco para acomodar os dados do usuário. Há, de fato, prestadores na internet que conservam essa exata função, como os serviços de depósito de dados em nuvem. Outros serviços já têm um papel distinto porque, além de armazenar a informação, exibem-na ao público. Assim são os blogs e os sites que oferecem uma plataforma para páginas pessoais ou de empresas. No entanto, uma parcela significativa do que se classifica como "provedor de hospedagem", a rigor, não apenas acolhe e exibe o dado, mas, como visto ao longo deste trabalho, agrega informações de origem difusa e propaga esse fluxo de forma personalizada a seu conjunto de usuários. Esse papel retransmissor é muito mais característico para a definição do serviço do que o fato de "armazenarem" a informação – ainda que, de fato, o traço assíncrono[241] desses serviços constitua de fato uma singularidade, mesmo em relação à maior parte dos meios de comunicação em massa tradicionais.

---

238 Trata-se de uma categoria que também perdeu importância com o tempo. Seria justamente a empresa que permitiria o acesso do usuário à rede fornecida pelo provedor de backbone.

239 V. por exemplo (SUPERIOR TRIBUNAL DE JUSTIÇA, 2020)

240 V. item IV.2.1.

241 V. item III.1.1

Essa conceituação pode ter sido pertinente no início, quando as aplicações da internet realmente operavam como simples depositárias de conteúdo. Contemporaneamente, porém, está muito distante da realidade das mídias, notadamente das que empregam padrões de curadoria de conteúdo. Não se trata de uma relação em que o usuário se vale do espaço cedido pela empresa em troca dos seus dados ou do direito de exibir-lhe publicidade. Tem-se comunicação social propriamente dita, com a sofisticação de que a mão-de-obra primária empregada pelas empresas é formada majoritariamente pelos próprios usuários. A mídia, de um lado, estimula seus usuários a produzir cada vez mais conteúdo, retribuindo-lhes uma certa escala de atenção, e, de outro, projeta esse material produzido de maneira difusa e entretém sua audiência, sempre com um produto que seus mecanismos automatizados confeccionam pelo rearranjo do conteúdo gerado pelo público em geral.

A terminologia não é indene a consequências. O próprio Leonardi elenca, entre suas conclusões que "[o]s provedores de hospedagem estão, em princípio, isentos de responsabilidade pelo conteúdo dos dados armazenados em seus servidores por seus usuários e por terceiros." (2005, p. 233). No entanto, como as mídias sociais não exercem – ao menos atualmente – simples atividades de hospedagem ou de armazenamento e são, isto sim, comunicadores em massa, que essencialmente operam como terminais de entretenimento móvel abastecidos por conteúdo criado de maneira difusa, estão mais próximas, e cada vez mais, do conceito de *provedores de conteúdo*. Ainda que parte delas se baseie essencialmente em conteúdo gerado pelo usuário, não se pode negar que esse mesmo conteúdo seja distribuído conforme as conveniências das próprias empresas. Por isso mesmo, como se verá no item seguinte, elas estão sujeitas a responsabilidades próprias dessa atividade parcialmente editorial. (BRASIL, 2018)

A Lei n. 12.965/2014, conhecida como Marco Civil da Internet, não chega a estabelecer um conceito adequado para os meios de comunicação social que operam na internet, mas se refere a "aplicações da internet" como "o conjunto de funcionalidades que podem ser acessadas por meio de um terminal conectado à internet". (BRASIL, 2014) Os provedores desse tipo de serviço sujeitam-se a regras específicas estabelecidas na lei, tal qual se verá no item V.5. Seja como for, a generalidade, também neste caso, é evidente, eis que a terminologia equipara serviços completamente distintos unicamente em função da similaridade de operarem por meio da internet. A existência de uma categoria genérica para as "aplicações da internet" tem o sério inconveniente de sugerir que certas empresas atuantes nesse ambiente têm menos em comum com outras empresas tradicionais do que com as que atuam fora desse ambiente. Um serviço de streaming, no entanto, claramente guarda maior relação com um serviço de televisão por assinatura do que com um serviço de transporte individual de passageiros mediado por telefones celulares.

Com base no que se viu anteriormente, especialmente no Capítulo III, uma tipologia adequada para identificar o papel das mídias digitais deverá necessariamente levar em consideração o elemento difusor da informação e a existência de padrões de curadoria desse mesmo conteúdo, ainda que esses padrões estejam consubstanciados em algoritmos, eis que, como visto ao longo deste trabalho, automatização não significa neutralidade – ao contrário, alguma intencionalidade sempre estará cristalizada no código de programação empregado pela mídia. Importa pouco o nome que eventualmente se atribua a cada um dos subtipos. A referência à terminologia das disciplinas especializadas pode ser útil, até por não haver, a rigor, um conceito jurídico definido para nenhuma dessas espécies, como visto no item III.1.1.[242]

Assim é que, ao menos de uma perspectiva constitucional que se ocupe da incidência das normas relativas à comunicação social sobre os "provedores de serviços de internet", o apego a categorias calcadas em aspectos colaterais, como a característica armazenadora de alguma dessas mídias, em detrimento da característica amplificadora que lhes é inerente será contraproducente. Melhor, portanto, é identificar, primeiramente, as mídias digitais como "as empresas que fornecem serviços de comunicação em massa por meio da internet" e, a partir dessa categoria mais genérica, divisar as mídias sociais, conforme se viu no item III.1.1, e, entre elas, as que empregam curadoria de conteúdo, os serviços de streaming e os motores de busca.

## V.1.2. Obrigações comuns das empresas de comunicação social

A imprensa escrita e a imprensa radiodifundida não são disciplinadas extensivamente em razão de operarem como *fontes de conteúdo*. Não à toa,

---

242 É de se notar que a Lei n. 9.504/97, que disciplina as eleições, vale-se de conceitos como "redes sociais" e "blogues", embora não os defina. (BRASIL, 1997)

a liberdade de produção de conhecimento no meio acadêmico opera sob outro regime, muito mais libertário. As restrições à comunicação social devem-se a seu poder de replicar em larga escala determinadas mensagens e, por consequência, a seu potencial amplificado de influenciar a opinião pública e a sociedade, conforme se procurou demonstrar no Capítulo I. Percebeu o constituinte brasileiro que uma imprensa que não atenda a determinados padrões – formais e materiais – poderá causar danos sensíveis à coletividade. Não se desconsidera especificamente aqui, que também possam causar danos a sujeitos individuais – tema a ser tratado no âmbito do direito privado –, mas, o foco, desde uma perspectiva constitucional, está, naturalmente, na sua responsabilidade perante a sociedade como um todo.

A exigência de que as normas fundamentais sobre a comunicação social sejam aplicáveis aos novos veículos ou às novas apresentações dos veículos tradicionais não é satisfeita pelo mero recurso à analogia. O que se há de verificar primariamente é que esses novos meios de comunicação atuam efetivamente no segmento de comunicação social e, por atuarem, estão sujeitos aos comandos constitucionais tanto quanto qualquer outro meio, ainda que certas particularidades – notadamente a origem difusa do conteúdo, em alguns casos – autorizem um regime diferenciado, pelo qual a responsabilidade seja dividida com os autores das mensagens que violem a ordem jurídica. Trata-se sempre de comunicação ao público, embora, de fato, o processo, no ambiente digital, seja subdividido entre dois ou mais participantes. Não se ignora que as plataformas de internet não tenham atualmente o controle total das mensagens a que dão vazão, como tem a empresa jornalística tradicional, e não se advoga que passem a tê-lo. No entanto, como visto em detalhes no Capítulo III, exercem algum grau de curadoria de conteúdo e chegam a promover ativamente, de forma automatizada ou não, mensagens que lhes interessem corporativamente – e a suprimir outras que não o façam. Como o direito em algumas jurisdições parece passar a reconhecer de forma cada vez mais clara, notadamente no âmbito europeu, não são meros armazenadores ou transportadores passivos da informação que por eles trafega. Tal qual um arranjo de espelhos[243] delicadamente elaborado a partir de luzes difusas, as novas mídias projetam ou restringem os fluxos de conteúdo de várias fontes para gerar uma

---

243 Naomi Oreskes e Erik Conway falam na criação, pela internet, de uma "sala [*hall*] de espelhos de informação". (ORESKES ; CONWAY, 2010, p. 240)

experiência personalizada – e altamente sofisticada - ao usuário final. Em outras palavras, as mídias digitais não escrevem, mas criam conteúdo, ainda que por colagem de múltiplas fontes.

As mudanças na comunicação social rumo ao ambiente digital não passaram desapercebidas pelo constituinte derivado, que, ainda em 2002, por meio da Emenda Constitucional n. 36, que agregou o § 3º ao artigo 222 da Constituição, estendeu aos "meios de comunicação social eletrônica" as diretrizes do artigo 221, que regulamentam o conteúdo da radiodifusão por sons ou imagens, e determinou que a lei garantisse a prioridade de profissionais brasileiros na execução de produções nacionais. Consoante exposto no item III.1.4., a norma não esclareceu, porém, o exato significado da expressão "meios de comunicação social eletrônica", de modo que não eximiu o intérprete de examinar cuidadosamente os elementos constitutivos da comunicação social para identificar os meios eletrônicos que poderiam enquadrar-se nas disposições do artigo 222, § 3º. A aplicação da exigência de conteúdo nacional do artigo 221 às mídias sociais, portanto, não prescinde de um juízo prévio de que consistem, de fato, em veículos de comunicação social, como se defendeu ainda no item III.1.4, essencialmente por conta da sua característica de distribuir informação massivamente. De maneira semelhante, os motores de busca, na exata medida em que medeiam a propagação de fluxos de informação, ainda que em resposta a comandos ativos do usuário, enquadram-se na definição. Essa avaliação já traz consigo uma indagação: como assegurar tecnicamente a observância de diretrizes de conteúdo nessas plataformas? É dever do legislador ocupar-se dessa questão.

No mais, a inclusão do artigo 222, § 3º, não comporta uma interpretação *a contrario sensu* de que as demais disposições constitucionais aplicáveis à comunicação social não mencionadas no dispositivo não seriam extensíveis às mídias eletrônicas, no que cabível. Em outras palavras, não comporta a leitura de que a lista de disposições aplicáveis a esses meios seria taxativa. Há que se proceder a um exame da finalidade de cada norma. De um lado, é certo que a evolução da técnica permitiu a transmissão de dados por meios que não são limitados por um número restrito de canais, como acontece com a radiodifusão, seja por sons, seja por imagens. A inexistência desse óbice, no caso da comunicação realizada pela via digital, por si só, leva a que o modelo de concessão pública, previsto no artigo 223 da Constituição, seja inaplicável à comunicação eletrônica. De outro lado, normas mais relacionadas ao conteúdo da transmissão, como as que regem a responsabilidade editorial, a classificação indicativa e as restrições à propaganda seriam completamente esvaziadas se fossem aplicadas de maneiras diferentes conforme o meio de transmissão, o que poderia levar, inclusive, a uma discriminação inconstitucional entre veículos que transmitissem o mesmo conteúdo por técnicas distintas. Essa discriminação, evidentemente, não seria isenta de consequências, inclusive no âmbito concorrencial, já que os veículos eletrônicos poderiam contar com fontes de receita com as quais as mídias tradicionais não contam, por proibição direta do constituinte. Discriminar seria defensável, desde que houvesse uma justificativa razoável para emprestar um tratamento mais benéfico a empresas que empregassem uma técnica de transmissão considerada mais afeta ao interesse público – como sucede na discriminação entre formas de geração de energia mais ou menos poluentes. Não há, todavia, interesse que justifique um tratamento mais gravoso a um canal de televisão do que a uma plataforma de internet, que tem um potencial de dispersão de conteúdo ainda mais marcado do que o de qualquer meio precedente, pela possibilidade de veiculação por aparelhos portáteis, como os smartphones.

Se o conteúdo é o mesmo, em linha com o que o STF corretamente concluiu ao julgar constitucional o marco legal da televisão por assinatura, na ADI n. 4.923 (SUPREMO TRIBUNAL FEDERAL, 2017), há que se ver com ressalvas a importância do meio de transmissão para a aferição do seu regime jurídico. A disciplina constitucional da comunicação social há que ser entendida, essencialmente como a disciplina da propagação de mensagens em massa. Nesse ponto, as plataformas da internet em pouco ou em nada diferem dos meios tradicionais. Não se subtraem, portanto, das normas constitucionais destinadas a proteger a informação que é distribuída à sociedade.

O fato de a distribuição ser operada por mecanismos automatizados, no caso das mídias sociais e de alguns serviços de streaming, não é suficiente para afastar a obediência a essas normas. Os algoritmos de distribuição são protegidos por segredo industrial, em regra. Consequentemente, não há razões que permitam presumir que sejam programados em conformidade com a priorização mandatória de conteúdo informativo – e há evidências em contrário em algumas plataformas, como visto no Capítulo III. Também não é possível estabelecer normas impositivas sobre a arquitetura desses algoritmos de modo a torná-los consentâneos com o interesse público, de modo a evitar, por exemplo, a proliferação de mensagens de cunho discriminatório ou de desinformação, pela simples razão de que a confidencialidade de seu funcionamento interno impediria o controle posterior. O sigilo sobre esses mecanismos editoriais automáticos, no entanto, não é em si o problema. Também os mecanismos de escolha editorial em empresas de mídia tradicional são, em última análise, inescrutáveis, porque os critérios últimos de publicação de conteúdo estão dentro da esfera de conhecimento dos próprios editores. Ainda assim, exige-se que esses editores, se responsáveis pela seleção e direção da programação veiculada, detenham certas características, como a nacionalidade brasileira (artigo 222, §2º). De igual forma, exigem-se certas características do produto editorial final, seja de forma mais genérica, por força da dimensão positiva do direito à informação, seja de forma mais detalhada, como no caso da radiodifusão, cuja programação está sujeita aos parâmetros do artigo 221. Ou seja, ainda que os algoritmos sejam resguardados pelo interesse comercial das plataformas, nada há que os subtraia das normas constitucionais que regem (i) as características exigidas dos responsáveis pelo direcionamento do seu conteúdo – dimensão subjetiva – ou (ii) o produto final apresentado – dimensão objetiva.

## V.1.2.1. Dimensão subjetiva: titularidade e responsabilidade

A Constituição, como visto em mais detalhes no Capítulo II, impõe condicionantes subjetivas às empresas de comunicação social, notadamente quanto à sua titularidade (artigo 222, *caput* e § 1º), quanto aos responsáveis alocados nas funções editoriais (artigo 222, § 2º) e quanto à sua participação no mercado de comunicação como um todo (artigo 220, § 5º). A interpretação de que o conjunto dessas normas não seria extensível aos veículos que operam por novos canais de transmissão não é autorizada por nenhuma disposição constitucional – exceto no que concerne à titularidade, como se verá. A rigor, as grandes plataformas adquiriram as características de comunicadoras sociais de maneira paulatina, de modo que não se examinou criticamente, *ex ante*, sua compatibilidade com as disposições constitucionais que regem a atividade.[244] As disposições, porém,

---

[244] Note-se que a falta de eficácia dessas disposições não é exclusiva dos novos meios. Disposições constitucionais relativas à imprensa tradicional também são consideradas "letra-morta" em alguns casos (SARAIVA, 2009, p. 2326) (MACHADO ; FERRAZ, 2021, p. 1183).

são vigentes. Sua aplicação, portanto, é juridicamente impositiva para todas as formas de comunicação social, independentemente do meio de transmissão.

De todas essas imposições de natureza subjetiva, certamente a que diz respeito à titularidade das mídias é a que traria maiores desafios à realidade contemporânea. Como visto no Capítulo III, as empresas dominantes no setor de mídia digital são todas estrangeiras – ressalvado o campo dos portais eletrônicos de jornalismo. Ainda que uma ou outra conte com subsidiárias constituídas sob as leis brasileiras, na forma do artigo 222, *caput*, da Constituição, a exigência do § 1º, de que setenta por cento do capital votante dessas empresas pertença a brasileiros natos ou naturalizados há mais de dez anos, permaneceria desatendida no caso das plataformas da internet. Há que se ver, porém, que, ao contrário do que sucede com os demais dispositivos que veiculam exigências subjetivas, as regras atinentes à titularidade dos veículos destinam-se especificamente às empresas de jornalismo e de radiodifusão sonora e de imagens, por delimitação expressa do constituinte.

Já no que concerne à responsabilidade editorial, a exigência do artigo 222, § 2º, de que a responsabilidade editorial e as atividades de seleção e direção da programação sejam privativas de brasileiros natos ou naturalizados há mais de dez anos, é extensiva a "qualquer meio de comunicação social". Se se considera que, pela sua função dispersora da informação, as mídias digitais constituam comunicação social, como se defende neste trabalho, é preciso perquirir o significado dessa disposição nesse novo contexto. Afinal, as atividades de seleção de conteúdo podem ser exercidas de maneira automatizada, especialmente no caso das mídias sociais e dos serviços de streaming, ou de maneira difusa, no caso de mídias wiki. A exigência de que a responsabilidade editorial direta seja necessariamente de brasileiros, portanto, nesses veículos, há de ser interpretada de forma consentânea com as suas especificidades.

Como visto no item II.3.4, a alocação de responsabilidades editoriais a brasileiros é fruto de uma preocupação do constituinte com a preservação da cultura nacional e, ao mesmo tempo, com a segurança interna do país. Não há razões para supor que essa finalidade não deva ser estendida à disciplina dos novos meios de comunicação social. É de se notar que o emprego de mídias digitais para promover interesses estrangeiros é reconhecido em certos países ou blocos, como o relatório da União Europeia sobre as chamadas "ameaças híbridas" exemplifica (2016). Registram-se nos estudos militares brasileiros esforços para compreender a natureza desse tipo de ameaça (CASTRO, 2019) e as implicações para a defesa nacional (LEAL, 2016) (PINHO, 2016), assim como nas ciências da comunicação (CASTRO, 2020). Há, de fato, razões que justificam a adoção de cautelas contra o abuso dos mecanismos de propaganda estrangeira para fomentar insurgências internas por meio das redes eletrônicas de comunicação, tanto quanto se justificava no caso dos meios de comunicação tradicional.

A disposição que determina que a responsabilidade editorial deva recair sobre um brasileiro nato ou naturalizado há mais de dez anos é, então, essencialmente oponível às novas mídias, e cabe ao legislador estabelecer formas pelas quais essas normas sejam impostas a esses meios, por meio da alocação de um responsável brasileiro, no país, para responder pelos mecanismos empregados para a recomendação de conteúdo aos usuários situados no território nacional. Ainda que a Constituição seja silente a respeito da forma de injungir essa norma a determinados meios, trata-se de um imperativo constitucional que condiciona a operação, no território brasileiro, de todas as formas de comunicação social, independentemente do meio de transmissão: a responsabilidade editorial e de programação é privativa de brasileiros. Isentar dessa condição as plataformas eletrônicas de comunicação social dependeria de uma reforma que as excepcionasse.

Em relação à concentração midiática, similarmente, a disposição do artigo 220, § 5º, da Constituição é aplicável independentemente do meio pelo qual seja transmitida a informação. A norma, que é um desdobramento direto do princípio fundante da República que impõe o pluralismo político, não comporta exceção para os meios digitais. Ainda que boa parte desses meios seja alimentada por conteúdo originado de fontes diversificadas, fato é que a replicação desse conteúdo ocorre inevitavelmente a partir de mecanismos centralizados – e confidenciais – que estão sob responsabilidade direta de empresas específicas. Essa é uma tendência marcante, atualmente, no segmento dos motores de busca.[245] Ainda que seja possível discutir, como visto no tópico III.4, se a abordagem concorrencial deve considerar a mídia como um todo, e, portanto, se diferentes mídias concorrem entre si, fato é que as mídias digitais não estão isentas de observar as regras que proíbem o monopólio e o oligopólio. Essa constatação ju-

---

[245] V. item III.3.

rídica independe da circunstância conjuntural de que exista uma consolidação mercadológica nesse segmento, como, de resto, há também nos setores tradicionais de mídia. A Constituição proíbe expressamente a concentração dos meios e não apenas das fontes da informação transmitida.

### V.1.2.2. Dimensão objetiva: o conteúdo e a sua propagação

As mídias digitais em geral operam como mediadoras dos fluxos de informação. À exceção dos serviços de streaming, que têm uma produção própria importante em alguns casos, o conteúdo distribuído por essas mídias é colhido de fontes diversificadas, que incluem desde a iniciativa dos próprios usuários até páginas de internet de terceiros. Todo esse conteúdo é então processado e propagado segundo os critérios de curadoria, automatizados ou não, empregados pelas próprias plataformas. Essa função mediadora da informação isenta-os de responsabilidade, à primeira vista, em algumas ordens jurídicas, sob a questionável pressuposição de que as plataformas operam de forma neutra ou de que não detêm um *papel ativo* – expressão da Corte de Justiça da União Europeia (UNIÃO EUROPEIA, 2010)– na dispersão do conteúdo. Em linhas gerais, e tomando-se como parâmetro a diferenciação tradicional entre a responsabilidade autoral e a editorial, a responsabilidade das novas mídias deve ser desdobrada entre a responsabilidade pelo próprio material e a responsabilidade por sua dispersão, por meio dos seus mecanismos pré-programados.

O emprego de mecanismos automáticos de modulação de conteúdo, por si só, significa que a empresa responsável mantém um papel ativo na definição do que é distribuído. Não há garantia nenhuma – nem poderia haver, exceto se fossem absolutamente transparentes os parâmetros utilizados na sua engenharia – de que sejam desenvolvidos de forma a não estimular a dispersão de mensagens deletérias ao direito à informação, entendido também no seu aspecto positivo, isto é, direito da sociedade de receber informação de fato. Ao contrário, há a percepção generalizada, como já se viu ao longo deste trabalho, de que esses algoritmos tenham favorecido a propagação de discurso discriminatório, sedicioso, quando não simplesmente falso. É verdade que os próprios usuários mantêm a responsabilidade pela elaboração do conteúdo potencialmente abusivo, mas as plataformas respondem também na medida em que conferem ressonância a esse material e dele se beneficiam economicamente, diretamente, por meio da atenção dos usuários que consomem a informação, ou, indiretamente, por meio da publicidade resultante.

A Constituição de 1988 não conferiu aos particulares liberdade absoluta na propagação ativa de mensagens ao público, isto é, na comunicação em massa. Ao contrário, pelo poder de influência desta atividade, enumerou obrigações aos responsáveis por ela. Para os diferentes tipos de veículos em voga na época da sua elaboração, previu diferentes responsabilidades, de acordo com suas particularidades, mas a todos impôs determinadas restrições quanto ao conteúdo veiculado, de forma a atender ao conjunto de valores em que se estrutura a ordem constitucional.

Há, em primeiro lugar, as obrigações mais fundamentais que alcançam a atividade comunicativa como um todo, como a livre-manifestação do pensamento e a livre expressão, isto é, as liberdades comunicativas, de um lado, e o direito à informação, de outro. Em relação às liberdades comunicativas, sua eficácia horizontal (SILVA, 2014) (CLÈVE, 2006, p. 28 e ss.) (HESSE, 2009, p. 59-62) não chegava a ser uma questão importante nos veículos de comunicação social tradicionais, eis que seus editores dispunham de liberdade para escolher os sujeitos a que resolvessem dar voz, independentemente do meio adotado. A rigor, a única ocorrência de um direito do particular a manifestar-se nas mídias convencionais estava contemplada expressamente no texto constitucional: o direito de resposta.[246]

A emergência das novas mídias, catalisadas pela promessa de democratizar a vocalização das demandas, deu azo a um novo paradigma relacionado ao exercício horizontal dessas liberdades e à sua oponibilidade perante as próprias plataformas. Ao oferecerem um espaço aberto aos interessados em manifestar seu pensamento, as novas mídias, especialmente as mídias sociais e os motores de busca, que se estruturam sobre o conteúdo gerado pelos usuários, não podem discriminar injustificadamente os autores do discurso, sob pena de lesão à igualdade estabelecida no artigo 5º, *caput*, e inciso I. Uma rede de televisão ou um jornal não são obrigados, em regra, a franquear espaços na sua programação para os particulares, pela simples razão de que essa é uma restrição indiscriminada. A mesma lógica segue valendo para os serviços de streaming que produzem ou contratam o conteúdo que exibem nas suas grades. As mídias

---

[246] V. supra, item II.2.4.

sociais e os motores de busca, por outro lado, ao render espaço a todos os interessados, não podem cercear, sem fundamento razoável, o direito de apenas uma parcela, sob pena de ofensa ao direito de igualdade de acesso. Trata-se, apenas e tão somente, de oferecer as mesmas oportunidades comunicativas a todos os interessados, sem prejuízo de um controle prospectivo, baseado em critérios objetivos, como a veracidade e a licitude da comunicação.

Iniciativas concebidas para assegurar que a fiscalização de conteúdo nas mídias sociais seja equânime, como os procedimentos de moderação propostos no artigo 12 do PL n. 2.630/2020 (BRASIL, 2020),[247][248] embora invoquem o direito de acesso à informação e a liberdade de expressão, quando não a proibição da censura, apoiam-se mais diretamente ainda no direito à igualdade entre os usuários que fazem uso da plataforma. Sem que haja, afinal, algum nível de transparência nos critérios de supressão de mensagens, pode-se presumir que haja uma preterição injusta ao usuário que se sujeite ao procedimento de moderação.

O direito à informação, de outro lado, como visto, comporta uma dimensão negativa e uma dimensão positiva. Tanto a sociedade tem o direito de informar-se do que é publicado quanto é dever do Estado atuar ativamente para que seja bem-informada.[249] Há, então, fundamento jurídico constitucional para que o poder público intervenha nas plataformas de comunicação em massa para assegurar que o conteúdo apresentado como informação seja *informação de fato*. Ainda que a Constituição não regule minuciosamente os instrumentos de que o Estado pode lançar mão com esse objetivo, a proibição da censura (nesse caso, da censura contra as próprias plataformas) constitui um primeiro limitador importante. O controle da comunicação não pode ser prévio, mas o Estado não pode se omitir de criar mecanismos de controle *a posteriori* sobre as mensagens disseminadas aos usuários. Uma vez estabele-

---

247 O dispositivo prevê uma espécie de *devido processo* de moderação de conteúdo, com parâmetros objetivos, direito de defesa, decisão fundamentada e direito de recurso.

248 Ao tempo da elaboração deste trabalho, foi divulgada também o que seria uma minuta de decreto executivo vocacionado a disciplinar o assunto. Como, no entanto, se trata de um documento ainda não oficializado, não foi objeto de análise.

249 V. item I.2.2.

cido um sistema de monitoramento, [250] caberá ao legislador impor medidas punitivas ou compensatórias nos casos em que se registrar que a desinformação tenha sido recomendada ativamente, como um contraestimulo a práticas lesivas ao direito de informação. Os critérios, de qualquer modo, têm que ser transparentes, para possibilitar o controle democrático, e pode-se contar com a contribuição de agências de checagem profissional (SPINELLI ; SANTOS, 2018), a exemplo do que já acontece na União Europeia,[251] de modo a evitar que se convertam em um instrumento de manipulação política.

Por regra constitucional expressa, estabelecida no artigo 222, § 3º, ainda, os veículos de comunicação social eletrônica devem respeitar os princípios mais específicos quanto ao conteúdo da sua programação, previstos nos incisos do artigo 221. Eles incluem a finalização de finalidades, a proteção da cultura nacional e regional e o respeito à ordem de valores da pessoa e da família. As recomendações de conteúdo, por conseguinte, não podem deixar de ser fiscalizadas quanto ao atendimento a esses princípios. Cabe ao legislador, sob pena de incorrer em omissão inconstitucional, instituir a forma pela qual esse controle há que se dar, preferencialmente a partir do monitoramento contínuo dos resultados das fórmulas de recomendação. Como no controle da desinformação, a não observância desses princípios deve ser sancionada pelos poderes constituídos. Esse é um imperativo para as mídias que se valem de conteúdo próprio e para aquelas que se alimentam de conteúdo gerado pelos usuários. De nada adianta oferecer conteúdo educativo ou nacional se a fórmula de recomendação o preterir.

Em suma, se não é dado à ordem jurídica introjetar diretamente o combate à desinformação e a preservação dos princípios do artigo 221 da Constituição diretamente nos algoritmos internos das plataformas, por limitações técnicas e de proteção à livre-iniciativa,[252] não se pode deixar de fiscalizar os resultados da atividade de comunicação em massa desempenhada pelas pla-

---

250 Uma iniciativa pioneira da sociedade civil é o site AlgoTransparency, que monitora diariamente os vídeos recomendados pelos algoritmos do YouTube nos Estados Unidos a partir de 1.000 canais que servem como ponto de partida. Trata-se de um trabalho que poderia ser feito por uma agência governamental encarregada de fiscalizar os mecanismos de modulação de conteúdo. (ALGOTRANSPARENCY, 2020)

251 V. supra, item IV.2.1.

252 Deborah Hellman discute, por exemplo, a compatibilidade da inclusão, nos algoritmos, de classificações raciais, com o propósito de corrigir ou compensar distorções nos resultados. A fiscalização atenta a essa questão teria que levar em consideração os resultados globais sobre os

taformas. Existem recursos técnicos que possibilitam que esse controle seja exercido prospectivamente, de modo a não representar nenhuma forma de controle prévio. Ainda que esse controle possa redundar no que a doutrina americana chama de *chilling effect*, ou "efeito inibitório", tem-se que esse efeito decorrente da responsabilidade pelo conteúdo disseminado é preferível à simples inexistência de medidas que controlem os resultados dos algoritmos de recomendação empregados por essas empresas.

Os algoritmos de recomendação não aparecem apenas nas mídias que se valem de conteúdo gerado pelo usuário. Também serviços de streaming que exibem audiovisual próprio ou licenciado contam com mecanismos de filtragem padronizada de acordo com as diretrizes corporativas das empresas. Como visto no item III.2.1., as preferências rastreadas pelas plataformas chegam a influir diretamente sobre as escolhas editoriais propriamente ditas, que levam em conta os interesses assim reconhecidos pelos sistemas empregados pelas respectivas empresas. Essas empresas, cada vez mais dominantes no mercado de produção audiovisual estão adstritas, quanto ao seu catálogo, a oferecer produções com finalidades educativas, artísticas, culturais e informativas, conforme o artigo 221, I, da Constituição, promotoras da cultura nacional e regional, consoante os incisos II e III, e respeitantes aos valores éticos e sociais da pessoa e da família, na forma do inciso IV. Seus mecanismos de recomendação automatizada não podem tampouco preterir esse tipo de produção com o soterramento das produções educativas ou das produções nacionais por produções desenvolvidas sem a observância dessas diretrizes. Não se pode deixar de ver que as empresas de streaming efetivamente concorrem com os meios de radiodifusão tradicional. Assegurar-lhes uma liberdade excepcional para preencher sua grade de programação, além de não encontrar lastro na Constituição, contraria-lhe algumas diretrizes essenciais, como o estímulo à concorrência e ao pluralismo que inspiram a proibição do monopólio ou do oligopólio, na forma do artigo 220, § 5º. Para que televisão, rádio e streaming possam competir em condições mínimas de paridade, seu conteúdo deve obrigatoriamente estar sujeito às mesmas regras primordiais.

Finalmente, com relação às mídias sociais e aos portais de notícias, a proibição do anonimato, prevista de forma expressa no texto constitucional,

---

indicadores da efetiva discriminação (ou a "paridade de razão de erro", no conceito de Hellman), e não tanto a programação em si, a cargo das próprias plataformas (2020, p. 846 e ss.)

não pode ser desprezada. Se em outras ordens jurídicas, por razões históricas ou filosóficas, o direito de manifestar-se publicamente não está condicionado à rastreabilidade do emissor, no direito brasileiro, essa regra está expressa no artigo 5º, inciso IV, da Constituição, como limite à liberdade de manifestação do pensamento. Tratando-se de uma regra atinente ao regime jurídico de um direito fundamental, nada impede que seja reformada, desde que se preserve o núcleo essencial de outros direitos, protegidos por essa restrição. [253] A prerrogativa de discursar anonimamente pode ser ainda instrumentalizada por grupos organizados para promover interesses particulares, potencialmente atentatórios ao interesse público. Permitir ou não o anonimato é uma decisão essencialmente política. O anonimato é, afinal, ambivalente: tem seus efeitos positivos, por oferecer imunidade contra retaliações aos emissores de informações importantes coletivamente, servindo como um abrigo contra a perseguição política em várias situações;[254] mas também tem efeitos nocivos, por permitir que o pensamento seja manifestado sem responsabilidade. É, em outras palavras, uma "espada de dois gumes", que essencialmente reduz a inibição e, embora viabilize a crítica e o debate de ideias, pode conduzir ao comportamento antissocial, favorecer a desumanização e levar, no limite, a uma perda de empatia. (RANDALL, 2016, p. 247).

O que se tem como direito constitucional positivo, no caso brasileiro, porém, é uma vedação constitucional expressa e direta. No plano legal, a exigência de rastreabilidade está veiculada pelo artigo 10, *caput* e § 1º da Lei n. 12.965/2014, e constitui obrigação dos provedores de aplicação de internet ar-

---

253 Notadamente a intimidade e a honra de pessoas que possam ser impactadas pelo discurso anônimo, a informação, e a segurança.

254 Um exemplo notório dessa dinâmica é a edição da Wikipedia em países autoritários. Evidentemente, a inclusão de informações inconvenientes sobre o governo ou suas figuras de destaque pode suscitar consequências graves para os seus responsáveis. De todo modo, esse é um mal que afeta as mídias como um todo, e o ambiente digital não pode ser exceção. O anonimato não é essencialmente benfazejo, porque pode ser utilizado exatamente com a finalidade de minar a credibilidade das instituições ou para legitimar retrocessos democráticos, como o caso extremo da teoria da conspiração conhecida como QAnon, nos Estados Unidos, ilustra. Trata-se de um conjunto de narrativas fantasiosas sobre a conjuntura política norte-americana que congrega muitos apoiadores e tem sido apontado como um risco à democracia (ZUCKERMAN, 2019). O movimento foi classificado como uma ameaça terrorista doméstica pelo FBI. A teoria floresce atualmente, em especial, em um site chamado Voat.co, que advoga a livre expressão absoluta dos seus membros. Na rede mais importante dedicada a esse tema no site, um único usuário anônimo produziu 31,47% do material, segundo pesquisa recente (PAPASAVVA *et al.*, 2020).

mazenar os dados dos usuários por seis meses,[255] na forma do artigo 15, e disponibilizá-los mediante ordem judicial. Mesmo antes, porém, do Marco Civil da Internet, a orientação dos tribunais brasileiros já se norteava, corretamente, pela necessidade de a empresa responsável "propiciar meios para que se [pudesse] identificar cada um desses usuários, coibindo o anonimato e atribuindo a cada imagem uma autoria certa e determinada" (SUPERIOR TRIBUNAL DE JUSTIÇA, 2013). Seria seu dever "adotar as providências que, conforme as circunstâncias específicas de cada caso, estiverem ao seu alcance para a individualização dos usuários do site, sob pena de responsabilização subjetiva por culpa *in omittendo*" (SUPERIOR TRIBUNAL DE JUSTIÇA, 2013). Essa orientação jurisprudencial persiste (SUPERIOR TRIBUNAL DE JUSTIÇA, 2020).

A necessidade de identificação dos responsáveis pode ser oposta às mídias digitais que oferecem visibilidade ao conteúdo gerados por seus usuários, especialmente caso esse conteúdo seja recomendado ativamente por seus algoritmos de exibição. Caso não houvesse essa obrigação legal, a divulgação de material de origem não identificável poderia ser do interesse da própria mídia. Como já se viu, algumas plataformas perseguem indicadores de atenção dos usuários que as acessam. A garantia do anonimato pode contribuir para a produção permanente de material polêmico, de grande apelo para o público. Há um evidente interesse comercial dessas empresas, em outras palavras, em obter conteúdo de uma pluralidade de fontes tão ampla quanto possível, para que seus próprios filtros selecionem o que é *relevante* e o que não é para exibir aos seus usuários. Por isso é que a disponibilização de conteúdo de fontes anônimas pela mídia equivale, do ponto de vista jurídico, a um endosso do teor desse material.

> Se os dados fornecidos por seus usuários são falsos, incompletos ou desatualizados, (a tal ponto que a identificação ou localização dos mesmos se torne impossível, inclusive por outros meios), sujeitam-se os provedores a responder solidariamente pelo ato ilícito cometido por terceiro que não puder ser identificado ou localizado.

---

255 Em sentido contrário, Laux afirma que o Marco Civil da Internet impõe, nas redes, um modelo de identificação baseado no IP, independentemente da identidade física do usuário. (LAUX, 2018). O problema de se equiparar, porém, a identificação do IP com a efetiva identificação do usuário nos parece evidente: o mesmo IP pode ser usado por uma pluralidade de usuários distintos, e a multiplicidade de terminais em que o acesso à internet é possível torna particularmente difícil fiar-se apenas no número do IP. É verdade, porém, que o acesso ao código de protocolo torna a identificação do usuário muito mais fácil.

> Nesse contexto, devem os provedores de serviços utilizar meios tecnológicos e equipamentos informáticos que possibilitem a identificação dos dados de conexão dos usuários, para que tais informações sejam disponibilizadas a quem de direito em caso de ato ilícito, pois nem sempre os dados cadastrais contendo os nomes, endereços e demais dados pessoais dos usuários estarão corretos ou atualizados. (LEONARDI, 2005, p. 81,)

Assim, caso a empresa não imponha mecanismos de identificação capazes de propiciar o reconhecimento dos autores de discursos ilícitos, deverá, ela própria, responsabilizar-se pelo conteúdo dessas mensagens, já que terá oferecido uma plataforma permissiva ao exercício abusivo do direito à manifestação do pensamento. Colherá ainda os frutos econômicos da exploração comercial do material, isto é, da publicidade que houver desenvolvido a partir da resultante atenção dos seus leitores.

Note-se, por fim, que aqui se trata especificamente das obrigações das plataformas no tocante à disciplina da comunicação social por elas exercida. Certamente há diversos outros pontos a serem observados no seu regime jurídico, como a proteção dos dados dos usuários, atualmente regulada pela Lei n. 13.709/2018, que atribui a essas empresas o papel de "controladores" ou "operadores", conforme a função que desempenhem no tratamento dos dados pessoais.

## V.1.3. Direitos e garantias das plataformas

A disciplina analítica da comunicação social na Constituição de 1988 não se limita, porém, aos deveres dos veículos que atuam nessa frente. Enuncia também uma série de garantias aplicáveis às próprias mídias e aos profissionais do setor jornalístico, além de direitos de titularidade dos cidadãos comuns para veicular seu pensamento pelos meios de comunicação. Como se viu, a restrição a esses direitos integrantes do estatuto constitucional da comunicação social pelo legislador está condicionada à existência de fundamento na própria Constituição. Consoante também destacado no capítulo anterior, não faltam obrigações lastreadas em disposições constitucionais, mas a lista é exaustiva, a teor do artigo 220, *caput*. Qualquer intervenção legislativa no regime, portanto, há de remontar a um fundamento no próprio texto da Constituição.[256]

---

256 Sobre o significado da reserva de Constituição para a comunicação social, v. item II.3.1.

Como meios de comunicação social responsáveis diretamente por possibilitar o acesso à informação a parcelas crescentes da sociedade, com a disseminação dos meios de acesso à internet, as mídias digitais também devem ter respeitados os direitos que lhe asseguram o exercício da sua atividade a salvo de intervenções arbitrárias do poder público e de terceiros. Não se trata apenas de empresas de tecnologia; trata-se efetivamente de verdadeiros mediadores da informação para o público. Ainda que tenham tanto de observar regras sobre a sua conformação institucional quanto de responsabilizar-se pelos filtros que empregam na distribuição de mensagens, é imprescindível que reconheçam alguns limites essenciais para a manutenção da sua atividade midiática. As garantias das empresas do setor são previstas em benefício de toda a coletividade, destinatária última da informação.

A garantia suprema que se franqueia aos veículos de comunicação social é exatamente a reserva de Constituição na matéria. Ainda que não se adote uma interpretação estrita do significado dessa reserva, no sentido de que impediria a regulamentação infraconstitucional da matéria, como defendido inicialmente no voto condutor do Min. Ayres Britto no julgamento da ADPF 130, o artigo 220, *caput,* da Constituição não pode ser despojado de significado. A intervenção legislativa é possível, desde que com o escopo de ajustar concretamente os confins do regime de convivência dos diversos direitos e deveres que estão previstos na própria Constituição. Decisões políticas que não estejam calcadas em fundamento constitucional e que interfiram no funcionamento da atividade de comunicação social não são então admitidas.

A proibição da censura, estabelecida de maneira peremptória no artigo 220, § 2º, também é plenamente aplicável às mídias digitais, até por conta dos riscos associados de ao que James Balkin chama de "censura colateral":

> A censura colateral ocorre quando um Estado responsabiliza um sujeito privado A pelo discurso de um outro sujeito privado B, e A tem o poder de bloquear, censurar ou controlar o acesso de outras maneiras ao discurso de B. Isso levará a que A bloqueie B ou suprima a infraestrutura de apoio de B. Na verdade, porque o próprio discurso de A não está envolvido, A tem incentivos para errar pela cautela e restringir até

mesmo o discurso protegido para evitar qualquer chance de responsabilidade. (BALKIN, 2014, p. 2309, tradução nossa)[257]

A imposição de responsabilidade sobre as plataformas pelos resultados dos critérios de modulação de conteúdo por elas empregados, que podem ter o efeito concreto de induzir ou estimular o florescimento de discurso abusivo, é possível e integra seu regime institucional. No entanto, ordens prévias de restrição a determinados assuntos, emitidas por autoridades administrativas ou judiciais teriam o efeito de censura e por isso estão vetadas pela Constituição. Evidentemente, essa constatação traz consigo seus próprios problemas, dada a velocidade ímpar com que a informação se dissemina nas redes, na comparação com a maior parte das mídias tradicionais – de que talvez os meios de radiodifusão componham uma exceção quanto a esse ponto. A proibição da censura prévia significa que estará sempre presente o risco de que mensagens ilícitas se proliferem no ambiente digital antes que possam ser suprimidas. De todo modo, desde que parâmetros que evitem a disseminação automática desse conteúdo pelos algoritmos e desde que os autores possam ser identificados e responsabilizados, os danos decorrentes dessa contingência estarão controlados. O direito de resposta também poderá ter efeito reparador. O risco reverso, do silenciamento antecedente, é maior para a preservação do ambiente de discussão democrático.

Da mesma forma, as mídias que não empregam mecanismos de promoção automatizada de conteúdo e que adotam medidas eficazes que possibilitem a pronta identificação dos responsáveis por conteúdo abusivo não podem ser responsabilizadas pela simples publicação desse conteúdo, sob pena de se levar indiretamente ao estabelecimento de um mecanismo de controle prévio, a ser praticado pelas próprias plataformas sobre seus usuários, na linha da censura colateral. O que se há de impedir é o favorecimento indevido de conduto abusivo e, ao mesmo tempo, a veiculação de discurso sem que haja a identificação do seu emissor. A observância a esse binômio, que se depreende da própria Constituição, já seria uma forma de enfrentar os desafios da desinformação, sem que se instituam mecanismos de censura.

---

257 O exemplo de Balkin, porém, não leva em conta os incentivos que A pode eventualmente ter para estimular, na maior medida possível, o discurso de B, para explorar seu potencial comercial. É o caso das mídias sociais, que extraem valor do conteúdo gerado pelos usuários.

## V.2. Direitos e obrigações dos usuários geradores de conteúdo

Em meios que se valem usualmente de conteúdo gerado pelo próprio usuário, como as mídias sociais, o regime jurídico dessa prerrogativa de comunicação pessoal em massa também deve ser examinado da ótica do próprio indivíduo que se vale desse meio técnico de propagação de mensagens. Muito do que já se observou a respeito do regime institucional aplicável às empresas de mídia digital espelham direitos e obrigações dos usuários, naturalmente. Assim é que, por evidente, a obrigação dessas plataformas de contar com mecanismos que permitam a identificação do usuário é consectária da proibição constitucional do anonimato. Da mesma forma, a exigência de critérios objetivos na moderação de conteúdo reflete, sobretudo, um direito dos usuários à isonomia no tratamento por parte das mídias. É bem estabelecido, atualmente, o direito dos indivíduos à chamada proteção de dados, inclusive perante as empresas de mídia digital, o que redundou, no Brasil, na promulgação da Lei n. 13.709/2018, alterada pela Lei n. 13.853/2019, também conhecida como Lei Geral de Proteção de Dados. O objetivo deste trabalho é, no entanto, examinar a responsabilidade das plataformas – e consequentemente o direito dos indivíduos e da sociedade – da perspectiva oposta, ou seja, da perspectiva das informações que circulam com o vetor inverso, das plataformas para os usuários.

A dimensão individual das liberdades comunicativas há que ser observada com critério. Historicamente, a liberdade de manifestação do pensamento foi afirmada em um momento em que o indivíduo raramente teria meios para exteriorizar suas opiniões *ao público* sem a mediação de algum veículo de comunicação social ou outra instância que pudesse tornar tecnicamente possível a reprodução dessa mensagem, a exemplo das editoras. Com o advento da internet, notadamente dos blogs, os indivíduos passaram a contar com espaços de fala assegurados, independentemente de filtros de seleção editorial.[258] A liberdade de manifestação do pensamento, nesse ponto, sofre uma transformação crítica: do direito a exteriorizar uma opinião no direito de empregar os meios técnicos necessários para rendê-la conhecida de todo o público.

---

258 Nesse primeiro momento, os mantenedores dos blogues, de fato, eram meros comodantes passivos de espaço em disco, à maneira dos chamados "provedores de hospedagem" da classificação de Leonardi. (2005, p. 27)

Ainda que muitas vezes o discurso só adquira ressonância social por conta dos algoritmos empregados pelas empresas – de modo que o usuário se preserve distante das responsabilidades mais afetas ao aspecto editorial –, fato é que o criador ou replicador de uma mensagem é responsável, na medida do dano causado por ele, pelos ilícitos que eventualmente cometa. Em redes sociais como o Facebook, o dano causado por um usuário que produza uma mensagem ilícita, em regra, não transcende sua própria audiência, composta pelos usuários diretamente conectados à sua rede, ao menos se não houver republicação da mensagem por sua audiência primária. Situação distinta acontece em plataformas abertas ao consumo público como o Youtube ou a seção de comentários de um portal noticioso eletrônico, em que a divulgação da mensagem tem por destinatária potencial toda a coletividade que tem acesso ao site. Como se explicou no item V.1.2., geralmente esse material só adquire projeção significativa se os mecanismos automatizados de recomendação o reconhecem como relevante para as finalidades do site e induzem o público a consumi-lo. A produção aberta de material difamatório ou simplesmente falso, no entanto, segue sendo uma etapa sem a qual a atuação dos algoritmos em prol da disseminação de conteúdo ilícito não seria logicamente possível. Tão importante, então, quanto um escrutínio permanente desses mecanismos de modulação automática é a responsabilização dos próprios produtores de mensagens condenáveis. O regime de responsabilidade *a posteriori* é consagrado na jurisprudência do STF, da qual o acórdão da ADI n. 4.815 faz exemplo[259].

A responsabilidade dos produtores de conteúdo, porém, é inviabilizada se a plataforma não emprega sistemas de controle suficientes para assegurar a identificação de seus autores. Nesse caso, a própria empresa, como se viu no item V.1.2., deve ser responsabilizada pela divulgação de material abusivo, como autora do conteúdo, já que a permissão do anonimato configura uma maneira de explorar economicamente a atividade comunicativa sem viabilizar a persecução dos responsáveis. Diferente é a situação do usuário que falsifica a própria identidade para se comunicar com o público pelas mídias digitais, um expediente

---

259 O voto da Ministra Carmen Lucia enfatizou esse regime de liberdade, com responsabilidade por eventuais abusos: "Há o risco de abusos. Não apenas no dizer, mas também no escrever. Vida é experiência de riscos. Riscos há sempre e em tudo e para tudo. Mas o direito preconiza formas de serem reparados os abusos, por indenização a ser fixada segundo o que se tenha demonstrado como dano. O mais é censura. E censura é forma de 'calar a boca'. Pior: calar a Constituição, amordaçar a liberdade, para se viver o faz de conta, deixar-se de ver o que ocorreu" (SUPREMO TRIBUNAL FEDERAL, 2016, p. 24)

facilitado, inclusive, pelas várias ferramentas de anonimização que existem no ambiente virtual, a exemplo do chamado VPN, da sigla inglesa para *virtual private network*, ou "rede privada virtual".[260] [261] Nesse caso, o ilícito é exclusivo do autor do expediente fraudulento, e cabe ao legislador instituir os critérios objetivos mínimos de identificação a serem exigidos das mídias que operam no Brasil. De qualquer forma, não há, na ordem constitucional brasileira, um direito à manifestação anônima do pensamento, em nenhum meio.

O direito brasileiro tampouco contempla um direito de propagar deliberadamente informações falsas. Nem (i) a liberdade de manifestação do pensamento, de que trata o artigo 5º, IV, da Constituição nem (ii) a livre expressão da atividade intelectual, artística, científica e de comunicação, estabelecida no inciso IX do mesmo dispositivo nem (iii) o direito de propagar informações e ideias, previsto no Pacto Internacional sobre Direitos Civis e Políticos e na Convenção Americana de Direitos Humanos, asseguram aos indivíduos uma prerrogativa de difundir mentiras deliberadas.[262] As liberdades comunicativas contemplam pensamentos e ideias, além do produto de atividades como a intelectual, a artística, a científica e a jornalística. A manutenção de uma ética da veracidade integra a deontologia dessas atividades – ou no caso específico da arte, a revelação do eventual caráter fictício de uma obra, quanto é o caso. O direito à informação, de outro lado, na sua dimensão positiva, redunda na necessidade de combater o que se apresenta como verdadeiro sem de fato sê-lo.

---

260 Zingales acredita que, ao contrário, a internet, no seu estado atual, facilita a identificação dos usuários em um nível sem precedentes: "O que é diferente no contexto da internet é a facilidade com a qual a digitalização da comunicação e o avanço das técnicas de rastreio têm tornado possível que uma identidade real seja descoberta. Não apenas os registros de toda comunicação originada dos nossos dispositivos são gravados sistematicamente pelo fornecedor de serviços de internet ou pelos servidores aos quais nos conectamos, mas o uso de cookies e outros mecanismos de rastreio afetou significativamente a nossa possibilidade de manter o anonimato em relação aos websites que visitamos; adicionalmente, as ferramentas disponíveis para inferir a identidade por meio de análise de rede, padrões de comportamento e mineração de dados minimizaram a extensão em que os pseudônimos podem ser considerados uma técnica efetiva de anonimização em relação não apenas a um site em particular, mas mais crucialmente o estado e as entidades privadas que oferecem seus serviços online" (2014, p. 156, tradução nossa) A rigor, porém, parece-nos que, muito embora os mecanismos de vigilância mencionados por Zingales tenham, de fato, facilitado o reconhecimento da identidade dos usuários no meio virtual, a internet significou uma janela para o discurso anônimo transmitido em massa de uma forma que era antes impossível.

261 O emprego do VPN não é em si um lícito, mas o seu uso para evadir à necessidade de identificação de emissores de conteúdo caracteriza uma burla à proibição do anonimato.

262 Sobre a inter-relação entre esses direitos, v. item II.2.1.

Há, em outras palavras, um *direito* da sociedade *de não ser desinformada*. A ordem constitucional, em menos palavras, procura assegurar por várias frentes que a sociedade seja adequadamente informada. Não se trata de menosprezar o valor de visões de mundo divergentes ou "diferentes narrativas"[263]; pelo contrário, o pluralismo político, fundamento da República, assegura o dissídio de opiniões ou de interpretações dos fatos. O abuso das prerrogativas de comunicação em massa pela disseminação intencional de falsidades não conta com proteção jurídica.

Os indivíduos são, por razões próprias ou a serviço de agentes organizados, os vetores da desinformação na internet. Se os filtros de curadoria de conteúdo empregados pelas empresas do setor não incorporam critérios de veracidade à sua programação, as publicações falsas podem ser particularmente perigosas, porque o conteúdo abusivo pode ser formatado exatamente com o objetivo de explorar os aspectos técnicos que favoreçam o espalhamento de determinadas mensagens. Como advertiu Hannah Arendt em trecho já destacado neste trabalho, no item I.2., aquele que se dispõe a não dizer a verdade, ao despir-se do compromisso com o factual, goza da liberdade para moldar seu discurso conforme a finalidade (1968, p. 68). A desinformação que circula na rede é, de acordo com essa premissa lógica, moldada exatamente para ajustar-se aos critérios de propagação que se identificam na plataforma. Na medida em que os autores da mensagem falsa entregam atenção dos usuários às plataformas, elas lhes retornam espaço para publicidade, em uma relação de mutualismo extremamente deletéria para o direito difuso à informação. Ainda que a Constituição de 1988 tenha sido promulgada num período histórico em que essa dinâmica não era sequer previsível, instituiu inequivocamente ferramentas voltadas ao combate à divulgação de informações falsas, notadamente por intermédio dos meios de comunicação social. Há, portanto, uma espécie de princípio norteador da atividade comunicacional ligado ao direito à informação, de que decorre um dever estatal de oferecer consequências jurídicas aos eventuais abusos na difusão de mensagens em massa.

A divulgação de uma informação falsa ou mesmo de um conteúdo difamatório, porém, não é o bastante para causar danos em grande escala, a não ser que haja a replicação por outros usuários ou a amplificação da mensagem

---

263 A expressão foi usada nesse contexto pelo Ministro Alexandre de Moraes em trecho já citado.

pelos mecanismos de curadoria automatizada da aplicação. Consequentemente, o exame da responsabilidade por uma determinada publicação jamais poderá prescindir de uma análise da contribuição de cada agente, entre os usuários em interação e as próprias empresas de mídia, para um determinado resultado que viole o direito da sociedade à informação idônea ou mesmo a honra de um indivíduo ou grupo. Deve o legislador instituir um regime de responsabilidade que leve em conta a parcela de contribuição de cada etapa do processo da desinformação: desde o autor da mensagem inicial, até os que a retransmitem, sem deixar de considerar, por evidente, a empresa de mídia que lhe confira eventualmente um destaque maior do que o normal.

É certo que, sendo as mídias digitais páginas abertas a uma pluralidade de pessoas para a publicação de material próprio, o indivíduo não poderá ser discriminado no acesso a essa forma de expressão. Por essa razão, a eventual supressão de material publicado não poderá deixar de ser devidamente motivada, inclusive para que se possibilite o controle regulatório e judicial *a posteriori* – até em virtude da inafastabilidade da jurisdição, assegurada pelo artigo 5º, XXXV, da Constituição – das razões invocadas pelas plataformas para decidir entre o discurso tolerado e o discurso proibido nos seus ambientes. Ainda que se trate de empresas privadas, como oferecem acesso aberto a todos os interessados, não lhes é dado discriminar arbitrariamente entre os consumidores do serviço oferecido.

## V.3. Jornalismo e sua nova conformação jurídica

O jornalista conta com regras específicas de atuação. O reconhecimento da atividade profissional garante ao indivíduo um regime diferenciado, que inclui a proteção ao sigilo da fonte, estabelecido no artigo 5º, XIV. Como visto no item II.3.3, não se trata de uma garantia extensível a todos aqueles que se comunicam, mas exclusivamente àqueles que o fazem de maneira profissional. Assegura-se o anonimato no caso específico das fontes dos jornalistas, como uma medida necessária para garantir o direito da sociedade à informação. A concessão do sigilo da fonte aos autores de quaisquer tipos de mensagem, na prática, anularia o sentido da proibição constitucional ao anonimato, eis que o discurso anônimo tornar-se-ia possível por meio de uma triangulação entre o propagador original da mensagem e seu difusor. Por isso mesmo é que o constituinte reservou essa garantia aos casos em que ela fosse necessária para a atividade profissional, assim entendida a atividade profissional jornalística como aquela encarregada de concretizar diretamente o direito difuso à informação.

O atual estágio da internet tem levado a uma reconfiguração da atividade jornalística, em meio ao que se tem chamado de "crise dos intermediários". Como a proliferação das mídias digitais possibilita a aparente conexão direta entre fonte e destinatário da informação, o papel do jornalista, enquanto agente encarregado de mediar, tratar e checar, é posto em xeque. Não por acaso, iniciativas relacionadas à verificação do conteúdo divulgado pelas mídias digitais têm sido crescentemente empregadas como mecanismos de combate à desinformação: sem profissionais intermediários encarregados de refinar o material publicado, proliferaram-se as mensagens falsas, o que, por sua vez, levou ao reconhecimento da necessidade de reinclusão de instâncias mediadoras. Essa atividade de checagem ou verificação é povoada justamente por profissionais habilitados para a prática do jornalismo. A prática da checagem difere, porém, da atividade jornalística tradicional em muitos aspectos, notadamente pelo fato de que o impulso da publicação não é do profissional, mas de terceiros. O responsável pela checagem limita-se ao papel passivo de avaliar criticamente o conteúdo publicado por um indivíduo ou mesmo por um veículo não profissional.

O processamento automatizado dos assuntos mais candentes por meios como o Twitter também influencia bastante na atual conformação do cenário midiático. Veículos da imprensa tradicional e os jornalistas empregados nesses meios passam a pautar-se crescentemente pelos temas identificados como relevantes por esses mecanismos, de forma que mesmo o chamado poder de agenda resta bastante dividido nesse novo contexto. A atenção social passa a dirigir-se espontaneamente para temas que surgem da própria interação entre usuários e grupos conectados em rede, e o jornalista é apanhado pela emergência desses novos tópicos e de sua repercussão. De outro lado, as novas mídias oferecem também novas vias de comunicação dos profissionais jornalistas com o público, por meio de canais de vídeos ou podcasts, séries documentais ou perfis de em redes sociais como o Facebook e o próprio Twitter. Os recursos jornalísticos, possivelmente, não deixam de constituir ferramentas importantes para o sucesso nesse tipo de atividade de comunicação, já que se pode presumir que, ao menos até certo ponto, a prévia verificação da informação publicada serve para sedimentar a credibilidade do profissional, seja qual for o meio escolhido para a transmissão.

As mudanças deflagradas pela emergência das mídias digitais são muitas e perpassam quase todas as fases da atividade jornalística: desde a escolha da pauta até a efetiva distribuição da informação. O procedimento de investigação e de verificação que caracteriza a essência do trabalho nesse segmento segue sendo seu traço fundamental, e a importância desse procedimento para a incidência do sigilo da fonte mantém-se incólume, pela simples razão de que essa garantia só se justifica como um meio de descoberta e confirmação de informações de interesse da sociedade. Atribui-se ao jornalista, que tem a sua reputação como uma espécie de penhor da verossimilhança das matérias que produz, o privilégio de dialogar com fontes não-identificadas para que, de posse de informações verificadas pelos procedimentos deontológicos da sua profissão, possa transmiti-las ao público e revelar assim verdades que de outra forma não viriam jamais à tona. O trabalho de verificação constitui uma etapa fundamental dessa atividade, capaz de justificar a consulta às fontes anônimas, porque, por meio dela, o jornalista torna-se fiador da informação publicada, atraindo para si a responsabilidade por seu caráter idôneo. Caso contrário, a simples retransmissão acrítica de boatos equivaleria à consagração, por meios transversos, dos efeitos deletérios do anonimato.

Em meio, portanto, à atual configuração do cenário midiático, o caráter procedimental da atividade jornalística reforça sua centralidade como instância capaz de viabilizar o acesso a informações de origem anônima e encarregada da tarefa precípua de discernir o factual. Trata-se precisamente da função pública intitulada a colher notícias de qualquer fonte, sem ter de identificá-la, desde que trate adequadamente as informações, fazendo as necessárias verificações, sob fiança de sua própria reputação profissional.

## V.4. Estado e novos meios

Não apenas os particulares têm o dever de agir no enfrentamento jurídico dos problemas decorrentes das novas mídias. O Estado tem a função primordial de assegurar o direito da sociedade de ser informada, como visto, e dispõe de uma variedade de ferramentas com as quais pode agir legitimamente com vistas a essa finalidade específica. Além do dever de regular e fiscalizar práticas constitucionalmente vetadas, como o espalhamento deliberado de desinformação –tomando medidas contra quem a produziu ou contra quem a distribui – e a divulgação de mensagens anônimas, o poder público pode exercer, ele mesmo, a atividade de comunicação social, pode fomentar a ação dos comunicadores que fornecem informação de fato à sociedade e pode oferecer educação midiática para os cidadãos.

O oferecimento direto da atividade comunicativa pode se dar por meio de canais próprios, e há exemplos bem-sucedidos no Brasil, como a Fundação Padre Anchieta, do Estado de São Paulo, que mantêm a rede Cultura, com uma emissora de rádio e outra de televisão, há mais de meio século. [264] Há outros casos do gênero, como a TV Câmara, a TV Senado e a TV Justiça, além da Empresa Brasileira de Comunicação – a EBC (ASCELRAD ; LIMA, 2013). Grande parte dessas plataformas operam também no meio digital, com canais no Youtube. Nas mídias sociais em geral, muitos entes públicos mantêm também atualmente perfis oficiais,[265] o que não se pode confundir com o uso, também bastante disseminado, dessas plataformas, pelos agentes políticos, muitos dos quais ocupam cargos públicos. O cadastramento de órgãos oficiais que geram conteúdos explorados comercialmente por essas empresas, de toda forma, realizado sem prévia licitação ou ato oficial de dispensa parece

---

[264] A criação da Fundação Padre Anchieta deu-se pela Lei Estadual n. 9.849/67. A rádio e a televisão Cultura, então integrantes do conglomerado dos Diários Associados, de Assis Chateaubriand, já existiam desde 1961 e foram compradas por iniciativa do Governo do Estado em uma concorrência pública para a compra de uma emissora que seria gerida pela Fundação. (BARROS FILHO, 2011, p. 121-166)

[265] Bons exemplos são os perfis oficiais, no Twitter, da Presidência da República ("@planalto"), que divulga ações e a agenda do chefe do Poder Executivo, e o da Câmara dos Deputados ("@camaradeputados"), que traz informações sobre projetos em votação, audiências públicas e conteúdo informativo.

A pesquisa TIC mais recente divulgada pelo Comitê Gestor da Internet, de 2017, revelou que: "Dada a disseminação de usuários de redes sociais, que estão presentes em diferentes regiões e classes sociais no Brasil, essas plataformas se tornaram também uma importante ferramenta de comunicação e interação entre os cidadãos e as organizações públicas. Do total de órgãos públicos federais e estaduais, 77% afirmaram possuir perfil ou conta próprios em redes sociais, proporção que chega a 93% dos órgãos do Ministério Público, 97% do Judiciário e 100% do Legislativo. Na comparação entre os órgãos federais e estaduais, prevalece em ambos a presença em redes sociais de relacionamento, como o Facebook, Yahoo Profile ou Google+ (89% dos federais e 69% dos estaduais), de vídeos, como YouTube ou Vimeo (83% dos federais e 38% dos estaduais), e de microblog, como Twitter (76% dos federais e 45% dos estaduais)." (BRASIL, 2017, p. 135) O estudo apontou que a maioria dos órgãos (93% dos federais e 83% dos estaduais) contava com alguma área ou pessoa responsável pelo relacionamentos com os cidadãos por meio das redes sociais.

de duvidosa constitucionalidade com o artigo 37, *caput*, da Constituição, mais especificamente, com o princípio da impessoalidade, e com o inciso XXI do dispositivo, que estabelece a regra da licitação pública para os contratos celebrados pela administração.

Não há registro, por outro lado, no Brasil, de oferecimento direto dos serviços de mídia social pelo Estado, que, como se disse, tem se valido da intermediação das empresas existentes para oferecer, ele mesmo, o seu conteúdo. A teoria de que essas empresas realizam verdadeiro serviço público (ou na versão inglesa, *public utilities*) não chega a ser uma novidade (HOWARD, 2012), e a postulação de que o poder público deveria conceder a utilização desses serviços não parece completamente desproposital, ainda que as razões originais para o monopólio público dos serviços de rádio e televisão sejam distintas das que justificariam a atribuição primária desses serviços ao Estado, como visto no item II.4. Na internet, não há uma limitação física aos canais de transmissão. Ainda assim, há, de fato, uma tendência à concentração, decorrente das vantagens competitivas proporcionadas pelo acúmulo de dados.

Nas suas políticas de contratação de anúncios, a administração pode e deve também ter ciência de sua capacidade de estimular diferentes veículos de mídia, segundo os fundamentos da República e os objetivos fundamentais do Estado Brasileiro. Em relação aos veículos de notícias, portanto, na defesa do pluralismo, é legítimo que remunere os anúncios levando em conta as dimensões de cada empresa jornalística, de forma a conferir um estímulo a canais menores, que representem visões de mundo minoritária – desde que preservem valores fundamentais como a promoção dos direitos humanos. Esses veículos podem ser inteiramente digitais, dada a crescente importância da internet e o custo relativamente menor da manutenção de um canal online de notícias. De todo modo, deverá instaurar, independentemente do tamanho da empresa, mecanismos de controle da veracidade do conteúdo divulgado por esses portais.

Finalmente, é dever do Estado promover a chamada *educação para comunicação,* também chamada por alguns autores de "educomunicação", a todas as faixas etárias, dada a ubiquidade dos dispositivos comunicacionais na atualidade e a intensidade cada vez maior do uso das tecnologias de distribuição de material informativo em massa. Nunca foi tão fácil e tão rápido como hoje levar ao conhecimento de tantas pessoas uma mensagem, qualquer que seja seu conteúdo. Possivelmente, nos dias vindouros, esse processo será ainda mais fácil e rápido. É preciso, portanto, que os indivíduos estejam devidamente preparados com as ferramentas cognitivas necessárias para discernir, senão o *verdadeiro* do *falso*, ao menos o *verossímil* do *inverossímil*, o *legal* do *ilegal*. É preciso também que sejam educados para o uso ético dos canais de comunicação e estejam devidamente conscientes das consequências jurídicas que lhes podem ser impostas em virtude da publicação e da retransmissão de mensagens falsas ou ofensivas a terceiros. Cabe, naturalmente, ao legislador estabelecer, entre as várias formas possíveis e imagináveis, os meios de prover essa educação. Trata-se de um imperativo necessário para a sedimentação e a preservação de uma cultura democrática, mas antes disso, de um consectário da incidência conjunta dos direitos sociais à educação e à informação. Não se poderia falar verdadeiramente na garantia do direito à educação na sociedade contemporânea sem que se fornecesse o instrumental teórico necessário para lidar com as interfaces e as inovações técnicas em matéria de comunicação social.

## V.5. Limites territoriais e soberania nacional

As empresas de mídia digital são, como grande parte das grandes empresas contemporâneas, corporações transnacionais, que atuam simultaneamente, portanto, em uma pluralidade de países. No plano da comunicação social, isto significa, primeiramente, a possibilidade técnica de agregar material originado nas mais diversas fontes para gerar um fluxo de conteúdo personalizado para o usuário final. Se o indivíduo faz uma pesquisa em um motor de busca, os algoritmos empregados pela empresa possivelmente priorizarão conteúdo local, de interesse potencial do sujeito que realiza a busca, mas também poderá introduzir resultados gerados em outras localidades, a partir da hierarquia de critérios que só mesmo a própria plataforma conhece. Da mesma forma, o usuário de uma rede social tem acesso a mensagens postadas nos mais diversos países, em idiomas variados, muitas vezes, inclusive, com mecanismos automáticos de tradução. Em resumo, os usuários no Brasil podem ter acesso a conteúdo gerado em qualquer lugar do globo. O acesso efetivo depende, obviamente, de uma miríade de fatores que incluem suas eventuais preferências, mas também o interesse corporativo da empresa de mídia.

O livre fluxo de informações nas mídias digitais possibilita que o discurso de dissidentes políticos atravesse barreiras nacionais e chegue a populações que jamais seriam expostas a qualquer tipo de mensagem crítica pelos meios de comunicação em massa tradicionais, controlados estreitamente por governos autoritários. Essa mesma liberdade, porém, pode ser utilizada a serviço de agendas políticas estrangeiras, como aparentemente acontece no caso das chamadas "guerras híbridas". O uso desse expediente não chega a ser uma novidade, [266] mas é certo que a capilaridade das redes e sua abrangência transnacional contribuem imensamente para facilitar que populações de um determinado país sejam submetidas propositalmente a campanhas maliciosas de grupos ou mesmo de Estados estrangeiros. A ubiquidade da internet abre a possibilidade de um intercâmbio de informações sem precedentes, mas ameaça a segurança interna dos países conectados à rede.

O caminho para o equilíbrio, também nesse ponto, está na adequada regulação, a exemplo do que já sucedia com as mídias tradicionais, sujeitas a importantes restrições quanto a operações transfronteiriças ou mesmo administradas por titulares ou profissionais estrangeiros. Ainda que as empresas de mídia digital tenham ramificações internacionais e que a possibilidade de conexão com redes de várias localidades seja parte integrante da sua própria essência como mecanismos de comunicação em massa, a operação no Brasil deve observar o regime jurídico positivo, no tocante, por exemplo, aos mecanismos de curadoria, à vedação ao anonimato e a critérios que privilegiem a produção nacional e local. De nada valerá que as mídias se cerquem de instrumentos de identificação dos usuários apenas no território brasileiro e concedam acesso, no país, a mensagens transmitidas do estrangeiro por emissores anônimos. A exigência de que o conteúdo exibido por essas mídias observe as regras jurídicas nacionais não implica a incidência extraterritorial do direito brasileiro, porque não se trata de uma pretensão de proibir a publicação de certos tipos de mensagem no exterior; trata-se de impedir que elas sejam exibidas ao público local.

Recentemente, o STF teve de lidar com uma situação concreta que envolvia a operação internacional das mídias digitais. Por decisão monocrática, fora determinado ao Facebook e ao Twitter que bloqueassem o acesso de

---

266 O caso do emprego da transmissão pelo rádio no seio da Guerra das Malvinas é bastante interessante sobre o papel dos meios de difusão na guerra de informações (PINKERTON, 2008), mas já na Segunda Guerra Mundial o emprego de técnicas do tipo era comum, como o caso de William Joyce, conhecido como "Lorde Haw-Haw", que transmitia para milhões de britânicos mensagens que incitavam a rendição na Segunda Guerra Mundial, exemplifica tão bem (FOX, 2019).

determinadas pessoas engajadas na divulgação de desinformação. [267] Diante da notícia de descumprimento, cerca de dois meses depois, o relator do procedimento renovou a determinação e fixou astreintes. Em diligência nos autos, certificou-se, porém, que algumas das pessoas cujo acesso fora bloqueado seguiam acessando essas mídias por meio de VPNs que simulavam a operação desde o exterior ou mesmo pela simples alteração das preferências da conta para outros países [268] O relator determinou, então, que a decisão fosse cumprida "independentemente do acesso a essas postagens se dar por qualquer meio ou qualquer IP, seja do Brasil ou fora dele". (SUPREMO TRIBUNAL FEDERAL, 2020). O Facebook, por meio da sua assessoria de imprensa, afirmou que não cumpriria a ordem judicial, insinuando sua ilicitude,[269] o que levou o relator, Min. Alexandre de Moraes a renovar a determinação, aumentando as astreintes e esclarecendo que:

> Não se discute a questão de jurisdição nacional sobre o que é postado e visualizado no exterior, mas sim a divulgação de fatos criminosos no território nacional, por meio de notícias e comentários por contas que se determinou o bloqueio judicial. Ou seja, em momento algum se determinou o bloqueio de divulgação no exterior, mas o efetivo bloqueio de contas e divulgação de suas mensagens ilícitas no território nacional, não importando o local de origem da postagem. (SUPREMO TRIBUNAL FEDERAL, 2020)

---

267 A decisão original determinou "o bloqueio de contas em redes sociais, tais como Facebook, Twitter e Instagram, dos investigados apontados no item anterior '1', necessário para a interrupção dos discursos com conteúdo de ódio, subversão da ordem e incentivo à quebra da normalidade institucional e democrática."

268 "As redes sociais Twitter e Facebook continuam permitindo que os perfis sejam acessados através de endereços IP de fora do Brasil, ou seja, permitindo que sejam acessados normalmente a partir de outros países. Isto possibilita que usuários do Brasil utilizem serviços de roteamento de conexão, como VPNs, contornando este tipo de bloqueio e acessando os perfis em território nacional, como se estivessem em outros países. No caso da rede social Twitter, o bloqueio dos perfis no Brasil foi efetuado de forma ineficaz. O Twitter continua permitindo que os perfis sejam acessados através de endereços IP do Brasil, desde que o nome do país configurado na conta do usuário seja diferente de "Brasil", por exemplo, "Estados Unidos". Por isto, qualquer pessoa pode efetuar uma alteração simples em seu perfil do Twitter e continuar acessando livremente os perfis que deveriam estar bloqueados, conforme apresentado no item 3, demonstrando que o bloqueio foi ineficaz.

269 "Respeitamos as leis dos países em que atuamos. Estamos recorrendo ao STF contra a decisão de bloqueio global de contas, considerando que a lei brasileira reconhece limites à sua jurisdição e a legitimidade de outras jurisdições" (VALOR ECONÔMICO, 2020)

Em outras palavras, o relator discerniu argutamente a obrigação das mídias digitais de controlar o que exibem aos usuários brasileiros na sua operação nacional, independentemente da origem do respectivo conteúdo. De fato, às autoridades nacionais não importa a licitude de uma publicação segundo a lei local de onde essa postagem tenha sido originada, sua retransmissão em território nacional deverá observar forçosamente as condições jurídicas estabelecidas pelo direito brasileiro.[270] Trata-se, enfim, do reconhecimento da atividade comunicacional desempenhada por essas empresas, independentemente da origem do conteúdo. Uma vez reconhecida a função ativa das mídias na distribuição das mensagens ao público, é possível discernir *sua responsabilidade* da *responsabilidade dos usuários* que se encarregam da criação difusa do conteúdo. O argumento, invocado pela empresa e pelos seus defensores,[271] de que a ordem do Ministro Alexandre de Moraes teria ultrapassado os limites da jurisdição brasileira só faz sentido, se (i) se ignora que a ordem limitou-se à divulgação *no território brasileiro* do produto das contas bloqueadas, como se depreende claramente do teor da decisão, acima destacada, ou (ii) se relativiza a função intermediária desempenhada pelas empresas, sob a anacrônica pressuposição de que a empresa de mídia social opera tal qual um armazenador, como na era precedente à Web 2.0. Tratando-se, porém, de veículos vocacionados a distribuir mensagens em massa, ou seja, de verdadeiros veículos de comunicação social, o funcionamento no Brasil deverá seguir os parâmetros jurídico-constitucionais internos, obrigatoriamente. Eventuais limitações técnicas das plataformas não podem ser invocadas como licença para a burla à ordem jurídica nacional no que concerne ao conteúdo exibido no país. É dever das empresas cuidar de que suas plataformas sejam adaptadas às exigências do direito brasileiro.

Em síntese, no que concerne às aparentes dúvidas relacionadas aos limites da jurisdição brasileira sobre as mídias digitais, a chave da sua resolução está exatamente na caracterização dessas plataformas como verdadeiros veículos de comunicação social que agregam informação de múltiplas fontes e a

---

270 Imagine-se que um determinado usuário do Facebook, em um país governado por algum regime teocrático faça mensagens apologistas ao extermínio de praticantes de outras religiões. Pouco importará a licitude dessa mensagem no país de origem; sua exibição no Brasil deverá ser bloqueada. A razão de fundo está exatamente no ponto identificado pelo Min. Moraes: o direito brasileiro deve regular a *exibição de conteúdo no Brasil*.

271 Para uma compilação de opiniões nesse sentido, colhidas logo após a emergência da decisão do Min. Moraes, v. GALF; MATTOSO; SETO. (2020)

transformam em um produto reformulado, customizado, de acordo com uma série de fatores – incluídos os dados de localização - automaticamente levados em conta por seus algoritmos internos. As normas jurídicas brasileiras hão de incidir sobre essa fase de exibição de conteúdo aos usuários situados no território nacional. Ainda que não seja tecnicamente possível exercer um controle individual da grade de exibição que conta com mecanismos automatizados de curadoria de conteúdo, é possível levar a cabo um controle dos resultados que observe o efetivo comprometimento dessas mídias com as diretrizes jurídico-constitucionais relativas à comunicação social.

Essa conclusão está em plena consonância com as já mencionadas no que concerne à disciplina geral desses meios de comunicação, como a exigência de responsáveis técnicos pelos padrões de curadoria de mensagens para que essas empresas possam operar no território nacional licitamente, dispersando informações aos cidadãos brasileiros. Deve o legislador, preferencialmente então, estabelecer um marco regulatório das mídias digitais no Brasil que imponha (i) um dever de registro das empresas que operem serviços de distribuição em massa de informações por meio da internet, (ii) condições de funcionamento relacionadas à responsabilidade técnica e editorial, (iii) identificação dos serviços que contam com mecanismos de curadoria de conteúdo e (iv) prestação de contas sobre os sistemas de identificação dos usuários. Além disso, o legislador deve deliberar sobre o órgão regulador da atividade desses veículos, inclusive para o fim de suplementar a legislação no que for possível.

O fundamental é que se supere a imagem da internet enquanto espaço vedado à legislação, como se as atividades desempenhadas por meio dela não pudessem ser objeto de regulação. Há que se levar em conta, sobretudo, que muito do que é feito pelas empresas que atuam nesse segmento não difere essencialmente de tantas outras atividades desempenhadas anteriormente por outros meios técnicos e que justificaram o surgimento de normas jurídicas vocacionadas a impor limites e estabelecer obrigações a esses atores, por conta do poder de influência da comunicação em massa. Uma vez que se entende o papel desempenhado pelas empresas de mídia digital e se tem claro que realizam essencialmente comunicação em massa, não resta dúvidas de que devem estar sujeitas às regras jurídicas brasileiras, a começar, evidentemente, pelo capítulo da Constituição destinado à comunicação social.

## V.6. Legislação infraconstitucional em matéria de internet à luz do enquadramento das novas mídias como instâncias de comunicação social

Apesar de, como se viu ao longo deste trabalho, haver lastro estritamente constitucional para o regime jurídico das mídias que operam pela internet, atribuiu-se, no Brasil, ao legislador ordinário o estabelecimento de algumas das linhas gerais sobre as regras aplicáveis a essas empresas e a outras que funcionam nesse ambiente. Com efeito, em conclusão de um processo longo de discussão com a sociedade civil, em 2014, foi promulgada a Lei n. 12.965/2014, conhecida como "Marco Civil da Internet", já visto brevemente no item V.1.1. deste trabalho, com o objetivo de estabelecer "princípios, direitos e deveres para o uso da Internet no Brasil" (BRASIL, 2014). A elaboração de uma lei do gênero, repleta de normas gerais, tem seus problemas, eis que a congregação de temas distintos que têm em comum unicamente a intermediação virtual oferece uma aura de excepcionalidade contraproducente à internet. Trata-se, no mais, de uma simplificação excessiva e reducionista, que equipara atividades bastante distintas que se realizam por meio das redes, que compreendem desde serviços bancários que operam por meio da internet, como as chamadas *fintechs*, até empresas de mídia.[272] Ainda assim, alguns princípios consolidados na Lei n. 12.965/2014, como os fundamentos do artigo 2º[273] e os objetivos previstos no

---

272 O Projeto de Lei n. 3.227/2021 (conhecido como "PL das Fake News"), apresentado pela Presidência da República após a rejeição sumária da polêmica MP n. 1.068/2021 (popularmente chamada de "MP das Fake News") pela Presidência do Senado Federal, prevê que se adicione ao Marco Civil da Internet a subcategoria das "redes sociais". Seriam "aplicação de internet cuja principal finalidade seja o compartilhamento e a disseminação, pelos usuários, de opiniões e informações, veiculados por textos ou arquivos de imagens, sonoros ou audiovisuais, em uma única plataforma, por meio de contas conectadas ou acessíveis de forma articulada, permitida a conexão entre usuários, e que seja provida por pessoa jurídica que exerça atividade com fins econômicos e de forma organizada, mediante a oferta de serviços ao público brasileiro com, no mínimo, dez milhões de usuários registrados no País." O projeto de lei prevê uma série de direitos aos usuários das *redes sociais*, com ênfase especial em limitar a liberdade dessas empresas para suprimir o conteúdo publicado nas plataformas.

273 "Art. 2º A disciplina do uso da internet no Brasil tem como fundamento o respeito à liberdade de expressão, bem como:

I - o reconhecimento da escala mundial da rede;

II - os direitos humanos, o desenvolvimento da personalidade e o exercício da cidadania em meios digitais;

III - a pluralidade e a diversidade;

artigo 4º,[274] como desdobramentos diretos do direito constitucional à informação, são importantes para condicionar estruturalmente o acesso à internet. Da mesma forma, e pelas mesmas razões, a afirmação do princípio da neutralidade de rede, no artigo 9º, guarda relação fundamental com a natureza da rede e, de fato, constitui uma diretriz capaz de incidir de forma universal no meio virtual.

No que se refere especificamente às empresas que operam na internet, a Lei n. 12.965/2014 contém uma disciplina bastante maleável, referindo-se a elas, como "aplicações de internet", um conceito esvaziante e generalista, conforme já foi objeto de crítica neste trabalho, que equipara fornecedores de serviços oferecidos diretamente ao consumidor, como os servidores de armazenamento de informação, a outros que operam *por meio da rede,* por exemplo, no fornecimento de conteúdo de maneira massificada. Essa generalização não seria necessariamente um problema se não houvesse, na lei, uma exoneração de responsabilidade expressa, no seu artigo 19, *caput*, que dispõe que

> Com o intuito de assegurara a liberdade de expressão e impedir a censura, o provedor de aplicações de internet somente poderá ser responsabilizado civilmente por danos decorrentes de conteúdo gerado por terceiros se, após ordem judicial específica, não tomar as providências para, no âmbito e nos limites técnicos do seu serviço e dentro do prazo assinalado, tornar indisponível o conteúdo apontado como infringente, ressalvadas as disposições legais em contrário (BRASIL, 2014).

---

IV - a abertura e a colaboração;

V - a livre iniciativa, a livre concorrência e a defesa do consumidor; e

VI - a finalidade social da rede." (BRASIL, 2014)

274 "Art. 4º A disciplina do uso da internet no Brasil tem por objetivo a promoção:

I - do direito de acesso à internet a todos;

II - do acesso à informação, ao conhecimento e à participação na vida cultural e na condução dos assuntos públicos;

III - da inovação e do fomento à ampla difusão de novas tecnologias e modelos de uso e acesso; e

IV - da adesão a padrões tecnológicos abertos que permitam a comunicação, a acessibilidade e a interoperabilidade entre aplicações e bases de dados." (BRASIL, 2014)

Similarmente, o artigo 21 da mesma lei prevê a responsabilidade apenas subsidiária do provedor de aplicações de internet pela

> (...) divulgação, sem autorização de seus participantes, de imagens, de vídeos ou de outros materiais contendo cenas de nudez ou de atos sexuais de caráter privado quando, após o recebimento de notificação pelo participante ou seu representante legal, deixar de promover, de forma diligente, no âmbito e nos limites técnicos do seu serviço, a indisponibilização desse conteúdo.

Ou seja, a lei não diferencia *aplicações* efetivamente neutras, que apenas armazenam informações depositadas por seus usuários fora do acesso público – como servidores de serviços de nuvem –, de aplicações que induzem a produção de conteúdo, exploram comercialmente sua divulgação e chegam a exercer curadoria do que é mais ou menos exibido, conforme os seus interesses corporativos. O artigo 21 é inconstitucional, porque contraria o disposto no artigo 5º, V, da Constituição Federal. Se o direito de resposta, assim com o de indenização há de ser proporcional ao agravo, e quem dá a medida do agravo é também a mídia em que a mensagem ofensiva é publicada, a exclusão de responsabilidade pelo legislador é incabível. [275] O autor de uma determinada mensagem pode não prever de antemão a ressonância que poderá ser atribuída pela mídia em que será publicada. Da mesma forma, a replicação de um determinado material, ainda que gerado por um terceiro, pode contribuir mais decisivamente para lesionar a honra ou a imagem do ofendido. O Marco Civil da Internet simplesmente não considera essas possibilidades técnicas tão influentes quanto a produção do conteúdo ou mais influentes ainda.

Ainda assim, é preciso ter atenção ao fato de que a exoneração de responsabilidade dos artigos 19 e 21 da Lei n. 12.965/2014, ainda que estivesse de acordo com a Constituição, teria seus efeitos restritos à esfera privada,

---

275 A descrição técnica de Marcelo Guedes é precisa: "A forma buscada pelas decisões busca livrar o conteúdo das restrições de visibilidade, porém ao apenas obrigar que seja disponibilizada na página/perfil do réu não garante que ele será visualizado por todos que viram a ofensa, devido justamente ao efeito bolha. Melhor seria, então, que as decisões exaradas pelo juízo determinassem que, além de terem visibilidade pública, todos aqueles que tiverem acesso ao conteúdo incorreto ou calunioso, seja por visualização, curtida, compartilhamento ou qualquer outra forma de contato, tivessem, publicada em seus feeds de notícias, a resposta. Esta solução considera que a rede social tem o registro das informações de todos aqueles que a acessaram e preserva os parâmetros de razoabilidade e proporcionalidade previstos no art. 4º da Lei n. 13.188, de 11 de novembro de 2015" (GUEDES, 2017, p. 82).

como se depreende do advérbio "civilmente". Em outras palavras, o legislador não pretendeu nem mesmo regular a disciplina da responsabilidade dos assim chamados provedores de aplicações da internet por violação a diretrizes constitucionais, como o direito coletivo à informação. O objetivo da norma é, antes, regular os efeitos patrimoniais de mensagens ofensivas a sujeitos diretamente identificados ou identificáveis. Assim, apesar da epígrafe pretensiosa da lei, seu alcance há de ser averiguado com cautela. Há muitos aspectos do "uso da internet no Brasil" que transcendem o direito civil. Como se procurou demonstrar ao longo do trabalho, especialmente em matéria de comunicação social, há toda uma gama de normas de direito público incidentes sobre a atividade das principais empresas do setor ainda não mediadas por normas reguladoras. Não há, na legislação, nenhuma norma relevante a respeito, por exemplo, do problema da desinformação, exceto no que concerne a seus impactos para a reputação de determinados indivíduos.

Mais recentemente, foi editada outra norma relevante para a definição do regime jurídico das novas mídias: a Lei n. 13.709/2018, Lei Geral de Proteção de Dados Pessoais (LGPD). Embora tenha um espectro de abrangência muito mais amplo do que o Marco Civil da Internet quanto aos destinatários da norma, que não necessariamente precisam estar conectados à rede mundial de computadores para ter sua conduta disciplinada pela lei, a LGPD tem uma limitação temática à proteção dos dados pessoais. Algumas de suas categorias podem definitivamente compreender as empresas de mídia digital, como a dos controladores e a dos operadores, definidas no artigo 5º, incisos VI e VII.[276] A curadoria de conteúdo personalizada de que se tratou aqui, especialmente a empregada por plataformas como o Facebook no seu feed de notícias,[277] está enquadrada também no conceito legal de tratamento de dados, instituído no inciso X do mesmo dispositivo:

> "(...) toda operação realizada com dados pessoais, como as que se referem a coleta, produção, recepção, classificação, utilização, acesso, reprodu-

---

276 Art. 5º Para os fins desta Lei, considera-se: (...)
   VI - controlador: pessoa natural ou jurídica, de direito público ou privado, a quem competem as decisões referentes ao tratamento de dados pessoais;
   VII - operador: pessoa natural ou jurídica, de direito público ou privado, que realiza o tratamento de dados pessoais em nome do controlador; (BRASIL, 2018)

277 V. supra, item III.1.2.1.

ção, transmissão, distribuição, processamento, arquivamento, armazenamento, eliminação, avaliação ou controle da informação, modificação, comunicação, transferência, difusão ou extração;" (BRASIL, 2018)

O emprego de um dado de um usuário para o fim de oferecer-lhe determinado conteúdo não é senão uma forma de "distribuição", na forma prevista na LGPD. Por isso, está sujeito às exigências expressas relacionadas ao imperativo de proteção de dados que inspira o diploma. A exibição de mensagens selecionadas conforme os traços do indivíduo detectados pela empresa depende, necessariamente, da prévia formação de um banco de dados sobre aquele usuário, e esse banco de dados é acessado pela plataforma de mídia cada vez que ela produz uma sequência de conteúdo padronizada ao titular dos dados. Segundo a disciplina da LGPD, esse procedimento depende de consentimento expresso do titular, de acordo com o seu artigo 7º, I, já que a prática não se enquadra bem em nenhuma das outras hipóteses em que o tratamento é permitido. [278] Esse consentimento, segundo o artigo 8º, *caput*, da mesma lei, precisa ser expresso de forma que demonstre a manifestação de vontade do titular, e pode ser revogado a qualquer momento, como determina o § 5º do disposi-

---

278 "Art. 7º O tratamento de dados pessoais somente poderá ser realizado nas seguintes hipóteses: (...)

II - para o cumprimento de obrigação legal ou regulatória pelo controlador;

III - pela administração pública, para o tratamento e uso compartilhado de dados necessários à execução de políticas públicas previstas em leis e regulamentos ou respaldadas em contratos, convênios ou instrumentos congêneres, observadas as disposições do Capítulo IV desta Lei;

IV - para a realização de estudos por órgão de pesquisa, garantida, sempre que possível, a anonimização dos dados pessoais;

V - quando necessário para a execução de contrato ou de procedimentos preliminares relacionados a contrato do qual seja parte o titular, a pedido do titular dos dados;

VI - para o exercício regular de direitos em processo judicial, administrativo ou arbitral, esse último nos termos da Lei nº 9.307, de 23 de setembro de 1996 (Lei de Arbitragem) ;

VII - para a proteção da vida ou da incolumidade física do titular ou de terceiro;

VIII - para a tutela da saúde, em procedimento realizado por profissionais da área da saúde ou por entidades sanitárias;

VIII - para a tutela da saúde, exclusivamente, em procedimento realizado por profissionais de saúde, serviços de saúde ou autoridade sanitária

IX - quando necessário para atender aos interesses legítimos do controlador ou de terceiro, exceto no caso de prevalecerem direitos e liberdades fundamentais do titular que exijam a proteção dos dados pessoais; ou

X - para a proteção do crédito, inclusive quanto ao disposto na legislação pertinente." (BRASIL, 2018)

tivo. O titular tem direito, também, na forma do artigo 9º, a ter informações sobre vários aspectos relacionados ao tratamento de seus dados, como, por exemplo, sua finalidade e seu eventual uso compartilhado.

Assim é que as mídias digitais que empregam mecanismos de curadoria de conteúdo, com o advento da LGPD, não podem prescindir da concordância contínua do titular para manter esse mecanismo em prática, e os meios para o exercício desse direito de escolha devem ser, na forma do seu artigo 8º, § 5º, gratuitos e *facilitados*, uma expressão que tem uma denotação bastante significativa – devem ser identificáveis pelo usuário médio da plataforma com a mesma facilidade com que seus dados são, de fato, tratados pela empresa.

Em relação aos dados pessoais, considerados sensíveis, ou seja, os que se referem a "origem racial ou étnica, convicção religiosa, opinião política, filiação a sindicato ou a organização de caráter religioso, filosófico ou político, dado referente à saúde ou à vida sexual, dado genético ou biométrico", conforme o artigo 5º, II, da Lei, as restrições a seu tratamento são ainda mais fortes. Deve o titular dos dados consentir, "de forma específica e destacada, para finalidades específicas". Em outras palavras, os parâmetros de curadoria de conteúdo empregados para a distribuição de mensagens aos usuários devem obrigatoriamente excluir esses dados de todos os critérios considerados pelos seus algoritmos, exceto se o titular houver autorizado seu emprego de maneira destacada exatamente para esse fim. É evidente que aproximações desses dados são tão vetadas quanto os dados em si, sob pena de burla às finalidades da lei. Em outras palavras, na vigência da LGPD, uma empresa de mídia social só poderá levar em consideração, por exemplo, a opinião política do seu usuário se ele houver manifestado seu interesse nessa segmentação de maneira expressa e inconfundível. A lei prevê ainda mecanismos para que o titular tenha conhecimento sobre o eventual tratamento de seus dados pelos controladores, que devem especificar, portanto, os dados que mantenham em seus bancos sempre que essa informação for solicitada. Esses relatórios servirão certamente para se aferir se manterão a observância devida das exigências da LGPD nos seus filtros de conteúdo.

Finalmente, no contexto específico do uso *eleitoral* das mídias digitais, a Lei n. 9.504/97, conhecida como "Lei de Eleições", já mantém disposições relacionadas ao uso das redes sociais desde que foi modificada pela Lei n. 12.891/2013 (BRASIL, 1997). Embora, no seu corpo, não haja nenhuma definição propriamente dita, (i) o artigo 36-A, inciso V, consagra o direito de "divulgação do pensamento pessoal sobre questões políticas, inclusive nas redes sociais", sem que se configure, com isso, propaganda eleitoral, desde que não haja pedido expresso de voto, e (ii) o artigo 57-B, IV, prevê a propaganda eleitoral nas redes sociais, desde que o perfil seja administrado pelo candidato, seu partido ou sua coligação, ou ainda por pessoa natural. Nessa última hipótese, admite-se ainda a contratação do mecanismo de impulsionamento de conteúdo oferecido pelo próprio "provedor de aplicação de internet" – terminologia semelhante à empregada no Marco Civil da Internet. A fornecedora do serviço, na forma do § 4º do artigo 57:

> deverá contar com canal de comunicação com seus usuários e somente poderá ser responsabilizado por danos decorrentes do conteúdo impulsionado se, após ordem judicial específica, não tomar as providências para, no âmbito e nos limites técnicos do seu serviço e dentro do prazo assinalado, tornar indisponível o conteúdo apontado como infringente pela Justiça Eleitoral.

Admite-se que a empresa que ofereça os serviços de impulsionamento se exonere da responsabilidade pelo seu conteúdo, ainda que aufira lucros com a atividade, em um tratamento díspar em desfavor dos demais meios de comunicação social. O artigo 36, § 2º, da mesma lei proíbe, por exemplo, "qualquer tipo de propaganda política paga no rádio e na televisão". Embora o artigo 43 permita a divulgação paga de anúncios de propaganda no caso da imprensa escrita, não há nenhuma norma semelhante que isente expressamente os veículos de responsabilidade pelo conteúdo veiculado por candidatos que contratem o serviço.

O impulsionamento pago de conteúdo, sobretudo em matéria eleitoral, traz consigo uma série de questionamentos, porque há suspeitas de que possa redundar em segmentação das mensagens exibidas ao público conforme a preferência de parcelas específicas do eleitorado, além de ter critérios de precificação ainda obscuros que possivelmente diferenciam os valores cobrados de diferentes anunciantes, inclusive anunciantes eleitorais, de acordo com a conveniência corporativa da plataforma – o que normalmente se traduz no potencial de engajamento deflagrado por cada anunciante. Essa dinâmica pode levar ao favorecimento de candidatos considerados "polêmicos" ou capazes de "entreter" o público (PICCELLI ; VILELLA, 2020).

# Conclusão

A era da utopia generalizada com a internet acabou. As visões mais libertárias sobre a sua natureza e, mais especificamente, sobre o discurso no ambiente virtual deixam-se levar frequentemente por uma imagem romantizada do poder do usuário. Afinal, primeiro os blogs e agora as mídias sociais deram voz a uma multidão para a qual a comunicação era inacessível (CASTELLS, 2010, p. 92), e as barreiras ao poder individual de comunicação pareciam esvair-se com a lógica *peer-to-peer* que marcava esse novo meio (BRACHA ; PASQUALE, 2020, p. 1155-1158). Essa perspectiva simplista, porém, subestimava o papel dos intermediários na modulação do conteúdo e na definição do que é espalhado socialmente. Além disso, ignora que a anomia dá margem para que se articulem redes capazes de agir de maneira coordenada para influenciar a sociedade ou grupos específicos de maneira muito mais eficiente do que qualquer usuário singular. Ainda que seja verdade, que nos primórdios da internet, a ausência de regras tenha tido o efeito benfazejo de pluralizar as fontes de informação, fato é que não tardou para que atores organizados notassem a potência da ferramenta para fazer valer seus interesses pessoais ou empresariais. O uso comprovado de robôs, por redes oficiais de inteligência, para semear a discórdia em uma sociedade ou alterar o curso de eleições em países rivais – como parte da assim chamada "guerra híbrida" – é um exemplo extremo, mas ao mesmo tempo revelador, desse fenômeno provocado pela excessiva leniência no ambiente virtual. Em menor escala, o uso orientado das plataformas digitais pode levar às mais variadas e perigosas distorções na sociedade, do ceticismo perante o conhecimento científico estabelecido à intolerância com grupos vulneráveis. É ingênuo supor que os usuários possam lidar de maneira individualizada com esse tipo de ameaça, assim como é desproposiṭado considerar que as próprias plataformas tenham motivação para enfrentar esses desafios para além do necessário a preservar seus interesses empresariais, portanto, do necessário a preservar um mínimo de respeitabilidade, enquanto não forem capazes de conservá-la por outros meios. Só o Estado pode defender a si mesmo e à sociedade desses riscos. Regular em alguma medida a comunicação digital é um imperativo, ainda que seja possível discutir os níveis mais adequados de regulação.

No plano estritamente constitucional, o Brasil conta com um aparato jurídico singular, na comparação com outros países, para disciplinar a comunicação social. Essas normas devem ser interpretadas para abarcar, no que é cabível, as novas modalidades de comunicação. Não há dúvida, afinal, de que se trata de uma atividade que envolve comunicação com a sociedade, tampouco de que esse ato de comunicar possa ser dirigido por interesses particulares. Tanto quanto um jornal pode ser instrumentalizado para advogar socialmente por uma determinada causa – e frequentemente o é – também as redes de comunicação virtuais podem sê-lo – e frequentemente o são. O constituinte brasileiro de 1988, circunstancialmente, ocupou-se da imprensa escrita e da radiodifusão, porque tais eram os meios existentes à época, e não porque merecessem ser disciplinados de maneira mais estrita do que os que entrariam em voga nas décadas seguintes.

Disposições constitucionais diretas, de que o anonimato faz boa ilustração, não podem ser ressalvadas por alusões genéricas a uma suposta essência da internet. Tanto quanto qualquer outra invenção humana, é preciso adaptá-la ao que houver sido soberanamente estabelecido. Nada impede que se chegue à conclusão de que o discurso anônimo seja, em si, virtuoso – como é considerado no direito norte-americano – e que, portanto, se ajuste o regime constitucional da liberdade de expressão nesse ponto. Até que sobrevenha uma eventual reforma dessa natureza, porém, são as plataformas de internet que devem se ajustar às normas jurídicas brasileiras para operar no território nacional. O desrespeito generalizado à proibição do anonimato parece não ter rendido bons frutos. Resta saber o que sucederia se a observância à regra constitucional fosse de fato cobrada, como hoje claramente não é. De qualquer forma, do lado das plataformas, o fato de não terem implantado um controle de identificação de seus usuários pode ser explicado primariamente por seu interesse em estimular a produção de conteúdo na máxima medida possível, associado ao fato de que o país em que se desenvolveram originalmente tem uma disciplina bastante distinta nessa matéria, por suas particularidades históricas. Não se trata, portanto, de um aspecto imanente das redes de interação virtual.

De maneira semelhante, é preciso encarar a sério o fato de que as plataformas da internet detêm controle, ainda que não absoluto, sobre o fluxo de informações que por elas transita. Não há, nesse ponto, neutralidade possível. Toda filtragem, toda preterição, todo favorecimento significam um juízo de valor sobre cada dado que transita ou deixa de transitar. Para que alguns dados sejam preferidos a outros, algum critério de valoração é logicamente necessário. Esse critério de valoração é, normalmente, aquele que mais interessa à plataforma que o controla. Os algoritmos de curadoria de conteúdo nas mídias que o empregam para personalizar o fluxo de informações exibido a cada usuário que acessa as páginas respectivas oferecem às empresas que os controlam uma ferramenta editorial. Incutindo-lhes as variáveis mais acertadas, seria possível pôr em prática estratégias de influência sobre a sociedade, já que a matéria-prima para a composição dos chamados feeds, ou seja, o conteúdo gerado pelos usuários, é diversa o suficiente para viabilizar a produção de uma experiência sob medida para atender a determinados fins. A detenção dessa capacidade torna as empresas de mídia digital responsáveis diretamente pelo conteúdo que exibem às massas.

Ainda que alguns elementos de interesse público – como a credibilidade da fonte ou a polidez das palavras – venham sendo, em alguns casos, incorporados a esses sistemas automatizados, essa incorporação só acontece na medida do estritamente necessário para que essas plataformas continuem legitimadas a exercer esse poder de curadoria sobre o que todos experimentam. Nada impede que, uma vez suficientemente consolidadas, abandonem tais elementos e voltem a atuar segundo seus interesses comerciais estritos. Exatamente por essa razão, a autorregulação, preferida naturalmente pelas plataformas,[279] constitui uma solução pouco satisfatória para conter os problemas decorrentes dessas novas formas de comunicação praticadas a partir da manipulação do conteúdo gerado pelos usuários. A tendência à concentração dos operadores da informação, cada vez mais fortes e destoantes de qualquer iniciativa concorrente, leva à perspectiva de que essas mídias se tornem – se é que já não se tornaram - hegemônicas o suficiente para determinar os rumos políticos em sociedades inteiras, de uma forma ainda mais intensa do que a imprensa tradicional era capaz de determinar. As novas mídias, presentes em

---

279 "A indústria naturalmente preferiria a autorregulação. As plataformas não apenas têm fortes incentivos para encontrar maus agentes, mas boa informação para identificá-los e os meios para sancioná-los em resposta, (...). Ainda assim, a autorregulação só vai até esse ponto; as plataformas podem não ter incentivos, por exemplo, sobre inquilinos barulhentos de curto prazo ou para limitar as horas de trabalho dos motoristas" (THE ECONOMIST, 2017)

terminais móveis, como smartphones e relógios inteligentes, e insinuando-se até em utensílios domésticos, ameaçam praticar uma comunicação em massa sem precedentes e criar um fluxo que alimente os usuários com cada vez menos interrupções ou intermediários. Mesmo as mídias que empregam filtros pessoais, como as conexões que o usuário escolhe estabelecer, as "amizades" do Facebook, por exemplo, podem, futuramente, abstrair-se desses parâmetros, caso não haja uma regulação estrita, expondo cada vez mais seu usuário a uma experiência livremente forjada para os fins empresariais diretos ou indiretos das detentoras das plataformas.

Relegadas à autorregulação, as plataformas não estarão suficientemente estimuladas a monitorar a qualidade da informação que distribuem aos usuários. No limite, o entretenimento ou o noticiário sensacionalista pode ser mais rentável para uma empresa cujo faturamento esteja baseado em publicidade do que o combate à desinformação, da mesma forma como o aproveitamento de produções estrangeiras pode ser mais vantajoso do que o investimento em produções nacionais ou regionais. Exatamente para obrigar as empresas que se comunicam com as massas a manter um compromisso com o direito à informação e com o pluralismo, é que a Constituição de 1988 instituiu um regime detalhado para regular a comunicação social. Esse regime não se torna anacrônico apenas pela invenção de novos mecanismos de transmissão de dados diferentes dos que estavam em uso ao tempo da sua promulgação.

# Bibliografia

ACKERMAN, B. The Living Constitution. **Harvard Law Review**, v. 120, p. 1737-1812, Maio 2007.

ACKOFF, R. From data to wisdom. **Journal of Applied Systems Analýsis**, 1989. 3-9.

ALEXA. wikipedia.org Competitive Analysis, Marketing Mix and Traffic. **Alexa**, 2020. Disponivel em: <wikipedia.org Competitive Analysis, Marketing Mix and Traffic >. Acesso em: 20 Julho 2020.

ALEXA. **Top Sites in Brazil**. [S.l.]. 2021.

ALGOTRANSPARENCY. About. **AlgoTransparency**, 2020. Disponivel em: <https://algotransparency.org/methodology.html>. Acesso em: 23 Setembro 2020.

ALI, A. Social network per finalità politiche dopo Facebook-Cambridge Analytica. **Gnosis**, Roma, p. 44-50, 2019. Disponivel em: <http://gnosis.aisi.gov.it/gnosis/Rivista58.nsf/servnavig/14>. Acesso em: 6 Agosto 2020.

AMAR, A. R. **America's Constitution**. Edição em brochura. ed. Nova Iorque: Random House , 2006.

ANDERSON, K. E. Getting acquainted with social networks and apps: it is time to talk about TikTok. **Library Hi Tech News**, 2020. 7-11.

ANWAR, A. et al. Role of Mass Media and Public Health Communications in the COVID-19 Pandemic. **Cureus**, v. 12, Setembro 2020. Acesso em: 5 Abril 2021.

ARANHA, M. I. Comentário aos art. 221 a 224. In: CANOTILHO, J. J. G., et al. **Comentários à Constituição do Brasil**. São Paulo: Saraiva, 2018. p. 2141-2170.

ARDENGHI, R. S. Direito à vida privada e direito à informação: colisão de direitos fundamentais. **Revista da Esmesc**, Florianópolis, 2012. 227-251.

ARENDT, H. Truth and Politics. **The New Yorker**, Nova Iorque, p. 49-88, Fevereiro 1968. Disponivel em: <http://blogs.law.columbia.edu/praxis1313/files/2018/08/Arendt_-Truth-and-Politics-LQ.pdf>. Acesso em: 21 Julho 2020.

ASCELRAD, M.; LIMA, N. M. F. D. TV Brasil e a democratização da televisão brasileira no atual cenário de concentração midiática. **Eptic Online**, v. 15, p. 102-120, Maio 2013.

BAKER, C. E. The Independent Significance of the Press Clause Under Existing Law. **Hofstra Law Review**, v. 35, p. 955-1026, 2007. Disponivel em: <http://scholarlycommons.law.hofstra.edu/hlr?utm_source=scholarlycommons.law.hofstra.edu%2Fhlr%2Fvol35%2Fiss3%2F4&utm_medium=PDF&utm_campaign=PDFCoverPages>. Acesso em: 8 Agosto 2020.

BALKIN, J. M. Old-School/New-School Speech Regulations. **Harvard Law Review**, v. 127, p. 2296-2342, 2014. Disponivel em: <https://harvardlawreview.org/wp-content/uploads/2014/06/vol127_balkin.pdf>. Acesso em: 24 Agosto 2020.

BANSAL, V. India's TikTok shutdown has left careers and fortunes in tatters. **Wired**, Julho 2020. Disponivel em: <https://www.wired.co.uk/article/tiktok-india-ban>. Acesso em: 15 Julho 2020.

BARBAGALLO, E. B. Aspectos da responsabilidade civil dos provedores de serviços na Internet. In: LEMOS, R.; WAISBERG, I. **Conflitos sobre nomes de domínio e outras questões jurídicas da internet**. São Paulo: Revista dos Tribunais, 2003.

BARBOSA, M. A.; RODRIGUES, M. W. Do direito à informação ao conhecimento na sociedade aprendente. **Revista Científica Direitos Culturais**, Santo Ângelo, 2015. 59-78.

BARRETO, V. O Conceito Moderno de Cidadania. **Revista de Direito Administrativo**, Rio de Janeiro, v. 192, p. 29-37, abril/junho 1993.

BARROS FILHO, E. A. D. **Por uma televisão cultural-educativa e pública:** a TV Cultura de São Paulo, 1960-1974. São Paulo: Unesp, 2011. Disponível em: <https://repositorio.unesp.br/bitstream/handle/11449/109184/ISBN9788579832079.pdf?sequence=1&isAllowed=y>. Acesso em: 31 Outubro 2020.

BARROSO, L. R. Liberdade de expressão, direito à informação e banimento da publicidade de cigarro. **Revista de Direito Administrativo**, Rio de Janeiro, abril/junho 2001. 31-50.

BARROSO, L. R. Constituição, comunicação Social e as novas plataformas tecnológicas. **Revista brasileira de direito público**, Belo Horizonte, p. 111-137, Outubro 2003.

BAYER, D. A. Meios de comunicação na era da desinformação, a reprodução do medo e sua influência na política criminal. **Ratio Juris**, Medellin, 11, janeiro-junho 2016. 117-142.

BEER, D. The social power of algorithms. **Information, Communication & Society**, v. 20, 2017. Acesso em: 14 Agosto 2020.

BELLLINGER, G.; CASTRO, D.; MILLS, A. Data, Information, Knowledge, and Wisdom. **Systems Thinking**, 2003. Disponível em: <http://www.systems-thinking.org/dikw/dikw.htm>.

BENDIX, T. The People's Platform. **Stanford Social Inovation Review**, 2020. Disponivel em: <https://ssir.org/articles/entry/the_peoples_platform>. Acesso em: 21 Julho 2020.

BIBLIOTECA NACIONAL. **Na era das lives, Brasil celebrará 70 anos da primeira transmissão de TV.** BN. Rio de Janeiro. 2020.

BIGLIAZZI, R. **A Constituição Domada: Democracia e o Conselho de Comunicação Social**. Universidde de Brasília. Brasília, p. 86. 2007.

BILANDZIC, H.; BUSSELLE, R. Narrative Persuasion. In: DILLARD, J. P.; SHEN, L. **The Sage Handbook of Persuasion:** Developments in Theory and Practice. 2. ed. Thousand Oaks (EUA): SAGE, 2012. p. 200-219.

BOLÍVIA. **Constuição Política do Estado**. La Paz. 2009.

BOYD, D. M.; ELLISON, N. B. Social Network Sites: Definition, History. **Journal of Computer-Mediated Communication**, 2008.

BRACHA, O.; PASQUALE, F. Federal Search Commision: Access, Fairness, and Accountability in the Law of Search. **Cornell Law Review**, p. 1149-1210, 2020. Disponivel em: <https://heinonline.org/HOL/P?h=hein.journals/clqv93&i=1161>. Acesso em: 3 Novembro 2020.

BRANDTZAEG, P. B. et al. Emerging Journalistic Verification Practices Concerning Social Media. **Journalism Practice**, 10, 2016. 323-342. Disponivel em: <https://doi.org/10.1080/17512786.2015.1020331>. Acesso em: 24 Junho 2020.

BRASIL. **Lei n. 9.504**. Congresso Nacional. Brasília. 1997.

BRASIL. **Lei n. 12.965**. Congresso Nacional. Brasília-DF. 2014.

BRASIL. **TIC Governo Eletrônico: Pesquisa sobre o uso das tecnologias de informação e comunicação no setor público brasileiro**. Comitê Gestor da Internet no Brasil. Brasília. 2017.

BRASIL. **Lei n. 13.709**. Congresso Nacional. Brasília-DF. 2018.

BRASIL. **Projeto de Lei da Câmara dos Deputados n. 2630**. Congresso Nacional. Brasília. 2020.

BRUSTEIN, J. Social Media App Parler, a GOP Darling, Isn't Catching On. **Bloomberg**, 15 Julho 2020. Disponivel em: <https://www.bloomberg.com/news/newsletters/2020-07-15/social-media-app-parler-a-gop-darling-isn-t-catching-on>. Acesso em: 16 Julho 2020.

BUCCI, E. Televisão brasileira e ditadura militar: tudo a ver com o que está aí hoje. **Rumores**, São Paulo, 10, julho/dezembro 2016. 172-193.

BUCHER, T. **Algorithmic Power and Politics**. Kindle. ed. Oxford: Oxford University Press, 2018.

BURROUGHS, B. House of Netflix: Streaming media and digital lore. **Popular Communication**, v. 17, p. 1-17, Fevereiro 2018. Disponivel em: <https://www.tandfonline.com/doi/full/10.1080/15405702.2017.1343948?casa_token=Vv6dSHbLw9sAAAAA%3Acw3LtZJuJpnH7Opmxly4BNE6uDVFJ4nmKbR6R8IzgSa26gMPsVMJPb5hkGOZvJk-mZZaca3HGimUUOs>. Acesso em: 24 Julho 2020.

CABRAL, E. D. T. Mídia Concentrada no Brasil: Até Quando? **Revista Latinoamericana de Ciencias de la Comunicación**, 13, 2017.

CABRAL, E. D. T. **Concentração midiática diante da democratização da comunicação e da diversidade cultural: análise das estratégias dos grandes conglomerados**. Fundação Casa de Rui Barbosa. Rio de Janeiro. 2019.

CALDERON, A. **Fake Antitrust?: Fact Checking on the Alleged Competition Law Case Against Social Media (Facebook) for the Proliferation of Fake News**. [S.l.]. 2020.

CALIXTO, D. D. O. **Memes na internet: entrelaçamento entre educomunicação, cibercultura e a zoeira de estudantes nas redes sociais**. Universidade de São Paulo. São Paulo. 2017.

CAMARGO, R. A. L. Liberdade de Expressão e Manifesatação do Pensamento. **Espaço Jurídico**, Joaçaba, v. 13, p. 67-90, Jan/Jun 2012.

CARR, C.; HAYES, R. Social Media: Defining, Developing, and Divining. **Atlantic Journal of Communication**, 11 Setembro 2014. 46-65.

CASTELLS, M. **Communication Power**. Oxford: Oxford University Press, 2009.

CASTELLS, M. Communication Power: Mass Communication, Mass Self-Communication and Power Relationships in the Network Society. In: CURRAN, J.; HERSMONDHALGH, D. **Media and Society**. Nova Iorque: Bloomsbury Academic, 2010. p. 83-97.

CASTRO, A. C. D. A. A criminalização da política nos dias de hoje. **Revista Brasileira de Direito Eleitoral - RBDE**, Belo Horizonte, jul/dez 2017. 13-22. Disponível em: <http://www.mpsp.mp.br/portal/page/portal/documentacao_e_divulgacao/doc_biblioteca/bibli_servicos_produtos/bibli_informativo/bibli_inf_2006/RBras-Dir-Eleitoral_n.17.01.pdf>. Acesso em: 23 mar. 2020.

CASTRO, J. C. L. D. Máquinas de guerra híbrida em plataformas algorítmicas. **Compós**, v. 23, p. 1-29, 2020. ISSN 1808-2599. Acesso em: 18 Setembro 2020.

CASTRO, R. A. A. D. O emprego da guerra híbrida pela Rússia no conflito da Ucrânia. **A Defesa Nacional**, Brasília, v. 841, p. 46-61, 2019.

CAVALCANTE NETO, J. D. L. **Getúlio (195-1954):** Da volta pela consagração popular ao suciídio. Kindle. ed. São Paulo: Companhia das Letras, 2012.

CHAPPLE, C. TikTok Crosses 2 Billion Downloads After Best Quarter For Any App Ever. **SensorTower Blog**, 2020. Disponível em: <https://sensortower.com/blog/tiktok-downloads-2-billion>. Acesso em: 14 Julho 2020.

CIESLAK, M. et al. Colours of Domestication. **Biol. Rev**, v. 86, p. 885-899, 2011. Acesso em: 29 Setembro 2020.

CLEMENT, J. **Countries with the most Facebook users 2020**. Statista. [S.l.]. 2020.

CLÈVE, C. A Eficácia dos Direitos Fundamentais Sociais. **Revista de Direito Constitucional e Internacional**, v. 54, Janeiro 2006.

CODDING JR, G. A. **La radiodiffusion dans le monde**. Paris: Unesco, 1959.

COMISSÃO PERMANENTE DE DIREITO À COMUNICAÇÃO E À LIBERDADE DE EXPRESSÃO. **Relatório Final: Violações de direitos humanos na mídia brasileira**. Conselho Nacional dos Direitos Humanos. Brasília, p. 27. 2016.

CONGRESSO NACIONAL. **Requerimento CN n. 11, de 2019**. Congresso Nacional. Brasília.

CONSELHO DA EUROPA. **Convenção para a Protecção dos Direitos do Homem e das Liberdades Fundamentais**. Roma. 1950.

CONSELHO DA EUROPA. **Acórdão na Aplicação n. 13585/88**. Corte Europeia de Direitos Humanos. [S.l.]. 1990.

CONSELHO DA EUROPA. **Acórdão n. 2872/02, K.U. vs. Finlândia**. Corte Europeia de Direitos do Homem. [S.l.]. 2008.

CONSELHO DA EUROPA. **Recomendação CM/Rec (2011) 7**. Comitê de Ministros. [S.l.]. 2011.

CONSELHO DA EUROPA. **Recomendação CM/Rec (2014) 6 sobre o Guia dos Direitos Humanos para os Utilizadores da Internet**. Comitê de Ministros. [S.l.]. 2014.

CONSELHO DA EUROPA. **Acórdão n. 64569/09, Delfi v. Estonia**. Tribunal Europeu dos Direitos do Homem, Grande Câmara. [S.l.]. 2015.

CONSELHO DA EUROPA. **Fuchsmann vs. Germany, Application n. 71233/13**. Corte Europeia de Direitos Humanos. Estrasburgo. 2017.

COSTANZO, P. Il blog tra vocazione libertaria della Rete e limiti costituzionali della manifestazione del pensiero. **Informatica e diritto**, v. 17, p. 57-71, 2008. Disponivel em: <http://www.ittig.cnr.it/EditoriaServizi/AttivitaEditoriale/InformaticaEDiritto/IeD2008_1-2_Costanzo.pdf>. Acesso em: 20 Agosto 2020.

COTTER, K. Playing the visibility game: How digital influencers and algorithms negotiate influence on Instagram. **new media & society**, 21, 2019. 895-913. Disponivel em: <https://journals.sagepub.com/doi/pdf/10.1177/1461444818815684>. Acesso em: 13 Julho 2020.

COUTINHO, M. Relevância e audiência: a importância do capital social. In: FERNANDES, M. **Do Broadcast ao Socialcast**. São Paulo: Bites, 2009. p. 49-54.

COVINGTON, P.; ADAMS, J.; SARGIN, E. Deep Neural Networks for Youtube Recommendations. **RecSys**, Boston, Estados Unidos da América, 16, 2016. 15-19.

CROUCH, C. **Post-democracy**. Cambridge (Reino Unido): Polity Press, 2004.

DANTAS, A. D. B. V.; GONÇALVES, C. F. O. Liberdade de Expressão e Direito à Informação: Os Limites da Atividade Jornalística sob a Ótiva do STF e do STJ. **Revista Opinião Jurídica**, Fortaleza, 18, jan/jun 2016. 89-118.

DAS, A. Chilling Social Media: Warrantless Border Searches of Social Media Accounts Infringe upon the Freedom of Association and the Freedom to Be Anonymous under the First Ammendment. **Brooklyn Law Review**, v. 84, p. 1287-1320, 2019. Disponivel em: <https://brooklynworks.brooklaw.edu/blr/vol84/iss4/5 >. Acesso em: 11 Agosto 2020.

DATAFOLHA. Grau de confiança nas instituições, São Paulo, julho 2019. Disponivel em: <http://media.folha.uol.com.br/datafolha/2019/07/10/9b9d682bfe0f1c6f228717d59ce49fdfci.pdf>.

DATASENADO. **Pesquisa sobre redes sociais, notícias falsas e privacidade de dados na Internet**. Senado Federal. Brasília-DF, p. 113p. 2019.

DEVITO, M. A. From Editors to Algorithms. **Digital Journalism**, 5, 12 Maio 2017. 753-773. Disponivel em: <https://www.tandfonline.com/doi/full/10.1080/21670811.2016.1178592?casa_token=T5rlygX_KswAAAAA%3AOGROWQ2tbIXVGZu8x3s-o2uxq6B_kUPX_st2SOL6DfuAbOshMZBglftuV5UszM0qS83MRXlwbckhBxg>. Acesso em: 3 julho 2020.

DIETRICH, A. M. **Caça às suásticas:** O Partido Nazista em São Paulo sob a mira da polícia política. São Paulo: Humanitas/Fapesp/Imesp, 2007.

DONATO, G. Il potere senza responsabilità dei social media nelle campagne elettorali. **Media Laws: Rivista di Diritto dei Media**, Julho 2020. Disponivel em: <http://www.medialaws.eu/rivista/il-potere-senza-responsabilita-dei-social-media-nelle-campagne-elettorali/#_ftn22>. Acesso em: 20 Agosto 2020.

DREYFUSS, E. The Wikipedia for Spies - And Where It Goes From HEre. **Wired**, Outubro 2017. Disponivel em: <https://www.wired.com/2017/03/intellipedia-wikipedia-spies-much/>. Acesso em: 21 Julho 2020.

ERKSTRAND, V. S.; HEYARAM, S. I. Our Founding Anonymity: Anonymous Speech during the Constitutional Debate. **American Journalism**, v. 28, p. 35-60, 2013. Acesso em: 31 Agosto 2020.

ESTADO DE S. PAULO. 5G no Brasil. **Estadão**, São Paulo, Fevereiro 2020. Disponivel em: <https://opiniao.estadao.com.br/noticias/notas-e-informacoes,5g-no-brasil,70003190780>. Acesso em: 9 Junho 2020.

ESTADOS UNIDOS DA AMÉRICA. **Buckley v. Valeo, 424 US**. Suprema Corte dos Estados Unidos. Washington. 1976.

ESTADOS UNIDOS DA AMÉRICA. **First National Bank of Boston v. Bellotti, 435 U.S. 765**. Suprema Corte dos Estados Unidos. Washington. 1978.

ESTADOS UNIDOS DA AMÉRICA. **Austin v. Michigan Chamber of Commerce, 494 U.S. 652**. Suprema Corte dos Estados Unidos. Washington. 1990.

ESTADOS UNIDOS DA AMÉRICA. **McIntyre v. Ohio Election Commission 514 U. S. 334**. Suprema Corte dos Estados Unidos. Washington. 1994.

ESTADOS UNIDOS DA AMÉRICA. **Communications Decency Act of 1995**. Congresso dos Estados Unidos. Washington. 1995.

ESTADOS UNIDOS DA AMÉRICA. **Citizens United v. Federal Election Commission, 558 U.S. 310**. Suprema Corte. Washington DC. 2010.

ESTADOS UNIDOS DA AMÉRICA. **Packingham v. North Carolina, 15-1194**. Suprema Corte dos Estados Unidos. Washington. 2017.

ESTADOS UNIDOS DA AMÉRICA. **Department of Justice's Review of Section 230 of the CDA of 1996**. Departamento de Justiça dos Estados Unidos. [S.l.]. 2020.

ESTADOS UNIDOS DA AMÉRICA. The Library of Congress. **The Federalist Papers**, 2020. Disponivel em: <https://www.loc.gov/rr/program//bib/ourdocs/federalist.html>. Acesso em: 12 Agosto 2020.

ESTADOS UNIDOS DA AMÉRICA. **Tiktok Inc v. Donald J. Trump, 1:20-cv-02658-CJN**. Corte Distrital do Distrito de Colúmbia. Washington Dc. 2020.

ESTADOS UNIDOS DA AMÉRICA. **Executive Order on Addressing the Threat Posed by TikTok**. Presidência dos Estados Unidos. Washington. 2020a.

ESTADOS UNIDOS DA AMÉRICA. **Executive Order Regarding the Acquisition of Musical.Ly by ByteDance Ltd**. Presidência dos Estados Unidos. Washington. 2020b.

FACEBOOK. **Updates to Video Ranking**. [S.l.]. 2019.

FACEBOOK. **Facebook Transparency**. [S.l.]. 2020a.

FACEBOOK. Quais nomes são permitidos no Facebook. **Central de Ajuda**, 2020b. Disponivel em: <https://www.facebook.com/help/112146705538576?ref=ccs>. Acesso em: 7 Setembro 2020.

FACEBOOK. Representação falsa. **Padrões da Comunidade**, 2020c. Disponivel em: <https://www.facebook.com/communitystandards/misrepresentation>. Acesso em: 7 Setembro 2020.

FACEBOOK. Como funciona o Feed de Notícias. **Facebook**. Disponivel em: <https://www.facebook.com/business/help/718033381901819?id=208060977200861>. Acesso em: 7 Julho 2020.

FAGAN, F. Systemic Social Media Regulation. **Duke Law Review**, v. 16, p. 393-439, 2017-2018. Disponivel em: <https://heinonline.org/HOL/P?h=hein.journals/dltr16&i=379>. Acesso em: 18 Agosto 2020.

FAKHFAKH, R.; AMMAR, A. B.; AMAR, C. B. Deep Learning-Based Recommendation: Current Issues and Challenges. **International Journal of Advanced Computer Science and Applications**, 8, 2017. 59-68.

FALLETTA, P. Controlli e responsabilità dei social network sui discorsi d'odio online. **Media Laws: Rivista di Diritto dei Media**, v. 4, 2020. Disponivel em: <http://www.medialaws.eu/rivista/controlli-e-responsabilita-dei-social-network-sui-discorsi-dodio-online/>. Acesso em: 21 Agosto 2020.

FEINGOLD (ORG.), R. **Fake News and Misinformation: The roles of the nation's digital newsstands, Facebook, Google, Twitter and Reddit**. Stanford Law School Law and Policy Lab. [S.l.]. 2017.

FELD, H. **The Case for the Digital Platform Act:** Market Structure and Regulation of Digital Platforms. Nova Iorque: Roosevelt Institute, 2019. Disponivel em: <https://www.publicknowledge.org/assets/uploads/

documents/Case_for_the_Digital_Platform_Act_Harold_Feld_2019.pdf>. Acesso em: 3 Novembro 2020.

FEREIRA FILHO, M. G. **Direitos Humanos Fundamentais**. 13. ed. São Paulo: Saraiva, 2011.

FERNANDES, A. D. G. **Meios de comunicação social no Brasil: promoção do pluralismo, direito concorrencial e regulação**. Universidade de São Paulo. São Paulo. 2009.

FERRAZ JUNIOR, T. S. **Teoria da Norma Jurídica**. 4. ed. Rio de Janeiro: Forense, 2006.

FERREIRA FILHO, M. G. **Curso de Direito Constitucional**. 39. ed. São Paulo: Saraiva, 2013.

FERREIRA, A. Pluralismo político e mídia. Democracia possível ou impositiva? **Revista de Ciências Sociais**, Fortaleza, 2002. 61-71.

FIORILLO, C. A. P.; FULLER, G. P. O direito de antena no Brasil em face das novas tecnologias na sociedade da informação.. **Revista Brasileira de Direito IMED**, v. 13, p. 25-44, 2017.

FISHER, M.; TAUB, A. How Youtube Radicalized Brazil. **The New York Times**, Nova Iorque, 11 Agosto 2019. Disponivel em: <https://www.nytimes.com/2019/08/11/world/americas/youtube-brazil.html>.

FOX, J. Confronting Lord Haw-Haw: Rumor and Britain's Wartime Anti-Lies Bureau. **The Journal of Modern History**, v. 91, p. 74-108, Março 2019. Disponivel em: <10.1086/701579>. Acesso em: 6 Outubro 2020.

FRANCA FILHO, M. T. Comentário aos artigos 220 a 224. In: MORAES, A. D.; ET. AL. **Constituição Federal Comentada**. Rio de Janeiro: Forense, 2018. p. 1500-1511.

FRANCISQUINI, R. **Democracia, liberdade de expressão e o valor equitativo das liberdades counicativas**. Universidade de São Paulo. Faculdade de Filosofia, Letras e Ciências Humanas. Departamento de Ciência Política. São Paulo, p. 296. 2014.

FREEDOM HOUSE. **Freedom in the World 2021 Methodology**. [S.l.]. 2021.

FULLER, G. P.; BARRETO JUNIOR, I. Desinformação e Covid-19 no Brasil: desafios e limites do enquadramento penal da disseminação de notícias falsas. In: LIMA, F. R. D. S., et al. **Covid-19 e os Impactos no Direito**. São Paulo: Almedina, 2020. p. 39-52.

GADELHO JUNIOR, M. D. **Liberdade de informação jornalística e o papel circundante do Estado**. Faculdade de Direito da Universidade de São Paulo. São Paulo. 2014.

GALEGALE, B. **Mediação cultural no âmbito da WEB 2.0: Interatividade, participação e experiência**. Universidade de São Paulo. São Paulo, p. 122. 2017.

GALF, R.; MATTOSO, C.; SETO, G. Decisão de Moraes contra perfis de bolsonaristas extrapola jurisdição e abre precedente para conflitos. **Folha de S. Paulo**, São Paulo, 31 Julho 2020. Disponivel em: <https://www1.folha.uol.com.br/poder/2020/07/decisao-de-moraes-contra-perfis-de-bolsonaristas-extrapola-jurisdicao-e-abre-precedente-para-conflitos.shtml>. Acesso em: 12 Outubto 2020.

GAUDEMET, P. M. Le régime de la radiodiffusion et de la televisión en France. **International Review of Administrative Sciences**, 31, 1965. 15-23.

GERALDIN, D.; KATSIFIS, D. **Tilec Discussion Paper**, p. 1-46, Outubro 2019. Disponivel em: <http://ssrn.com/abstract=3465780>. Acesso em: 3 Novembro 2020.

GERMANO, L. P. R. **Direito de Resposta**. Porto Alegre: Livraria do Advogado, 2018.

GILLEPSIE, T. Can an Algorithm be Wrong? **Limn**, 2, 2012. Disponivel em: <https://escholarship.org/uc/item/0jk9k4hj>. Acesso em: 10 Julho 2020.

GILLEPSIE, T. The relevance of algorithms. In: GILLEPSIE, T.; BOCZKOWSKI, P. J.; FOOT, K. A. **Media Technologies:** Essays on communications, materiality and society. Cambridge (Estados Unidos): The MIT Press, 2014. p. 167-194.

GLOBO. Ministro Alexandre de Moraes rebate críticas a inquérito aberto por Toffoli. **Jornal Nacional**, Rio de Janeiro, Março 2019. Disponivel em: <https://g1.globo.com/jornal-nacional/noticia/2019/03/19/ministro-alexandre-de-moraes-rebate-criticas-a-inquerito-aberto-por-toffoli.ghtml>.

GOETA, A. **Libero Badaró**. Versão digital. ed. São Paulo: Estabelecimento Gráfico E. Cupolo, 1944. Disponivel em: <http://www.ebooksbrasil.org/adobeebook/badaro.pdf>.

GUEDES, M. S. Os impactos do efeito bolha causado pelos algoritmos do Facebook para o direito de resposta. **Boletim Científico da Escola Superior do Ministério Público da União**, jul/dez 2017. 67-85.

HABERMAS, J. **Mudança estrutural na esfera pública**. Tradução de Denilson Luis Werle. São Paulo: Unesp, 2014.

HAMILTON, I. A. Sheryl Sandberg said she worries about TikTok because it got huge faster than Facebook did. **Business Insider**, Fevereiro 2020. Disponivel em: <https://www.businessinsider.com/sheryl-sandberg-said-she-worries-about-tiktok-2020-2>. Acesso em: 14 Julho 2020.

HELLMAN, D. Measuring Algorithmic Fairness. **Virginia Law Review**, v. 106, p. 811-866, Junho 2020. Disponivel em: <https://heinonline.org/HOL/P?h=hein.journals/valr106&i=823>. Acesso em: 3 Novembro 2020.

HERN, A. Revealed: how TikTok censors videos that do not please Beijing. **The Guardian**, Londres, Setembro 2019. Disponivel em: <https://www.

theguardian.com/technology/2019/sep/25/revealed-how-tiktok-censors-videos-that-do-not-please-beijing>. Acesso em: 14 Julho 2020.

HESSE, K. **Temas fundamentais de direito constitucional**. Tradução de Carlos dos Santos Almeida; GIlmar Ferreira Mendes e Inocêncio Mártires Coelho. São Paulo: Saraiva, 2009.

HOUAISS, A. **Grande Dicionário Houaiss**. Rio de Janeiro: Objetiva, 2001. Disponivel em: <https://houaiss.uol.com.br/>.

HOUSTON, J. B.; HANSEN, G. J.; NISBETT, G. S. Influence of User Comments on Perceptions of Media Bias and Third-Person Effect in Online News. **Electronic News**, v. 5, p. 79-92, 2011. Acesso em: 28 Julho 2020.

HOWARD, P. N. Let's Nationalize Facebook. **Slate**, 16 Agosto 2012. Disponivel em: <https://slate.com/technology/2012/08/facebook-should-be-nationalized-to-protect-user-rights.html>. Acesso em: 3 Novembro 2020.

HUBBARD, S. **Fake News is a Real Antitrust Problem**. Competition Policy International. [S.l.]. 2017.

HWANG, T. **Dealing with Disinformation: Evaluating the Case for CDA 230 Amendment**. Massachussetts Institute of Technology Media Laboratory. [S.l.], p. 40. 2017.

INSTAGRAM. Instagram para Empresas. **Facebook for Business**, 2020. Disponivel em: <https://www.facebook.com/business/marketing/instagram#>. Acesso em: 13 Julho 2020.

INSTAGRAM. Termos de uso. **Central de Privacidade e Segurança do Instagram**, 2020. Disponivel em: <https://help.instagram.com/581066165581870/?helpref=hc_fnav&bc[0]=Ajuda%20do%20Instagram&bc[1]=Central%20de%20Privacidade%20e%20Seguran%C3%A7a>. Acesso em: 13 Julho 2020.

INTRONA, L. D.; NISSENBAUM, H. Shaping the Web: Why the Politics of Search Engines Matters. **The Information Society**, v. 16, p. 169-185, 2000. Acesso em: 10 Novembro 2020.

IPSOS. **Human Rights in 2018: A Global Survey**. Nova Iorque. 2018.

ISHIBASHI JUNIOR, A. T.; SERRANO, P. E. A. P. A Ideologia na Sociedade de Dados: A Função dos Algoritmos no Direcionamento Político-Ideológico. **Revista Santa Rita**, São Paulo, Dezembro 2019. 6-15.

ITÁLIA. **Constituição da República Italiana: edição em língua portuguesa**. Senado da República. Roma. 1947.

ITÁLIA. **Sentença n. 59**. Corte Constitucional da Itália. Roma. 1960.

ITÁLIA. **Sentença n. 225**. Corte Constitucional da Itália. Roma. 1974.

JAMBEIRO, O. **A TV no Brasil do Século XX**. Salvador: UFBA, 2002.

JESUS, W. M. D. As funções dos tipos textuais no interior do gênero discurso de propaganda. **Revista Brasileira de Linguistica Aplicada**, Belo Horizonte, v. 10, p. 539-553, 2010. Acesso em: 2 Abril 2021.

KAPLAN, A.; HAENLEIN, M. Users of the world, unite! The challenges and opportunities of Social Media. **Business Horizons**, Bloomington, 2010. 59-68. Disponivel em: <https://www.researchgate.net/publication/222403703_Users_of_the_World_Unite_The_Challenges_and_Opportunities_of_Social_Media>.

KIM, Y. M. et al. The Stealth Media? Groups and Targets Behind Divisive Issue Campaigns on Facebook. **Political Communication**, 38, Julho 2018. 515-541. Disponivel em: <https://www.tandfonline.com/doi/full/10.1080/10584609.2018.1476425>. Acesso em: 17 Julho 2020.

KIMMELMAN, G.; COOPER, M.; HERRERA, M. The Failure of Competition under the 1996 Telecommunications Act. **Federal Communications Law**

**Journal**, v. 58, p. 511-518, 2006. Disponivel em: <https://heinonline.org/HOL/P?h=hein.journals/fedcom58&i=523>. Acesso em: 17 Agosto 2020.

KOLESKI, F. L. **Defesa da concorrência na TV por assinatura.** Universidade de Brasília. Brasília. 2010.

KOUPAEE, M.; WANG, W. Y. **WikiHow: A Larga Scale Text Summarization Dataset.** Universidade Cornell. [S.l.]. 2018.

KUCZERAWY, A. Fighting online disinformation: did the EU Code of Practice forget about freedom of expression? In: KUżELEWSKA, E., et al. **Disinformation and Digital Media as a Challenge for Democracy.** Cambridge (Reino Unido): Intersentia, v. 6, 2020. p. 291-306.

KUNCZIK, M. **Conceitos de Jonalismo:** Norte e Sul. Tradução de Rafael Varela Jr. 2. ed. São Paulo: Editora da Universidade de São Paulo, 2002.

LANZA, E. L'Informazione Televisiva Tra Concorrenza e Pluralismo. In: CIANCIO, A. **Il pluralismo alla prova dei nuovi mezzi di comunicazione.** Turim: G. Giappichelli, 2012. p. 39-65.

LAUX, F. D. M. **O erro da censura de "postagens anônimas" na internet.** Dissenso.org. [S.l.]. 2018.

LAZER, D. M. J. et al. The science of fake news. **Science**, v. 359, p. 1094-1096, Março 2018.

LEAL, P. C. A Guera Híbrida: Reflexos para o Sistema de Defesa do Brasil. **Doutrina Militar Terrestre**, Brasília, v. 4, p. 6-17, Jan/Jun 2016. Disponivel em: <http://ebrevistas.eb.mil.br/index.php/DMT/article/view/722>. Acesso em: 18 Setembro 2020.

LEAL, P. M. V. Um olhar histórico na formação e sedimentação da TV no Brasil. **História da mídia: mídias alternativas e alternativas midiáticas,**

Fortaleza, agosto 2009. Disponivel em: <http://www.ufrgs.br/alcar/encontros-nacionais-1/encontros-nacionais/7o-encontro-2009-1/Um%20olhar%20historico%20na%20formacao%20e%20sedimentacao%20da%20TV%20no%20Brasil.pdf>. Acesso em: 16 junho 2020.

LEE, E.-J. That's Not the Way It Is: How User-Generated Comments on the News Affect Perceived Media Bias. **Journal of Computer-Mediated Communication**, v. 18, n. 1, p. 32-45, Outubro 2012. Disponivel em: <https://academic.oup.com/jcmc/article/18/1/32/4067495>. Acesso em: 27 Julho 2020.

LEE, E.-J.; JANG, Y. J. What Do Others' Reactions to News on Internet Portal Sites Tell Us? Effects of Presentation Format and Readers' Need for Cognition on Reality Perception. **Communication Research**, v. 37, n. 6, p. 825-846, Julho 2010. Disponivel em: <https://journals.sagepub.com/doi/10.1177/0093650210376189>. Acesso em: 27 Julho 2020.

LEE, N. Y.; KIM, Y.; SANG, Y. How do journalists leverage Twitter? Expressive and consumptive use of Twitter. **The Social Science Journal**, 9 Dezembro 2017. Disponivel em: <https://www.tandfonline.com/doi/full/10.1016/j.soscij.2016.09.004?casa_token=fLMfpnOdUogAAAAA%3Ad4WJENEwAfHWQIXIs5PxbWZWmmTZqoyTe3OdsdbmDN_mQ51dF60Z7x-wj5ru3tRXP_8XMeXeKTWDNek>. Acesso em: 9 Julho 2020.

LEIBOWITZ, Z. Terror on Your Timeline: Criminalizing Terrorist Incitement on Social Media Through Doctrinal Shift. **Fordham Law Review**, v. 86, p. 795-824, 2017. Disponivel em: <https://ir.lawnet.fordham.edu/flr/vol86/iss2/17 >. Acesso em: 12 Agosto 2020.

LEIPART, M. **"Detecting Filter Bubbles" Consuming Political Content in you News Feed: An Experimental Study of the News Feed Algorithm**. Universidade de Oslo. Oslo, p. 127. 2019.

LEIRNER, P. Hybrid warfare in Brazil: The highest stage of the military insurgency. **Journal of Ethnografic Theory**, Chicago, p. 1-21, 2020. Disponivel em: <10.1086/708680>. Acesso em: 16 Setembro 2020.

LEONARDI, M. **Responsabilidade Civil dos Provedores de Serviços de Internet**. [S.l.]: [s.n.], 2005. Disponivel em: <http://leonardi.adv.br/wp-content/uploads/2011/04/mlrcpsi.pdf>. Acesso em: 28 Setembro 2020.

LESKIN, P. Here are all the major US tech companies blocked behind China's 'Great Firewall. **Business Insider**, Outubro 2019. Disponivel em: <https://www.businessinsider.com/major-us-tech-companies-blocked-from-operating-in-china-2019-5>. Acesso em: 15 Julho 2020.

LEVI, L. Social Media and The Press. **North Carolina Law Review**, v. 90, p. 1531-1596, 2012. Disponivel em: <https://heinonline.org/HOL/Page?handle=hein.journals/nclr90&id=1543&collection=journals&index=>. Acesso em: 6 Agosto 2020.

LEVY, P. **Cibercultura**. 3ª. ed. São Paulo: Editora 34, 1999.

LEWIS, S. C.; SANDERS, A. K.; CARMODY, C. Libel by Algorithm? Automated Journalism and the Threat of Legal Liability. **Journalism & Mass Communication Quarterly**, v. 96, p. 60-81, 2018. Acesso em: 13 Agosto 2020.

LINKEDIN. The AI Behind LinkedIn Recruiter search and recommendation systems. **LinkedIn Engineering**, 2019. Disponivel em: <https://engineering.linkedin.com/blog/2019/04/ai-behind-linkedin-recruiter-search-and-recommendation-systems>. Acesso em: 14 Julho 2020.

LINKEDIN. What's in your LinkedIn Feed: People You Know, Talking About Things You Care About. **Linkedin Pressromm**, 2019. Disponivel em: <https://news.linkedin.com/2019/January/what-s-in-your-linkedin-feed--people-you-know--talking-about-thi>. Acesso em: 13 Julho 2020.

LINKEDIN. Statistics. **LinkedIn Pressroom**, 2020. Disponivel em: <https://news.linkedin.com/about-us#1>. Acesso em: 14 Julho 2020.

LINKEDIN. Understanding dwell time to improve LinkedIn feed ranking. **LinkedIn Engineering**, 2020. Disponivel em: <https://engineering.linkedin.com/blog/2020/understanding-feed-dwell-time>. Acesso em: 14 Julho 2020.

LOTZ, A. Amazon, Google and Facebook warrant antitrust scrutiny for many reasons - not just because they're large. **The Conversation**, p. 1-5, Junho 2019. Disponivel em: <https://eprints.qut.edu.au/131029/>. Acesso em: 18 Agosto 2020.

MACHADO, A. C. D. C.; FERRAZ, A. C. D. C. **Constituição Federal interpretada**. 12. ed. [S.l.]: Manole, 2021. Disponivel em: <https://integrada.minhabiblioteca.com.br/#/books/9786555763751/>. Acesso em: 5 Abril 2021.

MARINONI, B. Concentração dos meios de comunicação de massa e o desafio da democratização da mídia no Brasil. **Intervozes**, Novembro 2015. 1-27.

MARSDEN, C.; MEYER, T.; BROWN, I. Platform values and democratic elections: How can the law regulate digital disinformation? **Computer Law & Security Review**, v. 36, 2020. Acesso em: 2 Setembro 2020.

MARTIN, N. **Information Verification in the Age of Digital Journalism**. Special Libraries Association. [S.l.]: [s.n.]. 2014.

MARTIN, N. Journalism, the Pressures of Verification and Notions of Post-Truth in Civil Society. **Cosmopolitan Civil Societies: An Interdisciplinary Jorunal**, 9, 2017. 41-55. Disponivel em: <https://epress.lib.uts.edu.au/index.php/mcs/article/view/5476>. Acesso em: 4 Junho 2020.

MARTINEZ, A. G. How Trump Conquered Facebook Without Russian Ads. **Wired**, 2 Fevereiro 2018. Disponivel em: <https://www.wired.com/story/how-trump-conquered-facebookwithout-russian-ads/>. Acesso em: 18 Julho 2020.

MASNICK, M. Ted Cruz Demands A Return Of The Fairness Doctrine, Which He Has Mocked In The Past, Due To Misunderstanding CDA 230. **Techdirt**, 2018. Disponivel em: <https://www.techdirt.com/articles/20180412/23230639618/ted-cruz-demands-return-fairness-doctrine-which-he-has-mocked-past-due-to-misunderstanding-cda-230.shtml>. Acesso em: 13 Agosto 2020.

MAXIMILIANO, C. **Hermenêutica e Aplicação do Direito**. 8ª. ed. Rio de Janeiro: Freitas Bastos, 1965.

MCGREGOR, S. Social media as public opinion: how journalists use social media to represent public opinion. **Journalism**, v. 20, p. 1070-1086, 2019. Acesso em: 3 Novembro 2020.

MCGREGOR, S.; MOLYNEUX, L. Twitter's influence on news judgment: An experiment among journalists. **Journalism**, 21, 2020. 597-613. Disponivel em: <https://journals.sagepub.com/doi/metrics/10.1177/1464884918802975#articleCitationDownloadContainer>.

MCQUAIL, D. **Atuação da Mídia:** Comunicação de Massa e Interesse Público. Porto Alegre: Penso, 2011.

MESENZAHL, M. US government agencies are banning TikTok, the social media app teens are obsessed with, over cybersecurity fears — here's the full list. **Business Insider**, Fevereiro 2020. Disponivel em: <https://www.businessinsider.com/us-government-agencies-have-banned-tiktok-app-2020-2?r=US&IR=T>. Acesso em: 14 Julho 2020.

MILICIO, G. Ministro defende órgão de auto-regulamentação pela imprensa. **Revista Consultor Jurídico**, São Paulo, 19 Maio 2008. Disponivel em: <https://www.conjur.com.br/2008-mai-19/ministro_defende_auto-regulamentacao_imprensa.>. Acesso em: 19 Março 2021.

MIRANDA, J. **Liberdade de Comunicação Social e Serviço Público de Rádio e Televisão**. Lisboa: ICJP, 2014. Disponivel em: <https://www.icjp.pt/sites/default/files/papers/jm785_liberdade_de_comunicacao_social.pdf>. Acesso em: 24 Junho 2021.

MONTI, M. Le Internet platforms, il discorso pubblico e la democrazia. **Quaderni costituzionali**, v. 4, p. 811-840, Dezembro 2019. Acesso em: 27 Agosto 2020.

MONTI, M. La disinformazione online, la crisi del rapporto pubblico-esperti e il rischio della privatizzazione della censura nelle azioni dell'Unione Europea. **Federalismi.it**, v. 11, p. 282-305, Abril 2020. ISSN 1826-3534.

MORAES, A. D. **Direitos Humanos Fundamentais**. 12. ed. São Paulo: Atlas, 2021.

MORAIS, M. E. S. N. P.; SILVA, L. A. F. Definindo os limites constitucionais da liberdade de manifestação do pensamento: a polêmica acerca da proibição do uso de máscaras em manifestações públicas. **Revista Brasileira de Filosofia do Direito**, Curitiba, Dezembro 2016. 37-52.

MOREIRA, V. **O direito de resposta na comunicação social**. Coimbra (Portugal): Coimbra Editora, 1994.

MORESO, J. J. La construcción de los conceptos en la ciencia juridica. **Anuario de filosofia del derecho**, p. 363-384, 1995. ISSN 0518-0872.

MORGAN, C. J. The Silencing Power of Algorithms: How the Facebook News Feed Algorithm Manipulates Users' Perceptions of Opinion Climates. **University Honor Theses**, Portland, 2019.

MOROZOV, E. **Big Tech**. São Paulo: Ubu, 2018.

MORTON (ORG), F. S. **Market Structure and Antitrust Subcommittee**. The University of Chicago Booth School of Business. Chicago, p. 1-100. 2019.

MOUTA, L. F. P. D. O. Direito à comunicação social: a regulamentação do art. 222, § 3º da CF/1988. **Revista de Direito Constitucional e Internacional**, São Paulo, v. 20, p. 61-73, Outubro/dezembro 2012. Disponivel em: <ttps://dspace.almg.gov.br/handle/11037/32328. >. Acesso em: 3 Julho 2019.

NITRINI, R. V. **Liberdade de informação e proteção ao sigilo de fonte: desafios constitucionais na era da informação digital**. Universidade de São Paulo. Faculdade de Direito. São Paulo, p. 118 p. 2013.

NORRIS, P. Watchdog Journalism. In: BOVENS, M.; GOODIN, R. E.; SCHILLEMANS, T. **The Oxford Handbook of Public Accountability**. [S.l.]: [s.n.], 2014. p. 525-544.

NYIALASY, G. Fake news: When the dark side of persuasion takes over. **International Journal of Advertising**, v. 38, p. 336-342, 2019. Acesso em: 30 Março 2021.

O ESTADO DE S. PAULO. Sobre regulações e controles, São Paulo, 12 Novembro 2010.

OBAR, J. A.; WILDMAN, S. Social Media Definition and the Governance Challenge: an Introduction to the Special Issue. **Telecommunications Policy**, 22 Julho 2015. 745-750.

O'KEEFE, D. **Persuasion:** theory and research. 3. ed. Los Angeles (EUA): Sage, 2015.

OREMUS, W. Who Controls Your Facebook Feed. **Slate**, 2016. Disponivel em: <http://www.slate.com/articles/technology/cover_story/2016/01/how_facebook_s_news_feed_algorithm_works.html>. Acesso em: 8 Julho 2020.

ORESKES, N.; CONWAY, E. M. **Merchants of Doubt:** how a handful of scientists obscured the truth on issues from tobacco smoke to global warming. Londres: Bloomsbury, 2010.

PAPASAVVA, A. et al. "Is it a Qoincidence?": A First Step Towards Understanding andCharacterizing the QAnon Movement on Voat.co. **arXiv.org**, Setembro 2020. ISSN 2331-8422. Disponivel em: <https://arxiv.org/pdf/2009.04885.pdf>. Acesso em: 27 Setembro 2020.

PASICK, A. Discover Weekly playlists so damn good. **Quartz**, 21 Dezembro 2015. Disponivel em: <https://qz.com/571007/the-magic-that-makes-spotifys-discover-weekly-playlists-so-damn-good/>. Acesso em: 24 Julho 2020.

PASQUALE, F. **The Black Box Society**. Kindle. ed. Cambridge, Estados Unidos: Harvard University Press, 2015.

PECK, P. Comentário ao art. 5º, IV e V. In: MORAES, A. D.; AL., E. **Constituição Federal Comentada**. Rio de Janeiro: Forense, 2018. p. 59-62.

PEW RESEARCH CENTER. **Americans Are Wary of the Role Social Media Sites Play in Delivering the News**. [S.l.]. 2019.

PEZZOTTI, R. "Formar uma comunidade positiva": um dos planos do TikTok para o Brasil. - Veja mais em https://economia.uol.com.br/noticias/redacao/2020/04/03/formar-uma-comunidade-positiva-um-dos-planos-do-tiktok-para-o-brasil.htm?cmpid=copiaecola. **UOL. Mídia e Marketing**, Abril 2020. Disponivel em: <https://economia.uol.com.br/noticias/redacao/2020/04/03/formar-uma-comunidade-positiva-um-dos-planos-do-tiktok-para-o-brasil.htm>. Acesso em: 14 Julho 2020.

PHILLIPSON, G. Leveson, the Public Interest and Press Freedom. **Journal of Media Law**, 5, 2013. 220-240.

PICCELLI, R. R. **A Dimensão Política da Privacidade**. São Paulo: Lumen Iuris, 2018.

PICCELLI, R. R. Desenvolvimento tecnológico consolidado e anacronismo da legislação. In: CUNHA, A. C. D.; PICCELLI, R. R.; MACIEL, R. M. **Lei de Liberdade Econômica Anotada**. São Paulo: Quartier Latin, v. 1, 2019. p. 301-309.

PICCELLI, R. R.; VILELLA, R. R. Propaganda eleitoral obscura. **O Globo**, Rio de Janeiro, 3 Agosto 2020. 3.

PINHEIRO, G. P. Uma Perspectiva Neoconstitucional da Regulação do Espectro Radioelétrico. **Revbista Direitos Humanos e Democracia**, p. 182-210, jul/dez 2013. ISSN 2317-5389.

PINHO, A. P. D. A Guerra Híbrida e os Reflexos para o Exército Brasileiro. **PADECEME**, Rio de Janeiro, v. 8, p. 71-83, fev. 2016. ISSN 1677-1885. Disponivel em: <http://www.eceme.eb.mil.br/images/docs/PADECEME-02-2016.pdf>. Acesso em: 18 Setembro 2020.

PINKERTON, A. Straners in the Night: The Falklands Conflict as a Radio War. **20th Century British History**, v. 19, p. 344-375, Setembro 2008.

PINOCHET, L. H. C.; NUNES, G. N.; HERRERO, E. Aplicabilidade da teoria unificada e aceitação e uso da tecnologia em serviços de streaming musical em jovens usuários. **Revista Brasileira de Marketing**, v. 18, p. 147-162, 2019. Disponivel em: <http://revistabrasileiramarketing.org/ojs-2.2.4/index.php/remark/article/view/4031/2559>. Acesso em: 24 Julho 2020.

PINTO, R. L. Liberdade de imprensa e vida privada. **Revista da Ordem dos Advogados**, Lisboa, 27, 1994. 27-147.

PITRUZZELLA, G. La Libertà di informazione nell'era di Internet. **Rivista di diritto dei media**, v. 1, p. 19-47, Maio 2019. Disponivel em: <https://www.medialaws.eu/wp-content/uploads/2019/05/1.-Pitruzzella.pdf>. Acesso em: 26 Junho 2021.

PORTUGAL. **Constituição da República Portuguesa**. Lisboa. 1974.

RADDATZ, V. L. S. Direito à informação para o exercício da cidadania. **Revista Direitos Culturais**, Santo Angelo, 2014. 108-117.

RAEJIMAEKERS, D.; MAESEELE, P. Media, pluralism and democracy: what's in a name? **Media, Culture and Society**, v. 37, p. 1042-1059, 2015. Acesso em: 29 Março 2021.

RANDALL, M. H. Freedom of Expression in the Internet. **Swiss Review of International and European Law**, v. 26, p. 235-254, 2016. Disponivel em: <https://heinonline.org/HOL/P?h=hein.journals/sriel2016&i=243>. Acesso em: 31 Agosto 2020.

REALE JUNIOR, M. A autorregulação da mídia. **Estado de S. Paulo**, São Paulo, Opinião, 4 Dezembro 2010. Disponivel em: <https://opiniao.estadao.com.br/noticias/geral,a-autorregulacao-da-midia-imp-,649340>. Acesso em: 30 Março 2021.

REBOLLEDO, M. G. S. Resistiendo el clientelismo. Publicidad gubernamental y subsistencia de la prensa crítica. **Colombia Internacional**, Bogotá, Março 2018. 203-230.

RECTOR, L. H. Comparison of Wikipedia and other encyclopedias for accuracy, breadth, and depth inhistorical articles. **Reference Services Review**, 36, 2008. 7-21. Disponivel em: <www.emeraldinsight.com/0090-7324.htm>. Acesso em: 21 Julho 2020.

REGO, D. D. L. **Imagem e política: estudo sobre o Cine Jornal Brasileiro**. Unicamp. Campinas. 2018.

REUTERS INSTITUTE. **Digital News Report 2019**. [S.l.]. 2019.

RODRIGUES JUNIOR, O. L. Comentário ao artigo 5º, incisos IV ao IX. In: BONAVIDES, P.; MIRANDA, J.; AGRA, W. D. M. **Comentários à Constituição Federal de 1988**. Rio de Janeiro: Forense, 2009. p. 95-108.

ROGAL, L. Anonmity in Social Media. **Arizona Summit Law Review**, v. 7, p. 61-78, 2013. Disponivel em: <Rogal, Laura, Anonymity in Social Media (2013). Phoenix Law Review, Vol. 7, 2013, Available at SSRN: https://ssrn.com/abstract=2459152 >. Acesso em: 6 Agosto 2020.

ROSENFIELD, D. **A questão democrática e a mídia**. A concentração da mídia. Brasília: [s.n.]. 2004. p. 21-109.

ROSENZWEIG, R. Can History Be Open Source? Wikipedia and the Future of the Past, Oxford, 93, Junho 2006. 117-146. Disponivel em: <https://academic.oup.com/jah/article-abstract/93/1/117/813367>. Acesso em: 20 Julho 2020.

ROWLEY, J. The wisdom hierarchy: representations of the DIKW hierarchy. **Journal of Information Science**, Bangor (Reino Unido), 33, 2007. 163-180.

RUEDIGER (COORD.), M. A. **Robôs, redes sociais e política no Brasil**. FGV-DAPP. Rio de Janeiro. 2017. (978-85-68823-41-5).

RYDLEWSKI, C. O que pensam os bolsonaristas. **Valor Econômico**, São Paulo, 17 Julho 2020. Disponivel em: <https://valor.globo.com/eu-e/noticia/2020/07/17/o-que-pensam-os-bolsonaristas.ghtml>. Acesso em: 19 Julho 2020.

SACHER, S.; YUN, J. **Fake News is not an Antitrust Problem**. Competition Policy International. [S.l.]. 2017.

SAMPAIO, R. C.; BARROS, S. A. R. Os sites de notícias podem estimular a deliberação online? Um estudo dos comentários de leitores postados no folha.com. **Brazilian Journalism Research**, v. 8, p. 192-211, 2012. ISSN 1981-9854. Disponivel em: <https://bjr.sbpjor.org.br/bjr/article/view/418/386>. Acesso em: 27 Julho 2020.

SANKIEVICZ, A. **Liberdade de Expressão e Pluralismo:** Perspectivas de Regulação. São Paulo: Saraiva, 2011.

SARAIVA, P. Comentário aos artigos 220 a 224 da Constituição. In: BONAVIDES, P.; MIRANDA, J.; AGRA, W. D. M. **Comentários à Constituição Federal de 1988**. Rio de Janeiro: Forense, 2009. p. 2323-2341. Disponivel em: <https://integrada.minhabiblioteca.com.br/#/books/978-85-309-3831-4>. Acesso em: 5 Abril 2021.

SARMENTO, D. Comentário ao Art. 220. In: CANOTILHO, J. G., et al. **Comentários à Constituição do Brasil**. 2. ed. São Paulo: Saraiva, 2018. p. 2133-2176.

SARMENTO, D. Comentário artigo 220. In: CANOTILHO, J. G. **Comentários à Constituição do Brasil**. São Paulo: Saraiva, 2018. Disponivel em: <https://integrada.minhabiblioteca.com.br/#/books/9788553602377/>.

SARTOR, G. The Nature of Legal Concepts: Inferential Nodesand Ontological Categories. **Artificial Intelligence and Law**, 21 Agosto 2009. 217-251.

SCALIA, A. Originalism: the Lesses Evil. **University of Cincinnati Law Review**, Cincinnati, v. 57, p. 849-866, 1989.

SCHATZ, B. Schatz, Thune Introduce New Legislation To Update Section 230, Strengthen Rules, Transparency On Online Content Moderation, Hold Internet Companies Accountable For Moderation Practices. **Brian Schats United Senator for Hawai**, 2020. Disponivel em: <https://www.schatz.senate.gov/press-releases/schatz-thune-introduce-new-legislation-to-update-section-230-strengthen-rules-transparency-on-online-content-moderation-hold-internet-companies-accountable-for-moderation-practices>. Acesso em: 13 Agosto 2020.

SCHMITT, J. B. et al. Counter-messages as prevention or promotion of extremism? The potential role of Youtube. **Journal of Communications**, Oxford, 2018. 780-808.

SCHULTZ, A. P. et al. **Methods and systems for determining use and content of PYMK based on value model (US 10.587.705.B2)**. United States Patent. Washington. 2020.

SCORSIM, E. M. O Controle dos Serviços Públicos de Radiodifusão (Rádio e Televisão) no Brasil. **Revista da Faculdade de Direito da UFPR**, 34, 2000. 161-175.

SCORSIM, E. M. Comunicação social e democracia: regime jurídico dos serviços públicos de televisão aberta. In: CLÈVE, C. M. **Direito Constitucional Brasileiro**. São Paulo: Revista dos Tribunais, v. 3, 2014. p. 497-528.

SEABRA FAGUNDES, M. O regime legal do rádio e da televisão em face da Constituição Federal. **Revista de Direito Administrativo**, Rio de Janeiro, 65, 1961. 49-63.

SEETHARAMAN, D.; GLAZER, E. How Mark Zuckerberg Learned Politics. **The Wall Street Journal**, Nova Iorque, 16 Outubro 2020. Disponivel em: <https://www.wsj.com/articles/how-mark-zuckerberg-learned-politics-11602853200>. Acesso em: 16 Outubro 2020.

SERRANO, J. C. M.; PAPAKYRIAKOPOULOS, O.; HEGELICH, S. **Dancing to the Partisan Belt: A Fist Analysis of Political Communication on TikTok**. University of Cornell. Southhampton. 2020.

SHABAN, H. Twitter reveals its daily active user numbers for the first time. **The Washington Post**, Washington, Estados Unidos, Fevereiro 2019. Disponivel em: <https://www.washingtonpost.com/technology/2019/02/07/twitter-reveals-its-daily-active-user-numbers-first-time/>. Acesso em: 9 Julho 2020.

SILVA, M. T. D. Participação e deliberação: um estudo de caso dos comentários às notícias sobre as eleições presidenciais brasileiras. **Comunicação e Sociedade**, v. 23, 2013. Disponivel em: <https://revistacomsoc.pt/article/view/977/957>. Acesso em: 27 Julho 2020.

SILVA, N. V. D. **Entre o imoral e o subversivo : a Divisão de Censura de Diversões Públicas (DCDP) no regime militar (1968-1979)**. Universidade de Brasília. Brasília. 2010.

SILVA, V. A. D. **A constitucionalização do direito:** os direitos fundamentais nas relações entre particulares. São Paulo: Malheiros, 2014.

SIMON, M. M. **"Vai bombar!"** : **A seleção da notícia nas mídias sociais : o caso dos jornais Folha de S. Paulo e O Globo.** Universidade de Brasília. Brasília, p. 276. 2018.

SITTIG, A.; ZUCKERBERG, M. **Managing information about relationships in a social network via a social timeline (US8099433B2).** United States Patent. Washintgton DC. 2012.

SLOMAN, S. A.; LAGNADO, D. A. The Problem of Induction. In: HOLYOAK, K. J.; MORRISON, R. G. **The Cambridge Handbook of Thinking and Reasoning.** Nova Iorque (EUA): Cambridge University Press, 2005.

SOARES, G. A. D. A censura durante o regime autoritário. **Revista Brasileira de Ciências Sociais,** São Paulo, 1989.

SOUSA, J. P. **Elementos de Teoria e Pesquisa da Comunicação dos Media.** 2. ed. Porto: Edições Universidade Fernando Pessoa, 2006.

SOUZA, J. I. D. M. Trabalhando com cinejornais: Relato de uma experiência. **História: Questões & Debates,** Curitiba, 38, 2003. 43-62.

SPINELLI, E.; SANTOS, J. Jornalismo na era da pós-verdade: fact-checking como ferramenta de combate às fake news. **Revista Observatório,** v. 4, Maio 2018. ISSN 2447-4266. Acesso em: 23 Setembro 2020.

STATISTA. **Number of monthly active Facebook users worldwide as of 1st quarter 2020.** Statista. [S.l.]. 2020.

STATISTA. **Popular online search engines in Brazil in May 2020, based on market share.** Statista. [S.l.]. 2020.

STEINMETZ, W. Comentário ao artigo 5º, XIV. In: CANOTILHO, J. J. G.; MENDES, G. F.; SARLET, I. W. **Comentários à Constituição do Brasil**. São Paulo: Saraiva, 2018. p. 322-324.

SUPERIOR TRIBUNAL DE JUSTIÇA. **Recurso Especial n. 1.398.985**. Terceira Turma. Brasília. 2013.

SUPERIOR TRIBUNAL DE JUSTIÇA. **Recurso Especial n. 1.738.651**. Superior Tribunal de Justiça. Brasília. 2020.

SUPERIOR TRIBUNAL DE JUSTIÇA. **REsp 1632902**. Superior Tribunal de Justiça. Brasília. 2020.

SUPREMO TRIBUNAL FEDERAL. **RE n. 87.049**. Supremo Tribunal Federal. Brasília. 1978.

SUPREMO TRIBUNAL FEDERAL. **Acórdão do HC 82.424/RS**. Brasília - DF, p. 283. 2004.

SUPREMO TRIBUNAL FEDERAL. **Recurso Extraordinário n. 466.343**. Plenário. Brasília. 2008.

SUPREMO TRIBUNAL FEDERAL. **Recurso extraordinário n. 511.961**. Supremo Tribunal Federal. Brasília. 2009a.

SUPREMO TRIBUNAL FEDERAL. **Ação por Descumprimento de Preceito Fundamental n. 130**. Brasília - DF. 2009b.

SUPREMO TRIBUNAL FEDERAL. **ADI n. 3944**. Supremo Tribunal Federal. Brasília. 2010.

SUPREMO TRIBUNAL FEDERAL. **Ação Direta de Inconstitucionalidade n. 4.815**. Plenário. Brasília-DF. 2016.

SUPREMO TRIBUNAL FEDERAL. **Ação Direita de Inconstitucionalidade n. 4.923**. Tribunal Pleno. [S.l.]. 2017.

SUPREMO TRIBUNAL FEDERAL. **RE n. 330.817**. Supremo Tribunal Federal. Brasília. 2017.

SUPREMO TRIBUNAL FEDERAL. **Ação Direta de Inconstitucionalidade n. 4.451**. Plenário. Brasília. 2018a.

SUPREMO TRIBUNAL FEDERAL. **Repercussão Geral no RE n. 1.070.522**. Tribunal Pleno. [S.l.]. 2018b.

SUPREMO TRIBUNAL FEDERAL. **Ação Direta de Inconstitucionalidade n. 5.709**. Plenário. Brasília. 2019.

SUPREMO TRIBUNAL FEDERAL. **Inquérito 4.781-DF**. Brasília. 2020.

SUPREMO TRIBUNAL FEDERAL. **Recurso extraordinário n. 1.010.606**. Plenário. Brasília. 2021a.

SUPREMO TRIBUNAL FEDERAL. **Recurso Extraordinário n. 1.070.522**. Tribunal Pleno. Brasília. 2021b.

TAIT, A. Why Facebook recommend friends I've never even met. **Wired**, Maio 2019. Disponivel em: <https://www.wired.co.uk/article/facebook-people-you-may-know-friend-suggestions>. Acesso em: 7 Julho 2020.

TAVARES, C. **Relatório da Subseção de Ciência e Tecnologia e Comunicação. In Anais da Assembleia Constituinte de 1987**. Constituinte. Brasília-DF. 1987.

TENE, O.; POLENETSKY, J. Taming the Golem: Challenges of Ethical Algorithmic Decision Making. **North Carolina Law Review**, v. 19, p. 125-173, Outubro 2017. Acesso em: 3 Novembro 2020.

THE ECONOMIST. Eroding exceptionalism: Internet firms' legal immunity is under threat, 11 Fevereiro 2017. Disponivel em: <https://www.economist.com/business/2017/02/11/internet-firms-legal-immunity-is-under-threat>. Acesso em: 13 Agosto 2020.

TIKTOK. How TikTok recommends videos #ForYou. **TikTok**, 2020. Disponivel em: <https://newsroom.tiktok.com/en-us/how-tiktok-recommends-videos-for-you>. Acesso em: 15 Julho 2020.

TREMBLE, C. Wild Westworld: The Application of Section 230 of the CDA to Social Networks' Use of Machine-Learning Algorithms. **Fordham Law Review**, v. 86, p. 825-870, 2017-2018. Disponivel em: <https://heinonline.org/HOL/P?h=hein.journals/flr86&i=844.>. Acesso em: 12 Agosto 2020.

TRINDADE, R. Graças a streaming, consumo de poscast cresce a galope no Brasil. **UOL**, 21 Outubro 2019. Disponivel em: <Graças a streaming, consumo de podcast cresce a galope no Brasil neste ano. - Veja mais em https://www.uol.com.br/tilt/noticias/redacao/2019/10/21/impulsionado-por-streaming-consumo-de-podcast-cresce-67-no-brasil-em-2019.htm?cmpid=copiaecola>. Acesso em: 24 Julho 2020.

TWITTER. To Trend or Not to Trend. **Twitter Blog**, 2010. Disponivel em: <https://blog.twitter.com/official/en_us/a/2010/to-trend-or-not-to-trend.html>. Acesso em: 10 Julho 2020.

TWITTER. Parody, newsfeed, commentary and fan account policy. **Help Center**, 2020. Disponivel em: <https://help.twitter.com/en/rules-and-policies/parody-account-policy>. Acesso em: 7 Setembro 2020.

TWITTER. Platform manipularion and spam policy. **Help Center**, 2020. Disponivel em: <https://help.twitter.com/en/rules-and-policies/platform-manipulation>. Acesso em: 7 Setembro 2020.

TWITTER BRASIL. **Petição apresentada à CPMI "Fake News"**. [S.l.]. 2020.

TWITTER. Personalization and Data. **Twitter settings**. Disponivel em: <https://twitter.com/settings/account/personalization>. Acesso em: 9 Julho 2020.

TWITTER. Sobre a personalização com base em sua identidade inferida. **Twitter Help**. Disponivel em: <https://help.twitter.com/pt/about-personalization-across-your-devices>. Acesso em: 9 Julho 2020.

UNIÃO EUROPEIA. **Directiva 95/46/CE do Parlamento Europeu e do Conselho**. [S.l.]. 1995.

UNIÃO EUROPEIA. **Diretiva 98/48/CE do Parlamento Europeu e do Conselho**. [S.l.]. 1998.

UNIÃO EUROPEIA. **Carta dos Direitos Fundamentais da União Europeia**. [S.l.]. 2000.

UNIÃO EUROPEIA. **Diretiva n. 2000/31/CE do Parlamento Europeu e do Conselho**. [S.l.]. 2000.

UNIÃO EUROPEIA. **Acórdão C-73/07, Tietosuojavaltuutettu vs Satamedia Oy**. Corte de Justiça da União Europeia. Luxemburgo. 2008.

UNIÃO EUROPEIA. **Acórdão C-236/08, C-237/08, C-238/08, Google France SARL, Google Inc. vs Louis Vitton Malletier SA e Outros**. Corte de Justiça da União Europeia. Luxemburgo. 2010.

UNIÃO EUROPEIA. **Diretiva 2010/13/CE, do Parlamento Europeu e do Conselho**. União Europeia. [S.l.]. 2010.

UNIÃO EUROPEIA. **Acórdão 324/09, L'Oreal S.A. x eBay International AG**. Corte de Justiça da União Europeia. Luxemburgo. 2011.

UNIÃO EUROPEIA. **Acórdão C-360/10, Belgische Vereningin van Auteurs vs Netlog NV**. Corte de Justiça da União Europeia. Luxemburgo. 2012.

UNIÃO EUROPEIA. **Acórdão C-291/13, Sotiris Papasavvas vs O Fileleftheros Dimosia Etaireia Ltda**. Corte de Justiça da União Europeia. Luxemburgo. 2014.

UNIÃO EUROPEIA. **Google Spain SL and Google Inc. v Agencia Española de Protección de Datos (AEPD) and Mario Costeja González**. Corte de Justiça da União Europeia. [S.l.]. 2014.

UNIÃO EUROPEIA. **Acórdão c-484/14, Tobias Mc Fadden vs Sony Music Entertainment Germany GmbH**. Corte de Justiça da União Europeia. Luxemburgo. 2016.

UNIÃO EUROPEIA. **Comunicação Conjunta ao Parlamento Europeu e ao Conselho: Quadro comum em matéria de luta contra as ameaças híbridas: uma resposta da União Europeia**. Comissão Europeia. [S.l.]. 2016.

UNIÃO EUROPEIA. **Plano de Ação contra a Desinformação**. Comissão Europeia. [S.l.]. 2018.

UNIÃO EUROPEIA. **Recomendação de 12 set 2018**. Comissão Europeia. [S.l.]. 2018.

UNIÃO EUROPEIA. **Acórdão C-521/17, SNB-React U.A. vs. Deepak Mehta**. Corte de Justiça da União Europeia. Luxemburgo. 2018a.

UNIÃO EUROPEIA. **Código de Conduta da UE sobre Desinformação**. Comissão Europeia. Bruxelas. 2018b.

UNIÃO EUROPEIA. **Acórdão C-18/18, E. Glawischnig-Piesczek x Facebook Ireland Limited**. Corte de Justiça da União Europeia. [S.l.]. 2019.

UNIÃO EUROPEIA. **Acórdão C-345/17, Sergejs Buividis vs Datu Valsts inspekcija**. Corte de Justiça da União Europeia. Luxemburgo. 2019.

UNIÃO EUROPEIA. **Acórdão C-507/17, Google LLC vs Commission nationale de l'informatique et des libertés.** Corte de Justiça da União Europeia. Luxemburgo. 2019.

URUGUAI. **Estrategia por la vida y la convivencia.** Gabinete da Segurança do Governo do Uruguai. Montevidéu, p. 20. 2012.

URUGUAI. **Ley n. 19.307, de 14 de janeiro de 2015.** [S.l.]. 2015.

VALENTE, A. P. D. M. A. **Opinião pública democrática e soberania popular: por um paradigma republicano da liberdade de expressão.** UFMG. Belo Horizonte, p. 270. 2013.

VALOR ECONÔMICO. Facebook não cumprirá decisão de Moraes e manterá perfis no ar fora do Brasil. **Valor Econômico**, 31 Julho 2020. Disponivel em: <https://valor.globo.com/politica/noticia/2020/07/31/facebook-nao-cumprira-decisao-de-moraes-e-mantera-perfis-no-ar-fora-do-brasil.ghtml>. Acesso em: 12 Outubro 2020.

VAN GENT, D. The Federal Communications Comission an its Deregulation of Media: Encouraging Innovation os Inhibitin Democracy. **Drake Law Review**, p. 1037-1058, 2019. Disponivel em: <https://heinonline.org/HOL/P?h=hein.journals/drklr67&i=1089>. Acesso em: 17 Agosto 2020.

VARIAN, H. R. **Markets for Information Goods**. Mimeo. Berkeley, Estados Unidos. 1998.

VICENTE, E.; KISCHINHEVSKY, M.; MARCHI, L. D. A consolidação dos serviços de streaming e os desafios à diversidade musical no Brasil. **Eptic**, v. 20, p. 25-42, 2018. ISSN 1518-2487.

VIÉGAS, F. B.; WATTENBURG, M.; MCKEON, M. M. The Hidden Order of Wikipedia. **Online Communities and Social Comput.**, Cambridge, Estados Unidos, 2007. 445-454. Disponivel em: <https://link.springer.com/content/pdf/10.1007/978-3-540-73257-0_49.pdf>. Acesso em: 20 Julho 2020.

VIEIRA, A. L. M. **O sigilo da fonte de informação jornalística como limite à prova no processo penal**. Faculdade de Direito da Universidade de São Paulo. São Paulo. 2012.

VILLARON, P. C. Reserva de Constitucion? **Revista espanola de dererecho constitucional**, Madrid , v. 3, p. 185-208, 1983. ISSN 0211-5743.

VIZCARRONDO, T. Measuring Concentration of Media Ownership. **The International Journal on Media Management**, v. 15, p. 177-195, 2013. ISSN 1424-1277 print/1424-1250 online. Acesso em: 3 Agosto 2020.

WADDELL, T. F. What does the crowd think? How online comments and popularity metrics affect news credibility and issue importance. **New Media & Society**, v. 20, p. 3068-3083, 2018. Disponivel em: <https://journals.sagepub.com/doi/pdf/10.1177/1461444817742905>. Acesso em: 27 Julho 2020.

WAISBORD, S. **Watchdog Journalism in South America**. Nova Iorque: Columbia University Press, 2000.

WALSHE, T.; TAN, S. **TikTok on the Clock: A Summary of CFIUS's Investigation into ByteDance**. Center for Strategic & International Studies. Washington, Estados Unidos. 2020.

WANG, G.; ZHANG, W.; ZENG, R. WeChat use intensity and social support: The moderating effect ofmotivators for WeChat use. **Computers in Human Behavior**, 91, 2019. 244-251. Disponivel em: <https://pdf.sciencedirectassets.com/271802/1-s2.0-S0747563218X00119/1-s2.0-S0747563218304941/main.pdf?X-Amz-Security-Token=IQoJb3JpZ2luX2VjEBYaCXVzLWVhc3QtMSJH MEUCIGtzNX7cDN5WK3JFF48h4Bpz%2Fneq0ww7azFhrvpw3OoVAiEA7f4 8lJOwluY43k4eYfcSagcPuvat%2BVRrUoKQLPnN>. Acesso em: 16 Julho 2020.

WEBER, J. Strassburg, 1605: The Origins of the Newspaper in Europe. **German History**, Oxford, v. 24, p. 387-412, Julho 2006.

WEST, S. R. Awakening the Press Clause. **BYU Law Review**, Provo, n. 719, Janeiro 2011. 1025-1079.

WIKIPEDIA. History of Wikipedia. **Wikipedia**, 2020. Disponivel em: <https://en.wikipedia.org/wiki/History_of_Wikipedia#cite_note-EconWikiPeaks-8>. Acesso em: 20 Julho 2020.

XU, L.; YAN, X.; ZHANG, Z. Research on the Causes of the "Tik Tok" App. **Journal od Advanced Management Science**, 7, Maio 2019.

YOUTUBE. Como funcionam os vídeos sugeridos do YouTube. **Youtube**, 2017. Disponivel em: <https://www.youtube.com/watch?v=E6pC6iql5xM>. Acesso em: 6 Julho 2020.

YOUTUBE. Programa de Parcerias do YouTube: Visão geral e qualificação. **Ajuda do Youtube**, 2020. Disponivel em: <https://support.google.com/youtube/answer/72851?hl=pt-BR>. Acesso em: 6 Julho 2020.

YOUTUBE. Políticas e segurança. **Youtube About**. Disponivel em: <https://www.youtube.com/intl/pt-BR/about/policies/#community-guidelines>. Acesso em: 2020 Junho 6.

YOUTUBE. Youtube para imprensa. **Youtube About**. Disponivel em: <https://www.youtube.com/about/press/>. Acesso em: Junho jun. 2020.

ZAMPIERI, N. Criminalização da política e politização da Justiça. **Revista do Programa de Pós-Graduação em Direito da UFC**, Fortaleza, 34.2, jul/dez 2014. 367-394. Disponivel em: <http://www.repositorio.ufc.br/bitstream/riufc/12048/1/2014_art_nzampieri.pdf>. Acesso em: 23 mar. 2020.

ZINGALES, N. Virtues and perils of anonymity. **Journal of Intellectual Property, Information Technology and Electronic Commerce Law**, v. 5, p. 155-171, Dezembro 2014.

ZUCKERMAN, E. QAnon and the emergence of the unreal. **Journal of Design and Science**, v. 6, Julho 2019. Acesso em: 27 Setembro 2020.